Obras Completas de María Rostworowski
Volumen XII

María Rostworowski

obras completas XII

Ensayos acerca del periodo colonial inicial

1520-1570

IEP
INSTITUTO DE ESTUDIOS PERUANOS

Serie: Historia Andina, 45

Horacio Urteaga 694, Lima 11
332-6194
Fax [511] 332-6173
Correo-e: libreria@iep.org.pe

ISBN: 978-9972-51-619-1

ISSN: 1019-4541

Primera edición: Lima, marzo de 2017
1000 ejemplares

Hecho el Depósito Legal
en la Biblioteca Nacional del Perú N.° 2017-02772

Registro del Proyecto Editorial
en la Biblioteca Nacional del Perú N.° 31501131700283

ROSTWOROWSKI, María
Ensayos acerca del periodo colonial inicial 1520-1570. Lima, IEP, 2017. (Historia Andina 45. Obras Completas XII)

1. HISTORIA; 2. CONQUISTA; 3. ÉPOCA COLONIAL; 4. SOCIEDAD ANDINA; 5. SIGLO XVI; 6. ETNOHISTORIA; 7. POBLACIÓN INDÍGENA; PERÚ

W/01.04.03/H/45

Contenido

Prólogo

Rafael Varón Gabai[1]

Ensayos acerca del periodo colonial inicial, 1520-1570, volumen 12 de las Obras Completas de María Rostworowski, reúne 11 artículos publicados originalmente en revistas académicas y compilaciones que se refieren a uno de los periodos que más impacto ha mostrado tener en la historia reciente del Perú: la Conquista y el inicio del régimen colonial. Sus principales acontecimientos son con frecuencia conocidos y evocados tanto por los especialistas como por el amplio público para explicar situaciones problemáticas que caracterizan a la sociedad peruana actual.

LA CONQUISTA Y EL INICIO DEL RÉGIMEN COLONIAL

El significado de los hechos ocurridos en momentos en que se iniciaba la colonia es enorme porque se trata de un periodo en el que convergieron las peores desgracias de las que se tiene memoria que afectaron a la sociedad nativa en los Andes, hasta entonces autónoma en su desarrollo. El periodo, que podemos delimitar aproximadamente entre 1520 y 1570, se abre con las primeras expediciones españolas que tocaron los extremos del Tahuantinsuyu y concluye solo medio siglo después

1. Historiador. Varón Consultores Asociados, <rvaron@varonconsultores.com>.

con el inicio del gobierno del virrey don Francisco de Toledo, cuando el Perú enrumbaba hacia un definido ordenamiento colonial y el gobierno había sido asegurado por la Corona española.

Fue una época de arduos enfrentamientos entre los pueblos andinos y el conquistador español, quien a la vez que hacía la guerra iniciaba el proceso de apropiación de los recursos y colonización del país. A la guerra de sucesión entre los soberanos incas Huascar y Atahualpa se sumaron las pugnas cada vez más frecuentes y extendidas por el territorio andino, entre españoles e indígenas. Estas luchas comprometieron masivamente a centenares de miles de indígenas y sus familias, que actuaron como combatientes, portadores o acompañantes en los bandos que se enfrentaban, o, sencillamente, fueron víctimas presenciales de las circunstancias.

LA PÉRDIDA DE LOS MEDIOS DE PRODUCCIÓN

A la vez que se combatía, los recursos del país y su usufructo iban cambiando de manos: esto sucedía con el trabajo nativo, tan eficientemente organizado en tiempos prehispánicos por el Estado inca, que ahora venía siendo retenido por los invasores. Pero también eran expropiados por los nuevos colonizadores las tierras agrícolas, lomas y bosques, y los ganados, minas y pesquerías, entre otros recursos. En el ámbito comunitario y familiar indígena se desatendían, debido a las obligaciones impuestas por el conquistador, los cultivos y otros recursos propios que debían ser destinados al autoconsumo y al trueque, aspectos fundamentales de la economía doméstica del Perú indígena.

LAS GUERRAS, NUEVAS ENFERMEDADES Y TRABAJOS FORZADOS

¿Qué peores condiciones se podían dar? Hubo más. Las guerras multitudinarias, las enfermedades traídas por los conquistadores —para las que la población indígena no estaba inmunizada— y los trabajos forzados que se generalizaron en minas, textilerías y cocales, desataron una elevada mortandad que afectó drásticamente a toda la población —más en la costa que en la sierra, más en el norte que en el sur. Mientras, la selva se mantuvo aparentemente desconocida, aislada e impenetrable para los españoles, a pesar de las "entradas" de exploración, como lo había sido para el Tahuantinsuyu.

LA DESESTRUCTURACIÓN DEL MUNDO ANDINO Y LA VISIÓN DE LOS VENCIDOS

La extrema mortandad y la política de control de la población, que comprendió el traslado forzado de los moradores dispersos en el campo a las reducciones de indios —los nuevos pueblos fundados por los españoles sobre pilares europeos para congregar a los nativos—, la sistemática destrucción de las instituciones indígenas en general, incluyendo sus cultos religiosos, produjeron rápidamente lo que Nathan Wachtel llamó la "desestructuración del mundo andino".[2]

La violencia y celeridad de los cambios y las pérdidas producidas en este breve periodo hicieron que muchos rasgos de las sociedades andinas y sus instituciones desaparecieran prontamente y pasaran al olvido. Es el caso de la historia oficial incaica y de sus cronistas, así como de historias particulares y locales, excepto algunos fragmentos recogidos por cronistas españoles que actuaron como salvavidas de náufragos desperdigados por la inmensidad de los Andes. Simultáneamente, el poder dominante expropió en gran medida la memoria colectiva de los nativos y administró su historia, constriñéndonos a los lectores de hoy casi exclusivamente a la visión del vencedor, ocultando la que en años recientes sería denominada para los nativos del Perú, siguiendo el ejemplo mexicano, la "visión de los vencidos".[3]

Esa visión del vencedor es la que ha prevalecido hasta la actualidad. Prueba de ello es que en la historiografía peruana aparece un viraje brusco y repentino a partir de la conquista, momento en el que el foco de atención pasa sin aviso previo de las sociedades indígenas a la sociedad hispana. La población nativa sigue presente, su cultura, lenguas y muchas de sus instituciones también, al igual que sus manifestaciones materiales, como sus edificaciones, cerámica, textilería, orfebrería y más. Sin embargo, sin justificación alguna se rompe para los historiadores peruanos la continuidad que mantenía la población andina entre su pasado y el periodo colonial, característica que persiste hasta hoy.

FUENTES Y METODOLOGÍA DE LA INVESTIGACIÓN

María Rostworowski fue pionera en el uso de fuentes documentales que nunca antes habían sido empleadas por los investigadores. Estas

2. Wachtel 1976.
3. León Portilla 1959, Guillén Guillén 1974.

fuentes demostraron contener información muy rica que ella identificó y analizó con profundidad, describiendo inicialmente a las comunidades de la costa central y meridional peruana. Luego de realizada la pesquisa documental, María acostumbraba complementarla con visitas de campo, estudios arqueológicos, antropológicos y etnobotánicos, entre otros, y enfoques multidisciplinarios que le sugerían originalidad en su visión. Esas novedades metodológicas las vemos en los artículos que conforman este libro.

ARTÍCULOS SELECCIONADOS PARA ESTE VOLUMEN

Los trabajos de investigación que exploran el periodo y se centran en la población indígena son muy escasos, y fue María Rostworowski la pionera en estudiar a las sociedades andinas costeñas y serranas de esta etapa. Los 11 artículos recogidos en este volumen de sus Obras Completas fueron publicados originalmente entre 1966 y 2002, y compilados por Enrique López Hurtado, quien afirma que su selección "comprende ensayos basados en documentos legales de la colonia y ensayos en los que se analizan distintos aspectos económicos de este periodo formativo en el desarrollo de la sociedad colonial peruana". Si bien todos los artículos incluidos en el volumen responden a esta propuesta, cabe mencionar que María publicó varios más que se relacionan con el periodo y que han sido incluidos en otros volúmenes de sus Obras Completas o lo serán más adelante, ya sea por afinidad o porque formaban parte de libros que originalmente los contenían.

En la lectura de este volumen se apreciará la presencia de manuscritos inéditos que la autora encontró en diversos archivos, como documentos notariales, poderes y rendiciones de cuentas; visitas de gobierno, pastorales y de idolatrías; tasas, probanzas y relaciones de méritos y servicios, así como testamentos de indígenas y españoles. Debe mencionarse, sin embargo, que algunos de estos documentos ya habían sido publicados anteriormente, pero no estudiados, como sí lo hizo ella.

Aunque algunos de los artículos que acá presentamos fueron ampliados posteriormente por su autora, todos mantienen su vigencia como fuentes para el conocimiento de las sociedades andinas al momento de la conquista europea.

En "Visitas de indios en el siglo XVI" se verá que la autora analiza una nueva visita que había encontrado, la de Cajamarca de 1540, que sucedía a aquellas en su momento conocidas de Yachas y Chupaychos, y Chucuito.

Uno de los grandes temas de la historiografía colonial, que se prolonga hasta inicios de la República, es el del tributo indígena. En "El tributo indígena en la primera mitad del siglo XVI en el Perú", María plantea las distintas estructuras económicas que encuentra entre el periodo incaico y el colonial. La principal diferencia entre ambas formas de tributo radica, según la autora, en que en el primer caso el tributo se entrega en energía (trabajo) y se recibe a cambio un pago en especie que se enmarca en la reciprocidad, mientras que en el tributo colonial el pago se hace en especie y no se acompaña de una retribución material. A esta inequidad se suma que en las encomiendas iniciales las tasas del tributo eran arbitrarias y excesivas.

En "Dos probanzas de don Gonzalo, curaca de Lima (1555 y 1559)" y "Tasa y tributo del curacazgo de Lima, 1549", María revela datos sobre el antiguo poblado del señorío sobre el que se erigió la capital, Lima, a partir de las informaciones solicitadas por su curaca y la tasa de su encomienda de indios, en la que muestra el tributo que deben aportar a su encomendero en ese momento de grandes cambios a causa de la construcción de la nueva ciudad española. Los nativos limeños son trasladados inicialmente a unas casas temporales que tenían en Chuntay (luego la iglesia y plaza de San Sebastián), para después ser ubicados a la fuerza en el nuevo pueblo de indios de la Magdalena, los pobladores de los señoríos de Maranga, Huatca, Guala, Amancaes y el Callao.

El estudio que hace la autora en "Los pescadores del litoral peruano en el siglo XVI..." es especialmente revelador, ya que muestra la complejidad de esta población socialmente diferenciada de los agricultores pero vinculada con sus pares de todo el litoral, con quienes comparte una cultura común: su lengua franca es llamada "la pescadora" y se casan entre ellos, prefiriendo a otros pescadores del litoral antes que a sus vecinos agricultores. Por otra parte, asumen diversas actividades relacionadas con la pesca, como salar, el trueque de productos marinos y la pesca en lagunas, entre otras.

"El diluvio de 1578" trata de un severo episodio del fenómeno de El Niño que sorprendió a la colonia. La ciudad de Lambayeque quedó totalmente inundada y muy pronto se derrumbaron imponentes edificaciones, como la catedral y las casas principales. Los indígenas fueron obligados a reconstruir los canales de irrigación y la infraestructura urbana, muriendo muchos en estas labores. Para colmo de males, los nuevos sembríos trajeron langostas, ratones, gusanos y podredumbre, mientras los curacas pedían la suspensión del pago del tributo.

Los caminos y sus tambos, que tanto impresionaron a los primeros españoles que los recorrieron y que en años recientes han sido investigados por arqueólogos, se discuten en "Ordenanzas para el servicio de los tambos...", otro artículo en el que se enfatizan las funciones y jerarquías de unos y otros. Si bien los caminos podían estar destinados al servicio local o estatal en la época incaica, todos tienen un origen preincaico. Sin embargo, fueron los incas los grandes integradores de este eficiente sistema vial que encuentran y en gran medida mantienen los españoles.

En "Canta: un caso de organización económica andina", la investigadora continúa preocupada por la territorialidad discontinua; encuentra pueblos temporales que son ocupados primero por un grupo de gente que, al terminar sus labores, da paso a otro grupo socialmente diferenciado. Estos pobladores conviven por algún tiempo con otros que proceden de distintos *ayllus*, quedando deshabitados los pueblos al concluir la gente sus labores. Sus ocupaciones temporales son de ovejeros, pajareros, labradores, entre otras.

También aquí la autora analiza la caracterización del *yana* en el Tahuantinsuyu, figura que con frecuencia se ha identificado erróneamente con el esclavo europeo, pero que en los Andes adquiere un sesgo particular al ser una persona fuera del sistema de reciprocidad que puede ocupar un alto cargo jerárquico, como el de curaca.

El sistema andino de medidas, que también se trata en este artículo, contrasta con el europeo en cuanto la medida absoluta no es la longitud o el área sino el esfuerzo humano —es decir la energía— que requiere recorrer aquella longitud o sembrar un área determinada. Según asegura María, eso hace que las medidas varíen dependiendo de la región y otras condicionantes geográficas del medio.

En "Los modelos económicos", María propone que la economía inca se fundamentaba en la redistribución. Así, gran parte de la producción era distribuida a través de la reciprocidad, mientras que el resto se destinaba al ejército permanente —introducción novedosa del Estado inca— y a los *aclla huasis*. Con los *yanaconas*, en contraste, el Estado mantiene una relación distinta debido a que se inhibe de su obligación de la reciprocidad.

A partir de las fuentes etnohistóricas se advierte que los yungas migran hacia las tierras altas en un momento determinado. Es algo que debe ser probado por la arqueología. María plantea tres hipótesis sobre la aparición de los llacuaz en esos territorios: se debería a migraciones masivas durante la época wari; se trataría de *mitmaq* durante este mismo periodo; finalmente, aparecerían ahí ante la pérdida de control por la decadencia wari. Esta situación habría terminado con la presencia inca, ya que el Estado controla los movimientos de población.

Los *mitmaq* o poblaciones trasladadas no son una institución creada por los incas. Al igual que en muchos otros casos, los incas la usaron ampliamente, pero tiene sus orígenes mucho antes, por lo menos desde la época wari. Aparte de las poblaciones trasladadas por el Estado en los últimos tiempos del Tahuantinsuyu, vemos también grandes desplazamientos poblacionales que se remontan a un periodo antiguo, motivados aparentemente por cambios climáticos que obligan a buscar nuevos recursos de subsistencia. En ese sentido se trata en "Etnias forasteras en la visita toledana a Cajamarca" a los grupos denominados huaris y llacuaces. A los huaris se les identifica con poblaciones originarias, y a los llacuaces como cazadores y pastores de las grandes alturas que por algún motivo, posiblemente relacionado con el cambio climático, optan por migrar y convertirse en agricultores trashumantes.

En este mismo artículo, y en "Los modelos económicos" y "Algunos aspectos de la tenencia de la tierra en los Andes prehispánicos", se toca un tema que ha llamado la atención de historiadores, antropólogos y arqueólogos, entre otros especialistas: el de la territorialidad discontinua. Aquí se analiza la situación de Cajamarca y se encuentra que en esta región no se aplica el principio de "verticalidad" propuesto por John Murra como un modelo para los Andes. Tampoco ve la autora que en este caso se trate de "archipiélagos" o "enclaves", como se observa en otros lugares.[4] Ella encuentra pueblos de ocupación temporal, destinados a actividades agropecuarias, artesanales y otras que requieren presencia prolongada, en lugares apartados del núcleo central de residencia.

Resalta que los pueblos ocupados por gente que procede de una misma *guaranga* solo representan el 25% del total, mientras que el resto tiene una población mixta originaria de diversas *guarangas*. Por otra parte, los pueblos pueden estar a la misma altitud pero en distinta latitud.

La territorialidad discontinua se repite con las tierras de las *huacas* que se encuentran en lugares remotos, por lo que la autora las denomina "enclaves religiosos". Si bien estas parcelas son cultivadas por habitantes locales, el fruto de ellas se remite a las *huacas* propietarias.

El libro, finalmente, transmite pieza por pieza información detallada sobre la fundamentación social y económica de los pueblos andinos que la autora fue investigando y publicando con minuciosidad a lo largo de los años. Se refiere a temas esenciales para una comprensión de las sociedades indígenas, como la territorialidad discontinua, las antiguas migraciones de los pueblos andinos, las medidas, los caminos y sus tambos, la reciprocidad, los *yanaconas*, el tributo prehispánico y colonial, y el impacto del fenómeno de El Niño en este periodo inicial del Perú, que culminaba su desarrollo autónomo para convertirse en una colonia de ultramar y perdía, por el impacto de la conquista, buena parte de sus saberes nativos.

---

4. Planteado inicialmente por John V. Murra (1975) en "El control vertical de un máximo de pisos ecológicos en la economía de las sociedades andinas".

Visitas de indios en el siglo XVI[1]

A raíz de la Conquista aparecen las *visitas de indios*, hechas para conocer el número de tributarios, la distribución de las tierras y los derechos y sucesiones de los jefes étnicos durante el Incario. Con los datos obtenidos, se elaboraron las tasas que debían pagar los indios, ya sea al encomendero o a la Corona, y se dictaminaron las sucesiones de los curacas.

Existen diversos tipos de visitas. Unas son escuetas relaciones del número de tributarios, como la que se llevó a cabo por mandato del marqués de Cañete, que contiene los cómputos generales no solo del Perú actual, sino de La Paz, Charcas y las provincias del Ecuador. Su importancia para los estudios demográficos es grande. Otras se ocupan de las distribuciones y *composiciones* de tierras entre los diversos *ayllus* y sus miembros: los *curacas*, los *hatun runa* y los demás integrantes de la comunidad. En estas visitas podemos ver algo del sistema de reparto de tierra en la época prehispánica; sería interesante compararlas con las que se realizaban en España en los siglos XV y XVI para ver la aportación europea y la tradición indígena.

---

1. Publicado en *Caravelle (Cahiers du Monde Hispanique et Luso-Brésilen)*, n.º 7, 1966, pp. 85-90. Se trata de un número especial de esta publicación dedicada a recoger las ponencias de la primera parte del Coloquio Internacional sobre Literatura e Historia del Perú, realizado el 4 y 6 de noviembre de 1965 en la Universidad de Toulouse.

Es notable la marcada diferencia que existe entre las tierras consignadas a los sembríos de maíz, que poseen un sistema de regadío, y las destinadas al cultivo de la papa, que generalmente estaban situadas a mayor altura y carecían de irrigación.[2] Acápite aparte formaban los pastos comunales.

Son diferentes las conocidas visitas efectuadas por Iñigo Ortiz a los yachas y chupachos en 1562, y la visita, publicada por la Casa de la Cultura de Lima, de Garci Diez de San Miguel a la provincia de Chucuito, en 1567. Más elaboradas, contienen valiosos datos para la investigación etnológica.

Estas averiguaciones se efectuaron de manera sistemática y para realizarlas se elaboraron cuestionarios. En el Archivo General de Indias de Sevilla existen manuscritos que se refieren a la condición de los visitadores y al modo en que se debía proceder para realizar las visitas.

Cuando los curacas se dieron cuenta de que uno de los objetivos de las visitas era la aplicación de la tasa, trataron de encubrir el número de indios para rebajar el monto del tributo, algo que hay que tener en cuenta cuando se procede a realizar cálculos demográficos.

En este trabajo veremos las visitas efectuadas en los primeros tiempos de la Conquista: las de los años 1540 y 1572 en Cajamarca, y la ordenada por el marqués de Cañete.

LA VISITA DE 1540

Esta es la más antigua visita de que se tiene noticia; ella y la de 1572 corresponden a la misma zona. Se hallan en el Archivo General de Indias y me consta que ambos manuscritos fueron consultados por Waldemar Espinoza durante su estadía en Sevilla.

Esta visita se halla involucrada en un proceso de la Real Audiencia de Los Reyes, en grado de apelación, que data de 1595. Los litigantes fueron doña Jordania Mejía, viuda de Melchor Verdugo, y doña Beatriz de Ysasaga, viuda del capitán García Holguín. El marqués don Francisco Pizarro había otorgado una cuantiosa encomienda en Cajamarca a Melchor Verdugo en recompensa por servicios prestados a Su Majestad durante la conquista y la población de la Nueva Castilla. Años más tarde, se juzgó que dicha encomienda era demasiado extensa para un solo encomendero, y el licenciado Vaca de Castro ordenó quitar mil indios tributarios de las parcialidades de Pomamarca, Bambamarca y

2. Visita y composición de tierras entre los yndios del pueblo de Ollanta y Tambo, año 1595. Manuscrito perteneciente al señor Pedro Terry García.

el Chontal. Gracias a estos litigios tenemos uno de los documentos más interesantes de esta época.

En 1540 se procedió a realizar la visita. Para tal efecto fue designado Cristóbal de Barriento por Francisco Pizarro y por fray Vicente de Valverde, obispo de la gobernación. Ante el escribano nombrado para el caso, el visitador hizo parecer ante él a todos los señores de la tierra de Cajamarca; por intermedio de los lenguas se les dio a entender que debían declarar el número de indios que tenían bajo sus órdenes en los diversos pueblos, so pena de castigos si encubrían la verdad. Por temor a las represalias y ante este requerimiento, los curacas aseguraron no conocer el número de indios tributarios y dijeron que mejor fuese el visitador a verlos y contarlos, pues ellos no querían caer en mentira y sufrir luego las consecuencias. En esta primera visita, no encontramos los detalles de la que se hizo posteriormente en esa misma provincia de Cajamarca en 1572.

Según las declaraciones de los caciques, estaban divididos en seis parcialidades de naturales, sin contar una de *mitimaes* serranos, es decir, de indios traspuestos de otros lugares. Pero estas parcialidades no parecen *ayllus* sino *curacazgos* mayores, que comprendían caciques subalternos, con una definida estratificación social. Ellos eran los siguientes:

(1) Carva Arayco, curaca de Cusmango, con nueve jefes menores, uno en cada pueblo y un total de 840 tributarios.

(2) Culqui Sigur, curaca de Chuquimango, con siete pueblos sometidos a su autoridad y 756 tributarios;

(3) Tantacul, curaca de Chontal, con cinco pueblos a sus órdenes y 422 tributarios;

(4) Carua Quera, curaca de Bambamarca, con siete pueblos menores y 308 tributarios;

(5) Tomay, curaca de Cajamarca, con siete pueblos y 450 tributarios;

(6) Laquilmango, curaca de Pomamarca, jefe de ocho pueblos con 398 tributarios; y, por último,

(7) Pucalla, curaca de los *mitimaes* serranos, que eran indios oriundos de Condesuyo, Caxamalca (¿?), Guajacondo y Cañares del norte, con 319 tributarios.

En total, 3493 tributarios, cifra que compararemos luego con la que arroja la visita hecha por orden del marqués de Cañete, que parece inferior.

Un dato interesante es la mención de que algunos curacas de la costa norte —los señores de Pacasmayo, Saña, Collique, Chuspo,[3] Cinto y Túcume— tenían *mitimaes* en Cajamarca, a fin de facilitar el envío del tributo del Inca a los depósitos, que se encontraban en la sierra (AGI, Escribanía de Cámara, leg. 500-A). En otras palabras, no se remitía el tributo al Cusco por los arenales de la costa, sino a la sierra contigua, y ahí se lo guardaba. Para todo ello se servían de su propia gente, sin utilizar las parcialidades del lugar. Lo propio hacían los otros pueblos serranos que tenían que llevar a Cajamarca los tributos de sus tierras, detalle que nos permite ver una faceta de la organización incaica, así como la importancia de Cajamarca durante el Incario como centro de almacenamiento y reunión de los tributos de una amplia zona (Rostworowski 1961: 11).

En cuanto al tributo en sí, el manuscrito indica que comprendía ropa de lana basta, paños finos, maíz, ají, coca, papa, chuño, ojotas y un número crecido de *yanaconas* de ambos sexos, aparte de gente de guerra para los ejércitos imperiales.

LA VISITA DE 1572

Esta segunda visita forma parte del mismo juicio. Es interesante que se haya hecho en la misma región que la anterior y con sumo detalle. Se trata de un voluminoso manuscrito de más de 700 folios dobles y comprende las "3 guarangas de Caxamalca", divididas en *pachacas*, con una minuciosa relación de todos los tributarios y demás miembros por edades (AGI, Escribanía de Cámara, leg. 500 B).[4]

El visitador general, Santiago Álbarez Cueto, fue nombrado en 1571, pero por la peste que asolaba en aquel entonces la provincia se postergó la tarea para el año siguiente de 1572. Debido a su volumen e importancia, este documento merece un estudio aparte, que no puede caber aquí. Nos limitaremos a analizar ciertos aspectos de esta visita y de la anterior que se complementan.

En las dos visitas los funcionarios españoles emplearon la palabra *parcialidad*. ¿Qué querían decir con ella? La mayoría de los cronistas usaban este término para designar a un *ayllu*; en los manuscritos citados, *parcialidad* indica cada uno de los seis curacazgos principales, los

---

3. *Chuspo*: nombre que tenía esa localidad antes de la conquista inca; luego tomó el nombre de Callanca.

4. AGI, Escribanía de Cámara, leg. 500 B.

cuales a su vez comprendían un número variable de caciques o señores de pueblos menores.

El curacazgo de Cuzmango, el más importante, comprendía nueve pueblos, mientras que el de Chontal tan solo cinco. Por otro lado, en la visita de 1572 se habla de las “3 guarangas de Caxamalca”. No solo encontramos aquí el término *guaranga*, equivalente en quechua o *runa simi* a 1000 tributarios, sino la subdivisión de toda la zona en *pachacas*, que corresponden a 100 tributarios. Cuando en los libros de la Real Hacienda del Cusco se menciona la forma de administración cusqueña, generalmente se usa la palabra *ayllu*. Lo mismo ocurre en la región del Collao, donde el equivalente de *ayllu* es la *hatha*.

¿Cómo explicar, entonces, el tenaz arraigamiento de un sistema incaico en el norte, donde la dominación inca duró menos de 100 años, mientras caía en desuso en su lugar de origen? ¿O fue más bien este un sistema norteño, aplicado tardíamente en la región del Cusco por los incas y que no llegó a echar raíces? El problema de la influencia inca en el norte (y viceversa, la de Chimor en el Cusco) merece un estudio detenido. ¿Qué instituciones incas fueron préstamos de sus refinados súbditos costeños? ¿Podemos entre estas adquisiciones nombrar a los *yanaconas*?

La toponimia y los nombres de los curacas mencionados en estos manuscritos, aunque bastante deformados por el escribano de la visita, muestran a veces la influencia del quechua en la región de Cajamarca; otros parecen provenir del idioma de Chimor. La sierra de Cajamarca, contigua a la costa norte, tuvo en todo momento una cercana relación con sus vecinos de los llanos.

El tercer documento, a diferencia de los anteriores, se halla en la biblioteca de la Real Academia de la Historia de Madrid (RAH, Colección Muñoz, n.º A-66). Se trata de los cómputos de la visita ordenada por el marqués de Cañete, que llevó a cabo Luis de Morales Figueroa. Es una relación de los indios tributarios de las “provincias” del Perú sacada del libro de tasas de la visita general. Contiene no solo el número total de tributarios sino también el tributo anual y el quinto del rey. Comprende una relación por provincias con indicación de los distritos y, al final, un resumen, presentado en la siguiente página.

Este total de 311.257 indios tributarios parece una cifra interesante para los estudios demográficos. No vamos a entrar aquí en la larga polémica sobre la población de la América andina, que escapa además a esta noticia. Solo queremos señalar ciertos datos, dejando para otra oportunidad el estudio detallado, quizás con otros manuscritos que permitan mejores evaluaciones.

Resumen de todo lo en este mem. contado
(folio 246v)

PROVINCIA DEL PERÚ	INDIOS TRIBUTARIOS	TRIBUTOS EN UN AÑO	QUINTO A S. M.
Provincia de los Reyes	30.708	119.920	23.984
Trujillo	17.597	62.100	12.420
Guamanga	26.054	101.435	20.287
Guánuco	18.089	65.180	13.036
Piura	3537	12.890	2578
Guayaquil	2198	8515	1703
Puerto Viejo	1253	4610	922
Los Charcas	31.671	191.410	38.282
La Paz	27.837	177.910	35.582
Cuzco	74.977	380.835	76.167
Arequipa	19.794	98.335	19.667
Chuquito	17.779	80.000	16.000
Chachapoyas	7045	21.390	4278
Moyobamba	678	2290	458
Jaén	2654	7980	1596
Quito	24.380	79.235	15.847
Cuenca	1472	7360	1472
Camera	685	3765	753
Loxa	2849	9260	1852
	311.257	1.434.420	286.884

Lo difícil en estos casos es calcular el promedio de habitantes por tributario. Si escogemos aquí el "factor 5" propuesto por Mellafe (1965) para el virreinato peruano, que se basa en el número de personas por casa o familia (debido al súbito aumento de la mortandad entre los hombres adultos), tenemos un total sumamente bajo de 1.556.285 habitantes para un área grande.

Veamos los cómputos que indica este manuscrito para el distrito de Cajamarca, adscrito en la provincia de Huánuco, que comparamos con las cifras de la visita de 1540. Cajamarca cuenta con 2678 tributarios, 42 *mitimaes* y 64 indios guambos, o sea, un total de 2784 personas, en comparación con las 3493 de la visita anterior. Esto representa una disminución de 709 tributarios, es decir, de 3545 habitantes en 32 años y en un solo distrito.

Sumamente significativa es la baja entre los *mitimaes*, que no indica necesariamente mortandad. En otro trabajo hemos señalado el éxodo masivo de indios trasladados durante el Incario, que a raíz de la Conquista retornaron a sus lugares de origen, mientras quizás otros escogieron servir a los españoles como *yanaconas* (Rostworowski 1963). Sabemos, por ejemplo, que un valle en la región de La Convención, cerca del Cusco, que tenía durante el Incario una población compuesta casi exclusivamente por *mitimaes* de diversos lugares del imperio, a fines del siglo XVI estaba casi deshabitado por la huida en masa de sus pobladores.

Este es un factor que hay que tomar en cuenta en los cálculos demográficos sobre el virreinato; comprende no solo el movimiento de la población sino una masa flotante desarraigada de sus antiguos *ayllus* y *pachacas*.

El tributo indígena en la primera mitad del siglo XVI en el Perú[1]

Tratar el tema del tributo indígena en la región andina durante la primera mitad del siglo XVI obliga, forzosamente, a ocuparse primero del tributo en el Incario. Aunque someramente, analizaremos en qué consistía y de qué forma era percibida esta obligación en la época de los incas, para luego compararla con lo que se estableció durante la Conquista y, más tarde, durante los incipientes esfuerzos de organización colonial.

El tributo, en la forma como se ha definido tradicionalmente, no existió durante el Imperio incaico. Según los trabajos del antropólogo John Murra (1967), los ingresos de las autoridades andinas procedían de la energía humana que trabajaba para el Inca, para el culto o para los señores locales. Dicho en otras palabras, el campesino no entregaba ningún producto de sus parcelas ni de los bienes comunales. Lo que daba era su energía, limitada a los llamados turnos especiales o *mita*. Era, por lo tanto, un tributo laboral o de trabajo, y en eso consiste la diferencia primordial con el tributo impuesto posteriormente por los españoles.

Esto significa que cada agrupación étnica aportaba un número de personas para el cumplimiento de las faenas colectivas, que podían ser mayores o menores, según la voluntad o imposición de los señores

1. Publicado en *Estudios sobre política indigenista española en América*, tomo II. Valladolid: Seminario Americanista, Universidad de Valladolid, 1976.

dominantes. Los hombres en edad de cumplir el trabajo engrosaban el ejército del Inca, construían caminos y puentes, sembraban y cosechaban los campos. Por su parte, las mujeres escogidas hilaban y preparaban vestidos y mantas con la lana o el algodón procedentes de los depósitos reales, en forma de verdaderos obrajes.

Hay que tener en cuenta que se trataba de un mundo y de una estructura social que desconocía, como tal, el valor del dinero, y cuya economía, por lo tanto, tenía bases diferentes a la europea. En el Incario existían dos valores que eran los más importantes y sobre los cuales giraba su riqueza. Ellos eran, primero, el disponer de un número adecuado de energía humana o mano de obra, y segundo, el poseer cuantiosos bienes acumulados.

En los principios del Incario fue suficiente el trabajo de los *ayllus* tradicionales, pero al crearse un Imperio, la extensión del Tahuantinsuyu exigió un número de tareas laborales que difícilmente podían cubrir los *ayllus*. Por ello, se incrementaron los *mitmaq* o etnias enviadas de un lugar a otro del Imperio, que cumplían diversos objetivos económicos y sociales. Pero estos *mitmaq*, a pesar de la distancia que los separaba de su núcleo de origen, seguían bajo la autoridad administrativa de su lugar natal y continuaban siendo numerados como pertenecientes a sus *ayllus*.

Durante los últimos reinados, al crecer la demanda estatal de trabajo, se recurrió a otro grupo social, el de los *yanas*, que eran personas desprendidas de sus etnias y que trabajaban a tiempo completo para el Inca, para el culto o para algún señor local. Es importante subrayar que la mayoría de los *yanas* trabajaban en las tierras particulares de un soberano o de alguna reina. También los había que eran solamente artesanos, por ejemplo, ceramistas o metalúrgicos, y aquí entraba ya una especialidad técnica.[2]

Como hemos dicho anteriormente, el segundo objetivo de la economía incaica era el de disponer el Estado de un gran número de productos agrícolas y de objetos manufacturados, y para ello necesitaba el Inca de una regular extensión de tierras. Para aumentar su hacienda, al efectuar el soberano la conquista de una región, hacía suya una cierta parte de ella. Según la "Relación" de Castro y Ortega Morejón (1974 [1558]: 146), los señores de Chincha se vieron forzados a entregar parte de sus propias tierras al Inca. De ahí que después de la conquista cusqueña, la tenencia de la tierra se transformó y debió variar de una

2. Sobre un *ayllu* ceramista véase Archivo General de Indias, Escribanía de Cámara, 501A. Los llamados *yanacona yanayacu* de Xultín, naturales de Collique, estaban instalados en Cajamarca.

región a otra, según si la dominación incaica se realizó pacíficamente o a la fuerza.

A través de los documentos coloniales, tanto administrativos como judiciales, se aprecia que el Estado inca tenía en cada valle un determinado monto de tierras, y también las había del Sol o de las *mamacunas*. En las "visitas y composiciones de tierras" coloniales efectuadas en el área andina, se observa el gran número de estas tierras, que se distinguían en aquel entonces por mantenerse eriazas. La razón principal para ello es que al dejar de existir la obligación o la exigencia de trabajo de parte del Inca, los naturales no sintieron la urgencia de seguir sembrando estas posesiones estatales y las dejaron en barbecho.

Los productos agrícolas y los objetos manufacturados —gracias a la energía humana— con la materia prima producida en las tierras del Inca, eran acumulados en los depósitos reales y se convertían en bienes fácilmente disponibles, de los cuales se aprovechaba a voluntad el Inca, dándole una incontestable superioridad sobre los señores locales, que no podían alcanzar más que una pequeña riqueza regional, sujeta siempre a las dádivas reales. Con esos bienes hacía frente el Inca a cualquier emergencia, podía sostener ejércitos, recompensar fidelidades, comprar adhesiones, etc. Gran parte de la fuerza del Estado se apoyaba en estas riquezas acumuladas, que daban al soberano un poderío innegable. Este capital fue el secreto de la dominación incaica y de su poderío económico.

La conquista del mundo andino

Después de esta muy somera visión de la forma como el Incario aprovechaba la energía humana, veamos lo que sucedió en el primer encuentro entre los conquistadores y los habitantes del mundo andino. Es natural que la invasión española trajera consigo un cambio total de las antiguas costumbres indígenas. Antes de asentarse la organización colonial, pasaron los primeros años de encuentro y choque entre estos dos mundos tan distintos y opuestos entre sí.

De una averiguación que mandó hacer el rey en 1561 sobre lo sucedido durante aquellos primeros años, se desprende una evolución en las exigencias de los conquistadores. Hasta la prisión de Atahualpa, no hubo ninguna guerra y solo pretendían los conquistadores abastecerse de alimentos y de ropa; para ello encontraban los depósitos reales repletos de cuanto daba y producía entonces la tierra. Con la captura del Inca, se impuso el rescate y se consiguió un botín de oro y plata nunca antes visto. Sin embargo, este tremendo caudal no afectó al campesino indígena, porque provenía del tesoro acumulado por los Incas y de los bienes de los dioses. El pueblo no sintió en sí el peso del rescate. Lo afectó psicológicamente, pero no materialmente.[3]

En estos primeros años, los españoles no dieron importancia a la ropa ni al ganado, que era innumerable. Ellos simplemente cogían lo que necesitaban para comer y vestir, sin hacer acopio de nada, pues donde iban encontraban de todo. Cuando hacía falta, iba un capitán con un grupo de soldados y traían lo que hallaban, sin pensar siquiera si pertenecía al Estado, a un señor o a una comunidad. Este estado de cosas afectaba sobre todo a los pueblos indígenas situados a lo largo de los caminos principales, por donde transitaban las tropas conquistadoras. En cambio, las regiones apartadas casi no fueron entonces afectadas.

Dominada la tierra, procedió Pizarro a hacer los primeros depósitos de indios, y se otorgaron muchos de ellos, sin conocer aún el país, basándose en las noticias suministradas por los informantes indígenas. En aquel entonces, el tributo quedaba a juicio del encomendero y, por lo dilatado de la tierra, solo acudían a servir a sus nuevos amos, los naturales cercanos a las ciudades recién fundadas y a los lugares de fácil acceso. A las lejanas encomiendas habían de ir resguardados por alguna tropa, y cada uno pedía y exigía del cacique lo que quería y necesitaba, al no haber ninguna pauta ni límite en el tributo.

Cuando se fundó la Real Audiencia, se comenzó a legislar y corregir los excesos y errores anteriores. Estas tareas se vieron postergadas por las rebeliones y alzamientos, por lo que hasta la llegada del licenciado Pedro de la Gasca no prosperó el ordenamiento del tributo. El licenciado comprendió la necesidad de realizar una "visita general" a la tierra. La minuciosidad del cuestionario entregado a los que habían de llevarla a cabo muestra que La Gasca trató de obtener una valoración del país. Fue el primer ensayo de un conocimiento global del Perú.

LA VISITA DE LA GASCA

Las instrucciones de La Gasca con ocasión de la visita muestran su deseo de obtener información detallada. Así se desprende de la que se dio a los visitadores Antonio de Ribera y Jerónimo de Silva (AGI, Lima 121), firmada en Los Reyes el 21 de marzo de 1549, para la visita a los valles costeños de Lima, Lurín, Mala y Chilca. El documento indicaba que la visita debía iniciarse con una misa solemne al Espíritu Santo y

3. Para la parte psicológica, véase Wachtel 1970.

con un juramento ante los Santos Evangelios de que la cumplirían fielmente, sin defraudar a los naturales ni a los encomenderos.

Ante todo, se ponía un término a su ejecución y se ordenaba a los visitadores que no volviesen a sus casas antes de concluirla. La orden era que ambos visitadores fuesen juntos, llevando con ellos a un escribano que asentase los autos y diligencias; en su defecto, un sacerdote lo reemplazaría. Antes de partir, debían asegurarse de la presencia en los pueblos y villorrios de los caciques y principales; y una vez en el lugar de la encuesta, habían de asegurar a los naturales que podían hablar sin miedo y responder a las preguntas, y que el objetivo era establecer una tasa moderada; pero debían advertir, a la vez, que si mentían serían castigados.

Los visitadores estaban encargados de recorrer personalmente los pueblos, observar la calidad de las tierras, las contrataciones con los pueblos comarcanos; ver si producían maíz y trigo, de qué ganados disponían, si confeccionaban ropa. En una palabra, debían prestar atención a la forma de vida y los trabajos que se hacían. Otra pregunta que interesaba saber era si existían minas de oro, plata u otros metales, la forma de explotarlas y, sobre todo, si estaban situadas en tierras cálidas o frías.

Uno de los puntos que mayor interés despertaba era conocer el tributo en tiempo de los incas, y cómo acudían a la guerra y al servicio de los señores. También interesaba el cuestionario por saber las distancias entre cada pueblo y si los naturales de cada uno servían en regiones del mismo temple, es decir, la sierra o la costa. Al final del informe debían firmar ambos visitadores.

Recientemente hemos tenido la suerte de encontrar un documento de la visita de La Gasca; se trata del que contiene "La relación de algunos repartimientos de los Reynos del Perú, de la cantidad: de yndios que tienen y tributos que dan / sacado de la Visita y tasa primera que se hizo por mandado del Presidente licenciado Gasca". El documento es de la época, y si bien se trata tan solo de una parte de la visita, es una buena cantera para conocer esta primera tasa y compararla con el método incaico.

Este manuscrito responde al cuestionario mencionado más arriba, y lo primero que contiene es el número aproximado de tributarios en cada repartimiento, un dato importante para los estudios demográficos. Luego sigue la pregunta sobre la existencia de minas en la región. Encabeza la tasa un monto elevado de oro y plata, o sea, un primer tributo en efectivo. Luego sigue una larga lista de productos, entre los cuales los principales son el maíz y el trigo. De este documento se desprende, por último, que lo único que diferenciaba a la sierra de la costa era que aquella entregaba papas y chuño, mientras que en los llanos se proporcionaba frijoles.

Años más tarde, en 1567, en una carta al rey, el licenciado Cuenca diría, comentando su visita a la región norteña, que "estando prosiguiendo la Visita embié a V. Magestad una tasa y unas ordenanzas de un repartimiento de los Llanos, y por que la de la sierra es muy diferente [...]" (AGI, Lima 92). Pero en tiempo de La Gasca no se podían ver aún las diferencias; era prematuro.

Otro elemento importante en la tasa era la ropa, que comprendía vestidos finos de *cumbi* y otros ordinarios de *auasca*. También se entregaba alfombras, cojines, reposteros, alpargatas y una variedad de objetos manufacturados con cabuya, como jáquimas, cabestros, costales, sogas, látigos; por último, sillas y bateas de madera. Después del oro y del maíz, el renglón más importante era el de las ovejas de la tierra, que eran fácilmente negociables para el encomendero. Según la tasa de la visita, todas las regiones, incluso las de la costa, estaban obligadas a entregar auquénidos, aunque no se los criase en ellas; estos animales eran escasos en los llanos porque el clima ahí era poco favorable para ellos. Existe un documento que registra la protesta de los indígenas de la región de Pica, cerca de Arica, reclamando que no podían entregar llamas ni alpacas, pues vivían al borde del mar y ni siquiera lograban trocar productos costeños por otros serranos. Se observa, por otro lado, la temprana introducción de animales europeos, pues el tributo comprendía puercos, gallinas y huevos.

No se contentaba la tasa de La Gasca con los productos de la tierra y los objetos manufacturados; también exigía el tributo laboral en las tierras del encomendero, sembrando y cosechando los naturales en sus haciendas, llevando cargas, sirviendo en la casa del amo, guardando el ganado y cuidando las huertas.

CONCLUSIONES

Existió durante el virreinato un constante afán de comparar el tributo incaico con el colonial, sin tomar en cuenta que arrancaban de estructuras económicas distintas. De ahí que resultara vano el esfuerzo. En el Incario se exigía la fuerza de trabajo: el hombre común entregaba un tributo laboral que podía ser elevado, pero del cual no asumía ninguna responsabilidad. Por ejemplo, si la cosecha se perdía por una helada o por ausencia de lluvias, a él no le faltaba un mínimo de subsistencia, pues recurría a los depósitos estatales. Las faenas en las tierras del Inca se cumplían en son de fiesta, ataviada la gente con sus mejores vestidos, con música y alegría. Además, durante todo el tiempo en que trabajaba para el Estado, el tributario era alimentado a expensas del gobierno, por lo que en ningún momento debía recurrir a lo que producía en su parcela ni a los bienes comunales. El trabajo se ordenaba y se distribuía a través de los *ayllus*, que preveían y contemplaban todas las eventualidades.

En cambio, el tributo colonial exigía una entrega en dinero, otra en productos y objetos manufacturados y, por último, otra en trabajo, y no tomaba en cuenta la pérdida de la cosecha particular, ni establecía ayuda alguna en caso de emergencia.

El mérito de la visita de La Gasca es que trató de realizar un censo económico del país, con una evaluación de las posibilidades de la época. Si bien tuvo sus errores, la idea se mantuvo, puesto que Toledo, al organizar el virreinato, también llevó a cabo otra "visita general", enmendando la anterior y cambiando el tributo, pero sobre la base de la experiencia adquirida. Sin embargo, ese tema escapa a esta ponencia.

Dos probanzas de don Gonzalo, curaca de Lima (1555 y 1559)[1]

En el Archivo General de Indias de Sevilla se hallan dos importantes documentos para la reconstrucción de la historia del valle de Lima, tanto de su época prehispánica como de los primeros años de la dominación española. Se trata de las probanzas realizadas por don Gonzalo, curaca de Lima, ante la Real Audiencia, la una de 1555 y la otra de 1559. El objeto de dichos testimonios era probar sus servicios, a la par que los de su padre y hermano, a la Corona, además de señalar los gastos ocasionados por la fundación de la ciudad de Los Reyes en sus tierras y la ayuda prestada durante el levantamiento de Manco II y las guerras civiles entre españoles.

En estos expedientes no solo encontramos interesantes noticias sobre la situación política del valle en vísperas de la fundación de Los Reyes, sino que desfilan en calidad de testigos diversos personajes que tomaron parte activa en la conquista, como Pedro de Alconchel, uno de los dos "trompetas" durante el tercer viaje de Pizarro. Gracias a su oportuno toque, Alconchel anunció la llegada de socorro a la avanzada capitaneada por Hernando de Soto, amenazada por las tropas de Quisquis en su ruta al Cusco.

Varios fueron los encomenderos presentados por don Gonzalo. Mencionaremos a Bernaldo Ruiz, encomendero junto con Hernán Gonzales

1. Publicado en *Revista Histórica*, tomo XXXIII, 1981-1982, pp. 105-173.

de Pachacamac y de Piscas, y a Martín Pizarro, quien declaró no haber presenciado la fundación de Los Reyes por haberse quedado en Jauja con algunos españoles por ser "justicia".

Entre los vecinos destacados señalaremos a Francisco de Ampuero, antiguo paje de Pizarro, casado con la *ñusta* doña Inés Huaylas Yupanqui, quien igualmente declaró. Ampuero, encomendero de Chaclla, viajó a España en 1551 por orden de la Corona para acompañar a su entenada doña Francisca y a don Francisco Pizarro, este último hijo de la *ñusta* doña Angelina. En la comitiva figuraba también Isabel, hija de Ampuero y hermana por vía materna de la hija del marqués, mientras Inés Yupanqui quedó en Lima con los dos hijos varones de Ampuero, Martín Alonso y Francisco. (Documento inédito sobre el viaje de Francisca Pizarro a España. En el expediente hay también referencias al joven Francisco Pizarro, quien murió en la Península, y sus gastos durante la larga travesía).

Despiertan interés los personajes femeninos, indígenas o mestizos, tan poco conocidos, y expuestos por las circunstancias y vaivenes de las guerras a una vida azarosa, divididos entre dos culturas tan distintas. Una de aquellas figuras es la de doña Inés, hija de Huayna Capac y de Contar Guacho, señora de Huaylas. Según una probanza de oficio y el testimonio del curaca de Huarás, el Inca había ordenado que todos los productos cosechados en las tierras reales, el numeroso ganado que pastaba en las *moyas* y, sobre todo, los caciques locales, estuviesen bajo las órdenes de Contar Guacho. A la muerte del Inca, la coya se retiró a su pueblo natal de Tocas, junto con su menor hija Quispe Sisa, nombre indígena de doña Inés (AGI, Justicia 1088).

Después de la prisión de Atahualpa, el Inca entregó a la joven al gobernador Francisco Pizarro, y en 1534 nacía en Jauja su hija Francisca (Porras Barrenechea 1950; "Dominical" de *El Comercio* del 5 de abril de 1953). Más adelante tuvo doña Inés a Gonzalo, quien murió, según Porras, en 1554.

Durante el cerco impuesto a Los Reyes por Manco II, Contar Guacho socorrió a los españoles enviando a toda prisa un ejército compuesto por 1000 indígenas conducidos por el curaca Tilcarima y los principales Caro Valona y Chiquiana. Estas tropas se enfrentaron a las de Illa Apa, capitán del Inca de Vilcabamba, salvándose la ciudad gracias a esta oportuna intervención (AGI, Lima 204, año 1556, Probanza de Francisco Ampuero).

Probablemente en 1538 Pizarro casó a la *ñusta*, a quien llamaba "la pispita", con su paje Francisco de Ampuero (Harkness Collection 1932: 88). En las probanzas, doña Inés figura como testigo; por entonces era una mujer de unos 35 a 40 años. En sus declaraciones dijo haber estado en el Cusco en los primeros días de la Conquista y, una vez establecida en Lima, haber visitado repetidas veces al viejo curaca Taulichusco, pues los indígenas de Lima formaban una encomienda perteneciente a Pizarro. Más adelante su hija Francisca heredó esta encomienda, en segunda vida, junto con las demás que poseía el marqués.

Una noble cusqueña llamada a presentar su testimonio fue doña Leonor Vilca Sisa. Dijo haber estado en Huánuco Pampa con Huascar Inca, camino a Cajamarca, a fin de recibir a Atahualpa. Estando ahí, oyó de un mensajero la noticia de la llegada de los españoles al Tahuantinsuyu. Contó que al tiempo de la fundación de Los Reyes, vino a la ciudad con Alonso Riquelme, "su señor", y que en 1559 se hallaba casada con Enrique Fernández o Hernández, portugués y pregonero en Los Reyes.

Una noticia interesante en las declaraciones de la *paya* es la entrega que hacía el curaca al marqués de "carneros de la tierra". Los últimos descubrimientos arqueológicos y etnohistóricos revelan la existencia en los yungas de ganaderías de camélidos (Bonavia 1982, Shimada y Shimada 1983, Rostworowski 1983).

Continuando con los testigos femeninos, una personalidad interesante es sin lugar a dudas doña Inés Muñoz, mujer de Francisco Martín de Alcántara, medio hermano de Pizarro, quien halló la muerte junto con el marqués en 1541. En una probanza hecha por doña Inés, en 1574, dijo haber sido una de las primeras españolas en entrar a esta tierra, encontrándose ya casada cuando vino al Perú, y añadió que ella sembró en los huertos limeños, trigo, olivos y lino, además de otras frutas de Castilla. Heredó doña Inés las encomiendas de su esposo; la de Manchay en Casma, otorgada en 1535; la de Collique recibida en 1540; y la de Jauja en 1541 (AGI, Justicia 448).

Pizarro otorgó a su hermano, en varias cédulas, 3000 indígenas, pero como no podía cubrir esa cantidad en un solo lugar, le dio 600 en Jauja, 200 en los llanos, y para completar la cifra, le concedió poco antes de morir, una cuarta encomienda en Huánuco. Cuando llegó Vaca de Castro quitó la última encomienda a doña Inés para dársela a Pedro de Puelles (AGI, Patronato 192, n.º 1, ramo 32, año 1543).

A la muerte de Pizarro, en aquel trágico momento de estupor y desasosiego producido por los sucesos y las incógnitas sobre el futuro, doña Inés se preocupó, según su propio decir, de sacar los cuerpos de su cuñado y de su marido y de llevarlos a enterrar a la iglesia, sin la ayuda de ningún español por el miedo que tenían todos de Diego de Almagro, el Mozo, con quien se enfrentó diciéndole muy "feas palabras" (AGI, Patronato 120, n.º 1, ramo 2, año 1574). Esta versión es diferente a otra, según la cual Juan de Barbarán, su mujer y el secretario de Pedro

López, ayudados por doña Inés, llevaron los cadáveres a la iglesia para darles sepultura.

En la tensa situación por la cual atravesaba la ciudad, doña Inés decidió esconder a los hijos del marqués, temiendo que los sublevados les dieran muerte. Por tal razón se embarcó con ellos en un navío con destino a Tumbes, pagando por el viaje la suma de 3000 pesos. Una vez en el norte, vendió sus joyas y compró caballos y se marcharon todos a Quito a dar el encuentro a Vaca de Castro. Con el séquito del licenciado regresaron a Trujillo, donde quedaron aguardando los acontecimientos. Cobo narra dichos episodios con ciertas variantes; aquí seguimos los sucesos de acuerdo con la probanza de doña Inés (Cobo 1956, tomo II, cap. XVI: 430-431).

En segundas nupcias casó doña Inés Muñoz con Antonio de Ribera, del hábito de Santiago, de quien tuvo un solo hijo. Debido a la situación y méritos de Ribera, las mismas encomiendas otorgadas por Pizarro a Alcántara, le fueron concedidas en primera vida.

Lockhart (1982), al analizar los componentes sociales del mundo hispanoperuano que se gestó a raíz de la conquista del Tahuantinsuyu, encuentra que la mayoría de los españoles eran hidalgos de poca alcurnia y campesinos. Al referirse al derecho de usar el "don", distinción que con los siglos perdería su valor, nombra como ejemplo a Inés Muñoz, de origen campesino, pero quien debido a sus méritos y valentía durante la Conquista, mereció estar comprendida en la cédula real que otorgaba el uso de esta partícula tan preciada.

Como testigo del curaca de Lima, doña Inés declaró que contaba el tributo que le traía don Gonzalo y que, a veces, cuando le faltaba dinero para cumplir con la tasa, ella le prestaba el necesario.

Al morir Pizarro, la encomienda de Lima pasó a su hija Francisca en segunda vida. Ahora bien, Gonzalo Pizarro, hermano del marqués, fue el primer tutor de la joven, a quien su sobrina debió querer por la forma como se expresó de él en su testamento, redactado en Lima antes de emprender el viaje a la Península (AAL, Papeles Importantes, leg. 9). Después del ajusticiamiento de Gonzalo, Antonio de Ribera fue nombrado tutor de doña Francisca Pizarro.

Tras haber enviudado de nuevo, doña Inés renunció a sus encomiendas a favor de su hijo Antonio de Ribera, el Mozo, casado con María de Chávez, pero para su desgracia, su hijo murió, y de esta manera doña Inés y su nuera perdieron sus encomiendas. Aunque en las probanzas se decía pobre, confesaba poseer bienes raíces, casas, tierras y negocios; sus donaciones para obras pías son también testimonio de su gran fortuna.

Después del fallecimiento de su hijo, doña Inés decidió entrar en la vida religiosa, y para ello fundó el convento de la Concepción de la Madre de Dios. Para entonces contaba con 80 años y estaba casi ciega. Sin embargo, tomó el velo y juró votos perpetuos el 23 de septiembre de 1573. Junto con ella entró al convento María de Chávez. Larga y movida fue la vida de doña Inés Muñoz, pues murió el 3 de junio de 1594 a los 106 años (Cobo 1956; Mendiburu 1934, tomo VIII: 54, señala el 21 de junio, y no el 3, como la fecha de los votos perpetuos).

Nombrados los personajes femeninos de las probanzas de don Gonzalo, veamos ahora los testigos indígenas. Para la historia del valle de Lima, tienen gran importancia las declaraciones de los curacas vecinos, que despejan algunas incógnitas históricas. También tienen valor las declaraciones de los curacas norteños, venidos de sus lejanas tierras junto con Pizarro por ser señores naturales. Ellos otorgan versiones andinas de los sucesos y situaciones que se crearon.

Una de las informaciones más interesantes es la de don Juan, curaca de Surco (o Sulco, según la pronunciación del quechua costeño), el mayor y más poblado de los señoríos del valle bajo de Lima. Don Juan dijo haber conocido a Taulichusco, el cacique de Lima, antes de la llegada de los españoles. Según él, Taulichusco era el sucesor de otro Taulichusco anterior y heredó el poder de acuerdo con las costumbres de los naturales, afirmación que indica la existencia de patrones de sucesión diferentes a los españoles.

Efectivamente, merece destacarse que Taulichusco asoció a su gobierno a su hijo Guachinamo, lo que facilitó la sucesión, pues asumió automáticamente el cargo de curaca principal. En otros trabajos hemos señalado la existencia de un correinado entre los incas, costumbre que facilitaba la transferencia del poder y permitía a un padre dejar el gobierno a su hijo. En el ámbito andino, las sucesiones eran electivas y la norma era designar al "más hábil y suficiente" entre un grupo de candidatos, método habitual inclusive entre los incas (Rostworowski 1983, 1960a). Otra particularidad era la ausencia del concepto de primogenitura, mayorazgo y bastardía, ideas importadas y ajenas al medio. En su lugar, la herencia, además de ser electiva, era generacional a escala de "hermano". El curacazgo de Lima es un ejemplo de las costumbres andinas, pues a la muerte de Guachinamo, acontecida a pocos años de su nombramiento, le sucedió don Gonzalo, su hermano, a pesar de dejar el difunto curaca hijos varones y adultos. En aquel entonces los españoles se encontraban absorbidos en las guerras civiles y nadie objetó o puso obstáculo a la designación de don Gonzalo (Rostworowski 1978).

Otra importante declaración del curaca de Surco fue afirmar que Taulichusco era un *yana* o criado de Mama Vila, mujer del Inca, mientras que su hermano Caxapaxa era *yana* de Huayna Capac (AGI, Lima 204).

En la segunda probanza de don Gonzalo, el testigo Pedro Chalanan, curaca de Guala, de la encomienda de Nicolás de Ribera, el Mozo, confirmó la información anterior y añadió que Caxapaxa era curaca de una de las mitades y residía en el Cusco, al lado del Inca (AGI, Lima 205).

La sorprendente noticia del estatus de *yana* de dos curacas no es una novedad y es confirmada en otros documentos, como en el correspondiente al señorío de Collique, situado en el valle del Chillón (Rostworowski 1977a); en la misma condición se hallaba un curaca de Chachapoyas (Espinoza 1967b). Estas informaciones obligan a revisar los conceptos sobre la situación social de los *yanas*, con una amplia gama de ocupaciones y jerarquías, para un estudio sobre las clases sociales en el Tahuantinsuyu.

En Collique, los incas encontraron una dura resistencia, al igual que en otros curacazgos, como los de los valles de Guarco (hoy Cañete) o Chimor. Debido a las guerras de conquista libradas por los incas en la costa, los soberanos cusqueños mostraron desconfianza hacia los yungas, por lo que no enrolaban costeños en sus ejércitos (Zárate 1944, Rostworowski 1978b).

Igualmente interesante es el testimonio de don Pedro Granvilca, criado de Huayna Capac y miembro de la corte inca, por su condición de señor. A la quinta pregunta contestó que en tiempos pasados hubo un encuentro guerrero entre un primer Taulichusco y un *auca* llamado Colli, quien conquistó y se asentó en una parte de las tierras del curaca de Lima. Ahora bien, por documentos referentes al señorío de Colli sabemos que su curaca se llamaba Colli Capac y que fue antiguamente un poderoso curaca en el vecino valle del Chillón (Rostworowski 1977).

Es indudable que los testimonios directos de los señores locales son muy valiosos para conocer mejor las estructuras sociales y políticas de los curacazgos yungas. Uno de ellos es el del curaca de Pachacamac, don Hernando Llaxa Guaylas,[2] quien parecía tener unos 80 años a la hora de declarar. Don Hernando dijo conocer muy bien a don Gonzalo, sus pueblos y tierras, por estar ese señorío bajo el dominio y autoridad suya y de sus antepasados, afirmación que pone en evidencia la dependencia del valle de Lima del centro religioso de Ichma o Ichmay.

En esta breve presentación solo mencionamos algunos puntos. Cada quien podrá hallar temas y noticias según su propia visión e interés. Con la publicación de las dos probanzas de don Gonzalo se llena un vacío informativo para rescatar la historia del curacazgo de Lima,

2. En una hoja suelta del año 1552, que se encuentra en el AAL, Papeles Importantes, leg. 9, encontramos la mención al curaca de Pachacamac como don Hernando Llacxa Guayac, ortografía más andina del mismo patronímico.

en cuyas tierras se fundó la ciudad de Los Reyes. No conocemos en los archivos peruanos documentos de tan temprana fecha, ni de tanta importancia.

Anexo 1

Archivo General de Indias
Lima 204
Año de 1555

Prouança hecha ante el señor licençiado Altamirano, oidor de la Real Audiencia que reside en esta ciudad de los Reyes e alcalde de corte, a pedimento de don Gonçalo, cacique de este valle de Lima. Ua cerrada y sellada y escrita en veinte hojas con la que va firmado mi nombre.

Joan de Padilla/rubricado/

f. 1 //

En la ciudad de los Reyes destos reynos e provincias del Perú, en dos días del mes de diziembre año del nasçimiento de nuestro salbador Jesu Cristo de mil y quinientos e çinquenta e cinco años, ante el muy magnifico señor licenciado Altamirano, oydor por su magestad de la Real Audiencia e Chancelleria que recyde en esta dicha çibdad y su alcalde de corte, en presencia de mi Joan de Padilla, escribano de su magestad, pareció presente don Gonçalo, çacique principal deste valle e repartimiento de Lima e presentó un escrito de pedimento con çiertas preguntas en él ynsertas su tenor de lo qual es el siguiente:

Muy magnífico Señor:

Don Gonçalo caçique de este valle de Lima que al presente yo y los yndios mis subjetos estamos a cargo de la Corona Real, digo: que a mi me conviene hazer ynformación de como soy hijo de Tauruchusco, caçique prinçipal que fue de este dicho valle y repartimiento e como por derecha linea y subcesión y costumbre de los naturales me pertenesçe y poseo el dicho caçicazgo y señorio y como esta çibdad de los Reyes esta fundada en el asiento y tierras del dicho caçicazgo y que demás después que los espa-
f. lv ñoles la començaron a poblar asi por los gobernadores que en // estos reynos ha avido como por el cabildo della, se les ha dado y repartydo para chacaras y huertas e estancias muchas de las tyerras que yo e los dichos mis yndios teniamos, y esto en tanta cantydad que a nosotros nos ha quedado muy pocas segundo

nosotros tenemos nesçecydad para nuestra sutentaçión y paga de los tributos que damos, y que al tiempo de las alteraciones pasadas de lo que se a ofreçido al seruicio de su magestad yo e mis yndios hemos servido asy con nuestras personas como con nuestras haziendas, a cuya causa avemos quedado y estamos cansados e muy gastados y tanto que por ello y por muchos yndios que en el dicho señorio nos han muerto, tomado, huydo y ausentado, no podemos pagar los dichos tributos y en la paga dellos por nuestra posybilidad resçibimos molestya de las personas que de nosotros nos cobran, y que hecha se nos dá en pública forma con la autoridad de V. M. para que la presente ante la persona real de su magestad e pida atento a ello me haga la merced que fuere servida.–

Por tanto a V. M. pido e suplico mande resçibir e tomar los dichos e depusiciones de los testigos que sobre ello presentaré y lo que dixeren y depusieren /f. 2/ ynterpuesto en ello el autoridad e decreto judicial de V. M. para que tenga más balidación me lo mande dar en pública forma por testimonio para el dicho hefeto para lo qual los preguntas que se han de hazer a los dichos testigos son las siguientes:

1.– Primeramente se an preguntados sy conosçen a mi el dicho caçique don Gonçalo e sy conocieron al dicho Taulichusco my padre e sy tienen notyçia de esta dicha çibdad de los Reyes e valle que dizen de Lima y de las tyerras que hay en él e de las alteraçiones pasadas que en estos reynos ha avido especialmente de la de don Diego de Almagro e de Gonçalo Piçarro e Francisco Hernandez.

2.– Yten sy saben que al dicho Taulichusco, al tiempo que hera señor natural de estos Reynos Guaynacapa y entraron en estos Reynos los españoles, hera caçique e señor principal de este valle y repartimiento de Lima y él de sus antepasados lo avian sydo derechamente segun horden e subçecyon y costumbre de los naturales de diez veynte treynta cuarenta cincuenta años y mas tiempo, que memoria de hombre no es en contrario.

f. 2v //

3.– Yten sy sauen que el dicho don Gonçalo es hijo del dicho Taulichusco y como a tal su hijo el dicho Taulichusco lo tenía e tubo, trató y nombró y crió y en tal su hijo ha sydo y es avido e tenido y esto es y ha sydo siempre cosa pública y notaria.–

4.– Yten sy saben que el dicho don Gonçalo, como tal hijo del dicho Taulichusco, por su fin e muerte e de Guachanamo su hijo e hermano del dicho don Gonçalo, conforme a la dicha subçeción y costumbre de los dichos naturales subçedió en el dicho caçicazgo e señorio que el dicho su padre tenía del dicho repartimiento y como tal ha mucho tiempo que lo tyene, manda e señorea, quieta y pacíficamente syn contradicciones.–

5.– Yten sy sauen que esta dicha ciudad de los Reyes se fundó y está fundada dentro del asiento y tierras del dicho repartimiento y valle de Lima que se yncluya e hera del dicho caçicazgo.–

6.– Yten sy sauen que a su causa de se aver fundado y poblado como dicho es en el dicho asiento y tierras del dicho caçicazgo, nos está tomado y ocupado a mi y a los demás yndios del dicho repartimiento asy el urbe della que es grande, como gran
f. 3 cantidad // e casi todas las tyerras e aguas, montes y pastos del dicho valle que eran nuestras e nos pertenecían propiamente por las causas referidas en la pregunta antes desta y las tienen entradas y ocupadas muchos españoles, labrándolas y beneficiándolas como cosa suya, so color que dizen averlas dado y repartydo asy los governadores que ha avido como el cabildo desta dicha çibdad a causa de lo qual las tyerras que nos han quedado son pocas para hacer sementeras y otras granjerías para nuestra sustentación y paga de tributos, las alquilamos a personas partyculares.–

7.– Yten sy sauen que en el tiempo que subsedieron e se causaron en estos reynos las alteraciones, especialmente las de don Diego de Almagro e de Gonçalo Pizarro e Francisco Hernandez, yo el dicho don Gonçalo e los prencipales yndios del dicho repartimiento servimos en ayudar a probeher y sustentar la gente de guerra que se hizo en seruicio de su majestad para castigo, con muchas comidas y otras cosas de nuestras haziendas y con muchos yndios para cargas y en el dicho servicio se murieron muchos dellos y otros se ausentaron y los tyenen muchos
f. 3v españoles // y hasta agora no han venido al dicho repartimiento y a causa de los suso dicho está el dicho repartimiento despoblado, muy cansados y trabajados y con nesçesidad, e tanta que con gran difycultad y molestya cumplimos los tributos en que estamos tasados.

8.– Yten sy sauen que todo lo suso dicho es pública voz y fama.– e ansi presentado el dicho señor oydor dixo que mandaba y mandó que el dicho don Gonçalo trayga e presente los testigos de quien se entyende aprovechar e para tomar e rescibir que sus dichos e depusiciones; por estar ocupado en cosas del servicio de su majestad cometya e cometyó a mi el dicho escribano e daba e dió para ello comisión en forma.–

Joan de Padilla, escribano de su majestad

E despues de lo suso dicho, en tres días al mes de diziembre del dicho año de mil y quinientos y cincuenta e cinco años, el dicho don Gonçalo, cacique, para la dicha ynformación presentó por testigos a Enrique Fernandez e a Francisco de Grecia e a don Joan, cacique prencipal del repartimiento de Surco, e a don Pedro yndio lengua que fue del Marqués don Francisco Piça-
f. 4 rro y a // Francisco de Ampuero, y a doña Ynez su muger, e a don Pedro Guancabelica, e a Fray Gaspar de Caruajal, e a doña Leonor muger de Enrique Hernandez, de los quales e de cada uno de ellos se rescibió juramento por Dios e por Santa María e por las palabras de los Santos Hebangelio e por la señal de la cruz en forma de derecho, so cargo del qual prometieron de dezir verdad de lo que supiesen e les fuese preguntado.–

/al margen: testigo/ El dicho Francisco de Grecia, morador en esta çibdad de los Reyes, testigo presentado por parte del dicho don Gonçalo caçique, aviendo jurado en forma de derecho y e syendole preguntado dixo lo siguiente:

1.– A la primera pregunta dixo que conosce e conosçió a los contenidos en la pregunta e a cada uno dellos e que tyene notycia desta dicha cibdad e valle de Lima, e tierras del e de las dichas alteraciones e de cada unas dellas e que este testigo es de hedad de sesenta años poco mas o menos.

2.– A la segunda pregunta dixo, que podrá aver diez y ocho años que fue el tiempo que esta çibdad se fundó e pobló, que vió e conosçió este testigo al dicho Taulychusco, el qual era caçique e señor prençipal de este dicho valle e repartimiento de Lima, y
f. 4v como tal usaba e exercia el dicho cargo y hera avido // e tenido por caçique e señor prençipal dél; e que entre españoles e naturales se dezia cómo el dicho Taulychusco era e avia sydo caçique en tiempo de Guaynacapa e quando los españoles entraron en estos Reynos, y esto he entendido e tenido asi siempre este testigo por cosa cierta e notoria.–

3.– A la tercera pregunta dixo que este testigo vió e conosçió al dicho don Gonçalo en poder del dicho caçique Taulichusco, e qual lo traya consigo en casa del Marqués don Francisco Piçarro cuando lo venia a ver e dezia que hera suyo e como tal lo trataba e nombraba e criaba e por tal su hijo hera avido e tenido, y este testigo, por la dicha razón lo tenya y tiene por tal.

4.– A la quarta pregunta dixo, que después de muerto el dicho Taulichusco vió este testigo subçeder en su cacicazgo e señorio a Guachanamo su hijo, hermano del dicho don Gonçalo, el qual lo tubo e poseyó cierto tiempo hasta que murió e después de su muerte subçedió e ha tenido e tyene el dicho caciçazgo el dicho don Gonçalo, caçique e como tal cacique ha sido y es tenido e conscido e obedecido entre sus yndios y este testigo la tyene e f. 5 ha tenido en esta reputación y en ella // es avido e tenido quyeta e pacificamente syn contradición alguna.–

5.– A la quinta pregunta dixo que sabe que esta dicha çibdad está fundada en el dicho valle de Lima e que el dicho Taulychusco y el dicho Guachanamo y el dicho don Gonçalo se an dicho e dizen caciques del dicho valle de Lima, e tales han sido avidos e tenidos e se conosee e tiene al dicho don Gonçalo e que lo demas no sabe.–

6.– A la sesta pregunta dixo que dize que lo que dicho tyene en la pregunta antes desta e que sabe y es verdad que en este dicho valle de Lima tienen e poseen *muchos españoles muchas tyerras e chacaras por tytulos que dizen averles dado el marques e Cabildo desta cibdad*, e que siendo como dicho tyene el dicho don Gonçalo e sus antepasados caciques deste valle, le paresce que no pueden dexar de aver sydo suyas muchas de las dichas tyerras, e que las tyerras que al presente tyene o no, este testigo no lo sabe.–

7.– A la siete pregunta dixo que sabe que en tiempo de las alteraciones que dize la pregunta en esta çibdad como parte mas f. 5v principal deste reyno se juntaron y estuvieron diversas vezes // exercitos e campos formado de gente, ansy en servicio de su magestad para el castigo de los dichos alterados, como por el dicho Gonçalo Piçarro e de don Diego Almagro sus personas e campo que formaron en descervicio de su magestad, e que como el dicho don Gonçalo e sus yndios tenyan e tyenen su asiento e tierras en la comarca e junto a esta çibdad, e en ella no podian dexar de concebir e rescebian muchos daños, robos, fuerças e agravios de la dicha gente de guerra, e que de nesçesidad avian de proveer e dar lo que tenian de su boluntad o contra ella, para la sustentación de los dichos canpos e gente de guerra, de mas de dar proveer yndios para cargas e servicios de la dicha gente, los quales llevaban atados con cadenas a la dicha guerra; e que en el dicho servicio no se podyan dexar de morir e perder muchos de los dichos yndios; e que es verdad que según los yndios que solían aver en el dicho repartimiento, al presente ay y están en él muy pocos; e que esto sabe de esta pregunta e no otra cosa.–

8.– A las ocho pregunta dixo que dize lo que dicho tyene que es lo que sabe e la verdad para el juramento que hizo, e firmólo de su nombre.–

Francisco Grecia

f. 6 /al margen: testigo/ el dicho don Juan, cacique principal del repartimiento de Surco, encomendado en Antonio de Solar, testigo presentado por parte del dicho don Gonçalo, cacique aviendo jurado en forma de derecho e syendole preguntado por lengua de don Martín, ynterprete de la Real Audiencia que resyde en esta dicha cibdad, dixo e declaró lo siguiente:

1.– A la primera pregunta dixo que conosce a los contenidos en la pregunta e conosció al dicho Talichusco, e que este testigo tiene noticia de esta dicha ciudad e valle de Lima e tiene dél e de las dichas alteraciones e de cada una dellas, e que este testigo es de hedad de cinquenta años poco mas o menos e que no es pariente del dicho don Gonçalo.–

2.– A la segunda pregunta dixo que este testigo en vida de Guaynacapa señor prencipal que fue destos reynos, conosció al dicho Taulichusco ser cacique e señor prencipal de este dicho valle de Lima y esto mucho tiempo antes que los españoles entrasen en estos reynos, e a la dicha sazón el dicho Taulichusco hera yanacona e criado de Mama Vila, muger de Guayna capa e otro primo hermano que tenía el dicho Taulichusco que se dezía Caxapaxa, que era principal tanbién en este valle, era yanacona
f. 6v na e criado del dicho Guayna capa // e que entre los naturales a aquella sazón se dezian que el dicho Taulichusco hera hijo de otro Taulichusco que fue señor e cacique principal del dicho valle antes del dicho Taulichusco al qual subcedió el dichos Taulichusco conforme a la subceción e costumbre de los dicho naturales e asy tenya e mandaba e hera señor del a este reyno e después hasta que falleció por tal fue habido e tenido y este testigo lo tubo.–

3.– A la tercera pregunta dixo que sabe que el dicho don Gonçalo es hijo del dicho Taulichusco e conosció a su madre tenerla el dicho Taulichusco en su casa por su muger a ser avida e tenida por tal, e que el dicho don Gonçalo nasció en casa del dicho Taulichusco e desde su nasçimiento syenpre el dicho Taulichusco lo tubo e nombró e crió como a tal su hijo e por tal syenpre ha sydo y es avido e tenido y este testigo lo tyene por tal e asy es público e notorio.–

4.– A la quarta pregunta dixo que sabe que por muerte del dicho Taulichusco subcedió e quedó en su cacigazgo Guachanamo su hijo mayor, hermano del dicho don Gonçalo, el qual tubo el dicho señorío e cacicazgo hasta que murió e después de su
f. 7 muerte lo tubo e subscedió en él dicho don Gonçalo // su hermano, conforme a las subçecion e costumbre de los dichos naturales e desde entonzes hasta agora lo ha tenido e tyene, manda e señorea como tal cacique e señor principal e por tal ha sydo y es avido e tenido quieta e pacificamente syn contradicción.–

5.– A la quinta pregunta dixo que sabe y es verdad que esta dicha çibdad esta fundada en el dicho valle de Lima pero no en las tyerras del dicho cacicazgo.

6.– A la sesta pregunta dixo que sabe y es verdad que el dicho día de oy e ha mucho tiempo que muchos españoles tyenen entradas e conpradas muchas de las tyerras del dicho don Gonçalo e sus yndios e a esta causa el dicho don Gonçalo e sus yndios tyenen falta e nessydad dellas.–

7.– A la setyma pregunta dixo que sabe y es asy lo dize la pregunta; porque vió este testigo que en el tiempo de las dichas alteraciones el dicho don Gonçalo e los dichos sus yndios sirvieron, ayudaron e contribuyeron sus yndios comidas e haziendas en mucha cantidad para la sustentación de la gente de guerra que se hizo e juntó para ello de más de rancharles e tomarles por
f. 7v fuerça // e contra su voluntad muchas de las cosas que tenyan e sus mugeres e hijos; e a los dichos yndios les llevaban con cargas atados en cadenas por fuerças e contra su boluntad y en el dicho servicio se morían muchos de los dichos yndios e otros se huyan e quedaban derramados en diversas partes destos reynos, que hasta agora no han buelto al dicho repartimiento e a causa dello esta despoblado e falto de yndios e los que en él ay, viben e están necesitados; e que lo que dicho tyene save desta pregunta.

8.– A las ocho preguntas dixo que dize lo que dicho tyene que es lo que sabe e la verdad por el juramento que hizo e en ello se ratificó e afirmó, e no lo firmó por que dixo que no sabía.–

Juan de Padilla, escribano de su majestad.–

/Al margen: testigo/ el dicho don Pedro, natural de Tunbes, lengua que fue del Marqués don Francisco Piçarro, ladyno, testigo presentado por el dicho don Gonçalo aviendo jurado en forma de derecho e siéndole preguntado dixo lo siguiente:

1.– A la primera pregunta dixo que conoce e conosció a los contenidos en la pregunta e a cada uno dellos e tyene noticya
f. 8 desta dicha çibdad e del dicho valle // de Lima e tierras que en él ay e de las dichas alteraciones e de cada una dellas e que es de hedad de treynta e cinco años poco mas o menos.–

2.– A la segunda pregunta dixo que sabe este testigo que al tiempo que los españoles vinieron a este reyno hera cacique principal deste dicho valle de Lima el dicho Taulichusco, porque este testigo vino con el dicho Marqués desde Tunbes a este valle e se halló en la fundación de esta çibdad e lo vió e conosçió y hera avido e tenido e conocido por cacique e señor principal de los dichos naturales de este valle e por tal este testigo lo tenya e tubo.–

3.– A la tercera pregunta dixo que sabe que el dicho don Gonçalo es hijo del dicho Taulichusco, por que al dicho tiempo e sazón que vino con el dicho marqués, vió este testigo que el dicho Taulichusco tenía en su poder al dicho don Gonçalo, al qual tenía, trataba e nombraba por su hijo e por tal su hijo hera avido e tenido, y este testigo lo tenía por tal e agora lo tyene: y esto es asy público e notorio.–

4.– A la quarta pregunta dixo que save y es verdad que el dicho don Gonçalo es cacique e señor principal del dicho
f. 8v repartimiento de Lima e que subcedió en él por // muerte del dicho Taulichusco e de Guachanamo su hermano, hijo del dicho Taulichusco cacique e señor principal que fue del dicho repartimiento.–

5.– A la quinta pregunta dixo que sabe y es verdad que esta dicha çibdad está fundada e poblada dentro del dicho valle de Lima en la naturaleza del dicho don Gonçalo e sus antepasados.–

6.– A la sesta pregunta dixo que sabe y es verdad que las tyerras del dicho repartimiento tyenen entradas e ocupadas muchos españoles gran parte Della, en las quales labran e hazen sus sementeras e granjerias debajo del tytulo que dize la pregunta, e que acausa dello el dicho don Gonçalo e sus yndios tyenen falta e necesidad de las dichas tierras para hazer sementeras para su sustentación e granjerías e pagar los tributos en que están tasados.–

7.– A la syete preguntas dixo que este testigo se halló en esta çibdad en el tiempo que sucedieron las dichas alteraciones e saben el dicho don Gonçalo e sus yndios sirvieron en ellas
f. 9 ayudando a sustentar la gente de guerra que en servicio // de su majestad se hizo para su castigo; e a causa de estar el asiento e

tierras del dicho don Gonçalo e sus yndios junto a esta çibdad, y en su comarca, el dicho don Gonçalo e sus yndios recibieron muy gran daño e agrabio de la dicha gente de guerra en tomarles e rancharles sus haziendas e comidas, mugeres e hijos e cosas que tenyan demás de lo que ellos daban e proveyan e ansy mismo dieron e proveyeron para carga muchos yndios, los quales se llevaban con cadenas atados en el dicho servicio, e por el mucho trabajo que tenyan se muerieron muchos de ellos e otros llevaron algunos españoles, y los hizieron yanaconas, e hasta agora han estado y están ausentes del dicho repartimiento esté despoblado e falto de yndios e todos están e viben con nescecidad a causa de lo mucho que han padecido, sustentado e gastado en las dichas alteraciones e que esto sabe de esta pregunta.–

8.– A la ocho pregunta dixo que dize lo que dicho tyene que
f. 9v es lo que sabe e la verdad por el juramento que hizo e // no firmó porque dixo que no sabía.–

Joan de Padylla, escribano de su majestad.

/Al margen: testigo/ el dicho Enrrique Hernandez, morador en esta çibdad de los Reyes, testigo presentado por el dicho don Gonçalo, aviendo jurado según forma de derecho e siéndole preguntado dixo lo siguiente.

1.– A la primera pregunta dixo que conoce e conosció a los contenidos en la pregunta y a cada uno dellos e tyene notycia desta dicha çibdad e valle de Lima e tirras del, e de las dichas alteraciones.–

Preguntado por las preguntas generales dixo que es de hedad de cuarenta e cinco años poco mas o menos.

2.– A la segunda pregunta dixo que ha mas de quinze años que este testigo vió e conosció al dicho Taulichusco, el qual hera señor principal e cacique deste valle de Lima e por tal hera avido e tenido y este testigo lo tenía e que a causa de ser hombre muy viejo mandava en su vida el dicho cacicazgo Guachanamo su hijo, hermano del dicho don Gonçalo cacique.–

3.– A la tercera pregunta dixo que este testigo vió al dicho
f. 10 Taulichusco // tener en su casa al dicho don Gonçalo e criarlo e tratarlo e nombralo por su hijo e por tal su hijo hera avido e tenido e conocido y este testigo le tenia e thyene por tal.–

4.– A la cuarta pregunta dixo que sabe y es verdad que por muerte del dicho Taulichusco subcedió en su cacigazgo e señorío el dicho Guachanamo su hijo, el qual estubo e mandó hasta que murió e después de su muerte subcedió en el dicho cacicazgo e señorío el dicho don Gonçalo, el qual ha mucho tiempo que lo tyene, manda e señorea quieta e pacíficamente e por tal cacique es avido e tenido y este testigo le tenía e tiene.–

5.– A la quinta pregunta dixo que sabe y es verdad que esta dicha çibdad esta fundada e poblada en el dicho valle de Lima y es asy público e notorio.–

6.– A la sesta pregunta dixo que sabe este testigo y es verdad que muchos españoles tyenen entradas y ocupadas en este valle mucha cantidad de tierras dél que dizen ser de los naturales y dizen tenerlas Ocupadas e por suyas por se las aver dado e
f. 10v repartydo el marqués // don Francisco Pizarro y el Cabildo desta çibdad e que esto sabe desta pregunta.

7.– A la syete preguntas dixo que este testigo se hayó en esta çibdad al tiempo de la alteración de don Diego Almagro el mozo e despues de Gonçalo Piçarro y en la que agora se concluyó de Francisco Hernandez, y en todas el dicho don Gonçalo e sus yndios sirvieron e padescieron mucho, especialmente en el tiempo que el dicho don Diego e Gonçalo Piçarro, con sus canpos e gente estuvieron en esta çibdad e salieron della con la dicha gente alterada, por que sin ninguna consederación les hicieron muchos robos, fuerças, daños e agrabios, tomándoles sus mugeres e hijos e haziendas e llevándoles cargados con cadenas, cepos e colleras; y este testigo, en aquella sazón, vió en el río de Carauallo ahogado junto treze yndios en una cadena atados a una lança, e que para el castigo de los dichos alterados e también para el castigo de la alteración del dicho Francisco Hernandez en el tiempo que en esta dicha cibdad estubo la dicha gente de
f. 11 guerra e salió della para su castigo, los dichos yndios // syrvieron e ayudaron mucho, asy sirviendo con sus personas como con sus haziendas e dieron e proveyeron para llevar cargas muchos yndios y en el dicho servicio e con el excesivo trabajo que en ello tuvieron es público e notorio que se murieron yndios e yndias e otros tomaron españoles e les llevaron e tyenen en diferentes partes destos reynos, de cuya causa el dicho repartimiento está muy despoblado en con pocos yndios según la gente e yndios que solía tener e que en estremo están, en general, todos muy pobres e nescesytados por que este testigo los ha tratado e conosce de quinze años a esta parte.–

8.– A la ocho preguntas dixo que dize lo que dicho tyene que es lo que sabe e la verdad por el juramento que hizo e no firmó por que dixo que no sabía.–

Joan de Padylla, escribano de su magestad.–

/Al margen: testigo/ el dicho Francisco de Ampuero vecino desta çibdad de los Reyes, testigo presentado por parte del dicho don Gonçalo el qual, después de aver jurado en forma de derecho e syendo preguntado por el dicho interrogatorio dixo lo siguiente.

1.– A la primera pregunta dixo que conosce e conosció a los
f. 11v contenidos // en la pregunta e a cada uno dellos e tyene noticia de las dichas tyerras de este valle e alteraciones que dize la pregunta e que este que declara es de hedad de treinta y siete años poco mas o menos.–

2.– A la segunda pregunta dixo que abrá tiempo de mas de quinze años que este testigo vino a esta çibdad e vió e conosçió al dicho Taulichusco e qual a la dicha sazón hera cacique señor principal deste valle de Lima e por tal hera avido e tenido e por tal este testigo le tubo e que esto sabe desta pregunta.–

3.– A la tercera pregunta dixo que en vida del dicho Taulichusco vió este testigo como el dicho Taulichusco tenía al dicho don Gonçalo en su casa e lo criaba e trataba e nombraba por tal su hijo e por tal hera avido e tenido y este testigo lo tyene.–

4.– A la quarta pregunta dixo que sabe y es verdad que por fin y muerte, del dicho Taulichusco subçedió en su cacicazgo e señorío Guachanamo su hijo, herano del dicho don Gonçalo, el qual lo tuvo e mandó hasta que murió e después de su muerte subçedió en el dicho cacicazgo e señorio deste valle de Lima
f. 12 el dicho don Gonçalo, // el qual de muchos días a esta parte lo manda, señorea, e tyene quieta e pacíficamente syn contradición alguna.–

5.– A la quinta pregunta dixo que sabe y es verdad que esta dicha çibdad esta fundada y poblada dentro del dicho valle de Lima, pero no sabe sy es en el asyento e tierras del dicho repartimiento.–

6.– A la sexta pregunta dixo que dize lo que dicho tyene en la pregunta antes e que es verdad que el dya de oy e de mucho tiempo a esta parte, muchos españoles han tenido entradas e ocupadas en este valle de Lima muchas tyerras e chacaras que diz que son del dicho repartimiento, e las tyenen e poseen de bajo del título que diz averseles dado por los dichos de hoy tienen e poseen los dichos yndios.–

7.– A la setyma pregunta dixo que este testigo se hayó en esta çibdad en tiempo de las dichas alteraciones e de cada una dellas, eçeto en la de Francisco Hernandez e sabe y es muy público e notorio que en el tiempo dellas los dichos yndios a causa

f. 12v de estar tan juntos a esta çibdad recibieron muchos daños // e agravios de la gente de guerra que en esta çibdad estuvo, especialmente en el tiempo que en ella estuvieron los alterados, por que syn consideración los hazian fuerças, daños e agrabios tomándoles sus haciendas, mugeres e hijos, e tanbién en el tiempo que estuvo la gente de su majestad para su castigo sirvieron y ayudaron, como que vió este testigo llevarlos en cadenas e otras prisiones, e que en los dichos servicios e trabajos que en ellos padecieron e hizieron yanaconas e se derramaron en diversas partes de estos reynos e que según la cantydad e muchos yndios que en el dicho repartimiento solían aver, e dya de oy está muy despoblado e casy syn yndios, e que esto seba desta pregunta.–

8.– A la ocho preguntas dixo que dize lo que dicho tyene que es lo que sabe e la verdad por el juramento que hizo e firmólo.

Francisco de Anpuero

/Al margen: testigo/ don Pedro Grancabilca, criado del mar-
f. 13 qués don Francisco Piçarro, testigo presentado en la // dicha razón por el dicho don Gonçalo, aviendo jurado en forma de derecho e syendole preguntado por lengua de don Martín ynterprete de la Real Audiencia que resyde en esta çibdad de los Reyes dixo lo siguiente:

1.– A la primera pregunta dixo que conoce e conosció a los contenido sen la pregunta e a cada uno dellos e tiene notycia de esta dicha çibdad e de las tyerras deste valle e de las dichas alteraciones e de cada una dellas e que es de hedad de mas de sesenta años.

2.– A la segunda pregunta dixo que este testigo conosció al dicho Taulichusco en tiempo de Guaynacapa, señor natural que fue destos reynos el qual era criado del dicho Guaynacapa e andaba en su corte como señor, porque este testigo hera tanbién criado del dicho Guaynacapa e lo vió, que a la dicha sazón hera el dicho Taulichusco cacique e señor deste valle de Lima, y asy usó e tuvo el dicho cargo hasta que los españoles vinieron y entraron en estos reynos e después lo tubo e poseyó e mandó todo el tiempo de su vida e por tal cacique hera e fue havido y este testigo lo tubo por tal.–

3.– A la tercera pregunta dixo // que en vida del dicho Taulichusco vió este testigo como tenía en su casa al dicho don
f. 13v Gonçalo e lo criaba, trataba e nombraba como a su hjo e por tal su hijo hera avido e tenido e por tal este testigo syenpre lo ha tenido y tyene.

4.– A la quarta pregunta dixo que sabe lo en ella contenido por que vió este testigo que después de la muerte del dicho Taulichusco subçedió en su señorío e cacicazgo el dicho Guachanamo su hijo, el qual lo tubo e poseyó hasta que murió e después de muerto sucedió en el dicho cacicazgo e señorío del dicho repartimiento el dicho don Gonçalo, el qual después acá hasta agora lo ha tenido e tiene, manda e señorea quieta e pacíficamente syn ninguna contradicción.–

5.– A la quinta pregunta dixo que sabe lo contenido en la pregunta por que conoce el dicho asiento caer e yncluyr en las tyerras del dicho caçicazgo por esto que en tiempo del Ynga ubo cierta diferencia entre el padre de Taulichusco e un yndio auca que se dezia Colli y aquél por fuerça ocupó e tomó cierta parte de las tyerras de este valle, e en lo que ocupó entró e se incluye cierta parte de las tyerras deste valle y en lo que // ocupó entró e se yncluye cierta parte del sitio desta çibdad y esto segun este testigo lo ha oido dezir a otros yndios antiguos desta tyerra e
f. 14 que de los dichos yndios de Colli ya no ay memoria e se convertieron en los yndios del dicho cacicazgo e que por esto, como dicho tyene sabe lo que dize la pregunta.–

6.– A la sesta pregunta dixo que sabe y es verdad que de mucho tiempo a esta parte muchos españoles tyenen tomadas, entradas e ocupadas a los dichos yndios del dicho repartimiento muchas de sus tyerras e aguas so color que dizen avérselas dado e repartydo, porque este testigo vió e conoció las dichas tyerras ser de los dichos yndios e de sus antepasados e agora los vee estar despojados dellas, que segun las muchas tyerras que les están tomadas los dichos yndios tyenen muy pocas.–

7.– A las syete preguntas dixo que este testigo se halló en esta çibdad en tiempo de las dichas alteraciones e sabe y es asy cosa muy cierta que en tiempo dellas, el dicho caçique e yndios, a causa de tener su asiento e tierras en esta çibdad y estar tan juntos a ella, recibieron muchos // daños y agrabios de la gente de guerra que en esta çibdad estubo especialmente en el tiempo que en ella estuvieron los dichos alterados por que syn consyde-
f. 14v ración ny rrespeto alguno los tomaban sus haziendas, mugeres e hijos e yndios de su cacicazgo e se los llevaban por fuerça atados en prisiones e con cargas e tanbién en el tiempo que en esta çibdad estubieron los canpos e gente de su majestad para su castigo e vieron e ayudaron e dixeron e proveyeron de sus haziendad e comydas para ayudar a sustentar la dicha gente de guerra desta cibdad e ansy ninguno [roto] para salyr la dicha

gente de guerra desta çibdad dieron e probeyeron muchos yndios para llevar las cargas e municiones que se llevaron desta çibdad para el castigo de los dichos alterados y en el dicho........ E con el [borrón] contynuo trabajos que en ello tubieron se murió muchas de los dichos yndios e otros se huyeron e ausentaron de....... causa el dicho repartimiento esta muy despoblado e falto de yndios e necesytados e trabajados e que esto sabe desta pregunta.–

8.– A la octava pregunta dixo que dize lo que dicho tyene que es lo que sabe e la verda // para el juramento que hizo e no firmó por que dixo que no sabia.–

Joan de Padilla escribano de su majestad.

f. 15

/Al margen: testigo/ el dicho Fray Gaspar de Carbajal bicario general de la horden de Santo Domingo en esta provincia de San Juan Baptista, testigo presentado por el dicho don Gonçalo, aviendo jurado en forma de derecho e siéndole preguntado dixo seguidamente:

1.– A la primera pregunta dixo que conosce e conoció a los contenidos en la pregunta e tiene noticia desta dicha çibdad e de las dichas tyerras y alteraciones que la pregunta declara y de cada cosa dello e questo que declara es de hedad de cincuenta e cinco años poco mas o menos.–

2.– A la segunda pregunta dixo que puede aver el tiempo de diez e syete años que este testigo vió e conoció al dicho Taulichusco el qual hera señor e cacique principal deste valle de Lima e servía al marques don Francisco Piçarro e por tal cacique hera e fue avido e tenydo y este testigo lo trató por tal.–

3.– A la tercera pregunta dixo que // desde que conosció al dicho don Gonçalo que desde que hera nyño syenpre este testigo ha visto que ha sydo avido e tenydo nombrado e conocido por
f. 15v hijo del dicho Taulichusco y este testigo por la notoriedad dello le ha tenydo e tiene por tal.–

4.– A la quarta pregunta dixo que sabe y es verdad que el dicho don Gonçalo, como hijo del dicho Taulichusco subçedió en el señorío e cacicazgo que el dicho su padre tenya e desde que subçedió en él que ha muchos días lo ha tenido e tiene posee quieta e pacíficamente.–

5.– A la quinta pregunta dixo ques cosa pública e notoria que esta çibdad está poblada e fundad en el dicho valle de Lima ques donde se dize ser el dicho repartimiento e asy el dicho don

Gonçalo e sus antepasados son dichos e nombrados e nombran caciques de Lyma.–

6.– A la sesta pregunta dixo que sabe que muchos españoles tyenen muchas tyerras en este valle que son de los dichos yndios e los siembran, labran e benefician por aberselas dado e repartido e que lo demas no sabe.– // 7.– A la setyma pregunta dixo que sabe que en las dichas alteraciones y en cada una dellas no sólo el dicho cacique e yndios, pero generalmente todos los yn-
f. 16 dios donde alcançaba la dicha alteración e por donde andaban e por saber la gente alterada e gente en servicio de su magestad, se hazía para su castigo rescihieron e rescibieron muy notorios daños e agrabios de la gente alterada, ansy en les tomar sus haziendas, mugeres e hijos e yndios e llevaban cargados con cadenas y otras prisiones como cosas quellos por no hazer otra cosa davan e probeyeron para sustentar la dicha gente de guerra e que con el demasyado trabajo que en ello tuvieron se muerieron muchos y otros se ausentaron e asy el dicho repartimiento de yndios de Lima según los yndios que solía tener el dya de oy está muy despoblado e questo que dicho tyene sabe desta pregunta.–

8.– A los ocho preguntas dixo que dize lo que dicho tyene ques lo que sabe e la verdad para el juramento que hizo y en ello se rratificó e afirmó e firmolo de su nombre //

Fray Gaspar de Carbajal.

f. 16v /Al margen: testigo/ e la dicha doña Leonor yndia natural de la çibdad e del Cuzco, muger de Enrique Fernandez, testigo presentado por el dicho don Gonçalo, aviendo jurado en forma de derecho e syendole preguntado, dixo lo siguiente:

1. A la primera pregunta dixo que conoce e conoció a los contenidos en la pregunta e a cada uno dellos e tiene notycia desta çibdad e de las tyerras deste valle e de las dichas alteraciones e de cada una dellas, e que no sabe la hedad que tyene mas de que por su aspecto pareció ser muger de hasta quarenta años.–

2.– A la segunda pregunta dixo que questa testigo vino a esta çibdad con el tesorero Alonso Riquelme de f° /sic/ al tiempo que el marqués don Francisco Piçarro fundó e pobló esta çibdad de los Reyes y entonces vió e conosció esta testigo al dicho Tablichusco que hera caçique e señor principal deste valle de Lima el qual servía al marqués e por tal caçique e señor principal hera e fue avido e tenydo y esta testigo lo tenya e tubo.– //

3.– A la tercera pregunta dixo questa testigo vió e conosció
f. 17 al dicho don Gonçalo en casa del dicho Taulichusco el qual lo tenya, trataba e nombraba por tal su hijo e como tal hera avido e tenydo y esta testigo lo tenya e tubo y es asy público e notorio.–

4.– A las cuatro preguntas dixo que sabe y es verdad que por fin e muerte del dicho Taulichusco subçedió en el dicho su señorío e cacicazgo, Guachanamo su hijo, hermano del dicho don Gonçalo e por tal fue avido e tenydo hasta que murió e después de su muerte subcedió en el dicho señorío e caçicazgo el dicho don Gonçalo e desde que subçedió en él hasta agora sympre ha visto esta testigo que lo ha tenydo e poseydo e se ha servido e syrve e es tenydo e obedeçido como tal cazique e por tal este testigo lo tyene.–

5.– A la quinta pregunta dixo ques público e notorio questa dicha çibdad esta fundada e poblada en el dicho valle de Lima en el señorío del dicho cacicazgo.–

f. 17v 6.– A la sesta pregunta dixo que este testigo // ha oydo decir que muchos españoles tyenen entradas y ocupadas a los yndios del dicho repartimiento de Lima muchas tyerras e chacaras, pero este testigo no sabe en que cantidad ny que tantas son las que quedan a los dichos yndios.–

7.– A la setyma pregunta dixo questa testigo vió como en tiempo de las dichas alteraciones e de cada una dellas los yndios del dicho rrepartimiento de Lima padesçieron mucho ansy en tomarles e robarles, como es notorio los alterados sus haziendas, mugeres e hijos como en probelles para sustentación de la gente que en servicio de su magestad se hizo para el castigo de los dichos alterados, comyda e otros *cosas* e yndios para servicio e ayuda de llevar cargas e ha oydo decir por cosa cierta que la causa de lo mucho que en ello padecian, se murieron muchos dellos e otros según los yndios que en el dicho repartimiento avía, al presente ay muy pocos e esta casy despoblado e questo sabe desta pregunta.–

8.– A la ocho preguntas dixo que dize lo *que* dicho tyene que es lo que save // e la verdad para el juramento que hizo y en ello se afirmó e ratificó e no firmó porque dixo que no sabía.–

f. 18 Joan de Padilla, escrivano de su magestad.

/Al margen: testigo/ E la dicha doña Ynes Yupanqui, hija de Guayna capa, señor natural que fue destos Reynos, muger de Francisco de Ampuero vezino e regidor desta çibdad de los Reyes, testigo presentado por el dicho don Gonçalo, cacique. Aviendo jurado en forma de derecho e siéndole preguntado, dixo lo syguiente.

1.– A la primera pregunta dixo que conosçe e conosçió a los contenidos en la pregunta e a cada uno dellos, e tiene noticia de lo demás que dize la pregunta y que no sabe la hedad que tiene, más de que por su aspecto este testigo ser de hedad de quarenta años poco mas o menos.–

2.– A la segunda pregunta dixo que conosçió al dicho Taulichusco ansy antes que vinyesen a estos reynos los españoles, como después, e que quando se vino a poblar a esta çibdad esta testigo vino a ella con el marqués don Francisco Piçarro e a la dicha sazón el dicho Taulichusco hera caçique e señor principal deste valle de Lima e por tal hera avido e tenydo e esta testigo
f. 18v lo tenya por tal.– //

3.– A la tercera pregunta dixo que sabe que el dicho don Gonçalo es hijo del dicho Taulichusco por quel dicho Taulichusco lo tenya, trataua e nombraua e criaua como tal e por tal su hijo hera avido e tenydo e esta testigo lo tenya e tiene al presente e es asy público e notorio.–

4.– A la quarta pregunta dixo que sabe y es cosa cierta, que por fin e muerte del dicho Taulichusco subçedió en el dicho su señorío e caçicazgo deste valle de Lima, Guachanamo su hijo, hermano del dicho don Gonçalo el que lo tubo todo el tiempo asta que murió e después de su muerte lo tubo e subçedió en él, el dicho don Gonçalo, caçique el qual lo a tenydo e tiene e por tal a visto es avido e tenydo e esta testigo lo tjene.–

5.– A la quinta pregunta dixo que sabe y es berdad que esta dicha çibdad de los Reyes, está fundada e poblada en dicho valle de Lima, de donde se dezía señor e se nombraba cacique el dicho Taulichusco e se nombra asta gora el dicho don Gonçalo.–

6.– A las seis preguntas dixo que por cosa pública e notoria se dize que en este valle tienen entradas tomadas e ocupadas al dicho cacique e yndios, muchos españoles cantidad de tierras
f. 19 e chacaras de las quellos tenyan e poseyan por // suyas e como suyas, so color de lo que dize la pregunta, pero no sabe que cantidad ny tanpoco sabe la cantidad de tierras que agora tienen los dichos yndios ny si tienen nescesidad dellas no...

7.– A las siete preguntas dixo que sabe que en tiempo de las alteraciones del dicho don Diego de Almagro e de Gonçalo

Piçarro e también agora en la pasada de Francisco Girones los dichos caçiques prençipales e yndios del dicho repartimiento padesçieron mucho, asi en ayudar a haber e sustentar la gente de guerra que se hizo para el castigo dellos e dar yndios para cargas, como en robos e daños que la dicha gente les hazian y en ellas es cosa pública aver ellos muerto muchos yndios e otros huydo e que la según la grand cantidad de yndios que el dicho repartimiento tenya e los pocos que agora tiene, está muy despoblado e que esto sabe e dixo preguntado.–

8.– A las ocho preguntas dixo que dize lo dicho tiene que es lo que sabe e la verdad para el juramento que hizo e no firmó por que dixo que no sabía/

Joan de Padilla escrivano de su magestad.

E después de lo suso dicho en la dicha çibdad de los Reyes en seis días del mes de diziembre del dicho año de mill e quinientos e cincuenta e çinco años ante el dicho señor Liçenciado Altamirano oidor e alcalde de corte // y en presencia de my el dicho Joan de Padilla escrivano de su magestad paresció el dicho don Gonçalo cacique e dixo que al presente no tenya mas testigos que presentar en la dicha caubsa e de los tomados e presentados pedía e pidió a su merced le mandase dar e diese uno o mas traslados los que pidiese, ynterpuesto en los su

E luego el señor oidor e alcalde de corte, dixo que mandaua e mandó a my, el dicho escribano saque de la dicha ynformación e probanza un traslado o dos e mas los que pidiere el dicho don
f. 19v Gonçalo e se les dé en pública forma en manera que haga fee en

quales dixo que estaba presto de ynterponer e en este ynterpuso su dixo e decreto judicial

e lo firmó de su mano el licenciado Altamirano

etc, etc...

Anexo 2

Archivo General de Indias
Lima 205
Año de 1559

Probança hecha en la audiencia real que en esta çiudad de Los Reyes reside, a pedimiento de don Gonçalo, cacique deste valle, sobre los serviçios y gastos que a hecho. Va çerrada y sellada para ante Su Magestad y señores de su real consejo de Yndias. Diego Muñoz [rubricado].

f. 1 En la ciudad de Los Reyes destos reynos e provincias del Peru, en quatro dias del mes de junio de mil e quinientos e cinquenta y nueve años, ante los señores presidente e oydores del audiençia y chançilleria real de Su Magestad que en ella reside y en presençia de mi, Diego Muñoz Ternero, escrivano de Su Magestad y de camara de la dicha real audiencia, don Gonçalo, cacique del valle desta dicha ciudad, presentó la peticion siguiente.

Muy Poderoso Señor.

Don Gonçalo, caçique deste valle, por lo que me toca y en nonbre de los demas mys prinçipales e yndios naturales deste valle de Lima, como mejor aya lugar en derecho, digo que abrá veynte e ocho años poco mas o menos, tienpo que el marques don Françisco Piçarro, vuestro governador, pasó en estos reynos a la conquista dellos para los reduzır a vuestro real serviçio y luego como llegó á este valle donde mis padres, abuelos y antepasados tenian su señorio y naturaleza le dieron la obidiençia y le començaron a servir y sirvieron, e visto por el dicho marques la humildad y buena voluntad con que mis padres e abuelos e yo con ellos e con nuestros yndios le obedeçimos y serbimos en nuestras propias heredades e tierras, poblo esta çiudad de Los Reyes donde al presente está poblada y fundada y nuestras tierras repartidas a los españoles vezinos e moradores desta çiudad [roto] como es notorio, y del dicho tienpo a esta parte sienpre los dichos mis padres e yo e nuestros yndios e naturales
f. 1v continuamente avernos servido y servimos a todos los que // an sido vuestros governadores e a otros vuestros vasallos que en tienpo de paz, en todo lo que nos a sido mandado y en tienpo de guerra, ansi contra los yndios como contra españoles revelados contra vuestro real servicio sin çesar lo avemos hecho andando muchos y largos caminos con cargas y en serviçio de vuestros governadores y vasallos hasta allanar las dichas alteraçiones,

e como avemos estado en esta çiudad mas a la mano que otros yndios avemos sido mas trabajados e de trabajos y fatigas que avemos pasado, siendo como al prinçipio que el dicho vuestro governador entró en este valle, yo e los yndios naturales de mis parçialidades subjetos a mis padres e a mi en cantidad de quatro mil yndios se an muerto e acabado casi todos que no avemos quedado ni somos al presente mas de hasta dozientos yndios e por no poder sufrir los dichos trabajos se an desnaturado muchos de los dichos mis yndios e naturales y dexado sus casas, mugeres e hijos, e con todos los trabajos que en vuestro serviçio avemos hecho sienpre abemos tributado y pagado los tributos ansi a los governadores que nos an tenido en encomienda como a los ofiçiales de vuestra hazienda real, como todo público y notorio e por tal lo alego, e porque pretendo suplicar a Vuestra Real Persona me haga mercedes a mi e a los dichos mis yndios de nos relevar e quitar los tributos que conforme a la tasa [roto] mos e pagamos a Vuestra Alteza pues es [roto: tan] poca cantidad e otras mercedes, e para que mas claramente dello conste, pido y suplico a Vuestra Alteza mande resçebir los testigos de formacion que presentare e que declaren [roto: por] este ynte-
f. 2 rrogatorio que // presento y lo que declaren me lo mande dar en pública forma para el dicho efecto, y para ello, etcetera, y que se haga conforme a la hordenança, El liçençiado Alonso Martinez.

E asy presentado en la manera que dicho es, los dichos señores mandaron que dé la ynforrnacion que dize con çitaçion del fiscal, lo qual se probeyó presente el liçenciado Geronimo Lopez, fiscal desta real audiençia, que se çitó e apercibio para el dicho efecto por mi el dicho Diego Muñoz.

[Al margen: Interrogatorio].

Por estas preguntas se exsaminen los testigos presentados parte de don Gonçalo, cacique principal deste valle, que al presente está en cabeça de Su Magestad, açerca de la ynformacion de sus serviçios.

I. Lo primero, si conosçen al dicho don Gonçalo Lima e a sus prinçipales e yndios y conosçieron a Taulichusco, padre del dicho don Gonçalo.

II. Si saben que abrá veynte e ocho años poco mas o menos tiempo que el marques don Françisco Piçarro entró en este reino quistandolo e reduziendo los naturales al serviçio de Su Magestad.

III. Si saben que al tienpo que el dicho marques entró en este valle de Lima, luego el dicho Taulichusco, padre del dicho don Gonçalo, vino de paz con todos sus yndios y le començaron e servir e tributar en todo aquello que el dicho marques les mandava y ellos [roto: ¿podian?].

IV. Si saben que el dicho Taulichusco hera señor de los prinçipales yndios [roto] valle que aquella sazon avia quatro mil
f. 2v yndios subjetos y le servian e obedeçían como a señor. //

V. Si saben que el susodicho y los dichos sus yndios tenian e poseyan las tierras y heredades que en este valle avía sin reconosçer otro superior salvo los yngas como señores naturales desta tierra.

VI. Si saben que por ser el dicho Taulichusco tan obidente y humilde al dicho marques e a los españoles y lo mismo todos sus yndios, el dicho marques los escogio e tomó para si y le sirvieron todo el tienpo que bivio e despues sirvieron a sus herederos hasta que los pusieron en cabeça de Su Magestad.

VII. Si saben que por muerte del dicho Taulichusco subçedio el dicho señorio Guachiniamo, en nombre de cristiano don Francisco, el qual murio en esta çiudad abrá doze años poco mas o menos tienpo o por su muerte subcedio en el señorio el dicho don Gonçalo que al presente es caçique.

VIII. Si saben que el dicho don Gonçalo e los dichos sus yndios desde que el dicho marques entró en este valle ayudaron e sirvieron al dicho marques a allanar e conquistar esta tierra contra los naturales Della e asi quando Mango Ynga se reveló, el dicho don Gonçalo y su padre e hermanos e yndios sirvieron al dicho marques e ayudaron a conquistar e allanar en toda esta tierra los dichos naturales en todo este reyno e asi es notorio.

IX. Si saben que ansi como el dicho don Gonçalo e los dichos sus yndios an servido a Su Magestad en todas las alteraciones que a avido en este reyno asi contra los yndios como contra es-
f. 3 pañoles en tiempo del dicho marques antes del visorrey // Blasco Nuñez Vela y en tienpo de Vaca de Castro y en tienpo del presidente Gasca e de los demas governadores, en todo aquello que por cada uno dellos e por la justiçia de Su Magestad les a sido mandado.

X. Si saben que por aver estado el dicho Taulichusco, padre del dicho don Gonçalo, y el dicho don Gonçalo e sus yndios tan a la mano como naturales deste valle e vezinos e propincos a esta çiudad an sido los mas trabajados e mas fatigados sirviendo a Su Magestad e a sus governadores contra el dicho Mango Ynga e los naturales e contra Gonçalo Piçarro y los de su opinion e don Diego de Almagro y los que le seguian e Françisco Hernandez e los de su opinión, llevandolos cargados con muniçiones e otras cosas y en servicio de soldados.

XI. Si saben que al tienpo que el dicho marques entró en este valle, los dichos Taulichusco e don Gonçalo e sus yndios a ellos subjetos heran quatro mil varones e antes mas que menos e con los trabajos e fatiga que an pasado se an muerto e desminuydo de manera que al presente abrán quedado hasta dozientos yndios e no mas.

XII. Si saben que por exçesivos trabajos que an pasado muchos los dichos yndios se an desnaturado de su tierra dexando sus casas, sus mugeres e [roto] e haziendas por no poder sufrir e pasar los dichos trabajos.

f. 3v XIII. Yten si saben que al tiempo que el dicho marques // y español entraron en este valle en las chacaras y heredades de los yndios avia mucha arboleda de árboles frutales, guayavos, lucumos, pacaes, paltas e otros, todos los quales sin aver quedado alguno se an cortado para el hedefycio e casas desta çiudad e para los tiros e otras cosas de manera que al presente ninguno ay ni se puede hallar.

XIV. Si saben que esta çiudad de Los Reyes está fundada en las propias tierras y heredades del dicho don Gonçalo e sus yndios e la mayor parte del valle e sus heredades, tierras e chacaras repartidas entre los vezinos e moradores desta zibdad e la menor parte del valle a quedado al dicho don Gonçalo e sus yndios.

XV. Si saben que demas de los serviçios que el dicho don Gonçalo e su padre e yndios an hecho a Su Magestad segun dicho es, sienpre an pagado los tributos que por la tasa se le an mandado pagar asi al dicho marques e a sus herederos en quien estuvieron encomendados como a Su Magestad en cuya cabeça al presente estan.

XVI. Si saben que el dicho don Gonçalo desde que el dicho marques entró en este valle a sido y es cristiano de buena vida y exenplo, el qual a persuadido e hecho a sus yndios asimismo que se bautizasen y fuesen cristianos y sienpre les a dado [roto] buena dotrina teniendo sienpre religiosos que los enseñen y él por su propia persona los a dotrinado y dotrina.

XVII. Si saben que atento a la buena vida e christianidad y
f. 4 exenplo del dicho don Gonçalo, los go-// vernadores que an sido en este reino y el audiencia real sienpre le a encargado oficio de

alguacil de los naturales para que los persuadiese a ser cristianos e diese notiçia de las malas costunbres e viçios que los otros caçiques e yndios an tenido e tienen e asi lo a fecho y ejecutado.

XVIII. Si saben que todo lo susodicho es público e notorio. El liçençiado Alonso Martinez.

En Los Reyes, çinco dias del mes de julio de mil e quinientos e çinquenta e nueve años, ante los señores oydores en audiençia de relaçion lo presentó don Gonçalo caçique, e los dichos señores lo ovieron por presentado e mandaron que por él digan los testigos que presentare. Diego Munoz.

Muy Poderoso Señor. Don Gonçalo, en la información de mis serviçios e de mis yndios, digo que yo tengo de presentar por testigos al arçobispo desta çiudad e al padre Carvajal e al padre comendador de La Merced e al prior de señor Sant Agustin e a doña Ynes e a Beatriz de Sauzedo e a la muger de Francisco de Anpuero e a la palla, pido y suplico a Vuestra Alteza mande cometer la recepçion al secretario e para ello [quemado] e al padre fray Diego de Molina. El licenciado Alonso Martinez.

En Los Reyes, çinco dias del mes de julio de mil e quninientos e çincuenta e nueve años, ante los señores oydores en audiençia de relaçion la presentó el dicho don Gonçalo, caçique de Lima, e los [roto: dichos] señores cometieron a mi el escrivano
f. 4v de [roto] la recepción // del juramento e declaraçion de los dichos testigos. Diego Muñoz.

[Al margen: Curaduria]. En la çibdad de Los Reyes, provinçia del Peru, en çinco dias del mes de julio, año de mil e quinientos e çincuenta e nueve años, ante el Muy Magnifico Señor el licenciado Julian Hidalgo, corregidor e juez de residencia en esta çiudad por Su Magestad y en presencia de mi, Estevan Perez, escrivano público della, parescio don Gonçalo e presentó la petiçion siguiente.

Muy Magnifico Señor. Don Gonçalo, caçique, digo que yo tengo nesçesidad de paresçer en juyzio e seguir çiertos pleytos e provanças que hago, e por ser yndio como soy e no ser ynstruido ni capaz para hazer e seguir los dichos negoçios e pedir lo que me conviene, tengo nescesidad de que Vuestra Merced me provea de un curador, el qual señalo a Juan de Mesa.

Pido a Vuestra Merced le mande que lo açepte e haga la solenidad que en tal caso se requiere, sobre que pido justicia y en lo nesçesario, etcetera.

E por el dicho señor corregidor visto el dicho pedimiento, preguntó al dicho Juan de Mesa si quiere husar el dicho cargo, el qual dixo que si, y el señor corregidor rescibio del dicho Juan de Mesa juramento en forma de derecho e juró por Dios e por Santa Maria e por las palabras de los santos evangelios e por la señal de la cruz que hizo con los dedos de sus manos, so cargo del qual prometió de husar bien y fielmente el dicho cargo de curador ad liten del dicho don Gonçalo menor e donde su saber no bastase lo [roto] ará de letrado e de persona que se lo sepa
f. 5 dar e donde viere e supiere // su pro e utilidad se lo alegará e su mal e daño redrará a sus pleytos e causas yndifensos no dexará e si ansi lo hiziere. Dios nuestro señor le ayude en este mundo al cuerpo y en el otro al alma e si al contrario él se lo demande, e a la conclusion del dicho juramento dixo si juro e amen, e si por su culpa e negligençia algun daño o engaño, pérdida o menoscabo viniere al dicho don Gonçalo él lo pagará por su persona y bienes, e para lo ansi cumplir e pagar obligó su persona y bienes avidos e por aver, e para execucion dello dio poder cunplido a todos e qualesquier alcaldes e juezes e justiçias de Sus Magestades de qualquier parte que sean, a cuyo fuero e juridiçion se sometio con su persona y bienes, renunciando como renunçió el suyo propio e la ley sit conveneris de jurisdiçiones omnium judicun para que por todo rigor de derecho ansi lo manden cunplir e pagar asi por via de execuçion como en otra manera como si dello fuese dada sentençia difinitiva e por él consentida e no apelaba e pasada en cosa juzgada, e renunció qualesquier leyes, fueros y derechos que en su fabor sean que e non valan en esta razon en inyzio ni fuera del, e otrosi renunçia la ley e regla del derecho en que dize que general renunçiacion de leyes fecha non vala. Testigos que fueron presentes a lo que dicho es, Diego de Valmaseda e Andres Machuca e Juan Alonso de Villarruvia, estantes en esta çiudad, y el dicho otorgante lo firmó de su nom-
f. 5v bre. Juan de Mesa // Ante mi Estevan Perez, escrivano público.

E por el dicho señor corregidor visto el juramento e solenidad fecho por el dicho Juan de Mesa, dixo que en quanto podia e de derecho devia le desçernio descirnio y encargava y encargó el dicho cargo de cuarador ad liten del dicho don Gonçalo en el dicho Juan de Mesa, e le dava e dio poder cunplido para que

pueda en todos los pleitos e causas del dicho don Gonçalo que él trata e tratare contra qualesquier personas e las tales contra él en qualquier manera ansi en demandando como en defendiendo pueda paresçer e paresca ante Sus Magestades e estas reales audiencias e chançillerias e ante qualesquier alcaldes e juezes e justiçias de qualquier parte que sean eclesiasticas y seglares e ante ellos e qualquier dellos pueda poner demandas, hazer pedimientos, requerimientos, requerimientos [sic], çitaçiones, enplazamientos, enbargos, secrestos [sic], execuciones, prisiones, ventas de bienes e remates dellos e juramentos de calunia e deçissorio de verdad dezir e los deferir en las partes contrarias para que los declaren e presentar testigos, escritos y escripturas e probanças e todo género de prueva e hazer probanças ad perpetum o con parte o por la via que mas al derecho del dicho don Gonçalo convengan e sacar las tales provanças y escrituras de do estuvieren y presentallas a do convengan e ver jurar y conosçer los testigos en contrario presentados e los tachar e contradezir e los por parte del dicho don Gonçalo abonar juezes y escrivir e recusar, jurar las tales recusaçiones y en devi-
f. 6 da solenidad apartarse dellas, e concluir e pedir sentencias, // consentillas o apelallas e seguillo y feneçllo en todas ynsçias e grados hasta la difinir e acabar e pedir e pida benefiçio de restituçion yn yntregun en aquellas cosas y casos en que el dicho don Gonçalo aya sido leso, engañado e pedir que sea buelto en aquel punto y estado en que estava antes que recibiese la tal lesion, danificaçion o engaño, e la jurar con devida solenidad e sobre dezir e razonar e tratar e procurar todos los demas autos e diligençias judiçiales y estrajudiçiales que convengan de se hazer y el dicho don Gonçalo haria siendo capaz para ello e hazer podria siendo presente, el qual dicho poder le dio con sus ynçidençias y dependençias e con libre e general administraçión para que lo que dicho es e con facultad que lo pueda constituir en un procurador, autor, reo defensa dos o mas e los rebocar e otros denuevo poner quedando en él este poder principal, e les relevó a él e a los dichos sus sostitutos segun derecho e para lo aver por firme obligó la persona y bienes del dicho don Gonçalo avidos e por aver, en todo lo qual que dicho es dixo que ynterponia e ynterpuso su autoridad e decreto judiçial tanto quanto puede e con derecho deve. Testigos que fueron presentes a lo que dicho es, Diego de Valmaseda e Andres Machuca e Juan Alonso de Villarruvia, estantes en esta çiudad, y el dicho señor corregidor lo

firmó de su nonbre. El licenciado Hidalgo. Va emendado: su, el, vala. E yo Estevan Perez, escrivano de Sus Magestades público
f. 6v del numero desta çiudad de Los Reyes. // presentes fuy a lo que dicho es en uno con el dicho señor corregidor e testigos e lo fize escrevir e fize aqui este mi signo que es a tal, en testimonio de verdad. Estevan Perez, escrivano público.

[Al margen: Presentaciones de testigos].

En la çibdad de Los Reyes, a seys dias del mes de julio de mil e quinientos e çinquenta e nueve años, en presençia de mi Pedro de Herrazti, escrivano de Su Magestad e reçeptor en esta real audiençia, e de los testigos de yuso escriptos, paresçio presente Juan de Mesa, procurador de causas en esta dicha çiudad, en nonbre y como procurador que dixo ser de don Gonçalo Lima, caçique deste valle de Lima e de los demas yndios a él subjetos e presento por testigo a Anton Sanchez, morador en esta dicha çiudad, e me pidio que por el tenor del ynterrogatorio del dicho don Gonçalo que ante mi tenía presentado en el dicho nonbre le tomase su dicho e depusiçion asi al dicho Anton Sanchez como a los demas testigos que en el dicho nonbre ante mi presentase para çierta probança que el dicho su parte queria hazer de lo que a Su Magestad avia servido, del qual yo el dicho reçeptor tomé e resçibi juramento en forma de derecho por Dios nuestro señor e por Santa Maria e porí las palabras de los santos evangelios e sobre una señal de cruz en t que corporalmente puso su mano derecha e a la fuerça e confusion del dicho juramento dixo si juro e amen e prometio de dezir verdad. Testigos que lo
f. 7 vieron presentar e jurar, // Juan de Padilla, escrivano público desta çiudad e Antonio Requejo. Pedro de Herrazti, escrivano de Su Magestad.

E despues de lo susodicho, en la dicha çiudad de Los Reyes, el dicho día, mes e año susodicho, ante mi el dicho Pedro de Herrasti, reçeptor susodicho, e de los testigos de yuso escriptos parescio presente el dicho Juan de Mesa en el dicho nombre y presentó por testigo en la dicha razon a Gaspar de Carvajal, de la horden de señor Santo Domingo, vicario provinçial que a sido de la dicha horden , del qual yo el dicho reçeptor tomé e resçebi juramento en forma devida de derecho, el qual lo hizo poniendo su mano derecha sobre sus pechos e por las hórdenes que avía reçebido pormetio de dezir verdad. Testigos que le vieron presentar e jurar, Fray Melchor de Villagomez e Fray Alonso Mendez. Pedro de Herrazti, escrivano de Su Magestad.

E despues de lo susodicho, en la dicha çiudad de Los Reyes, a siete días del dicho mes e año susodicho, ante mi el dicho Pedro de Herrazti, rezeptor susodicho e de los testigos de yuso escriptos, paresçio presente el dicho Juan de Mesa en nonbre del dicho don Gonçalo e presentó por testigo en la dicha razon a Pedro de Alconchel, vezino desta dicha çiudad, del qual yo el dicho reçeptor tomé e rescebi juramento en forma de derecho segun depuso so cargo del qual prometio de dezir verdad. Testigos que le vieron presentar e jurar, Juan de Padilla e Antonio Requexo. Pedro de Herrazti, escrivano de Su Magestad.

E despues de lo susodicho, en la çiudad de Los (va enmendado
f. 7v do dize: Gomez, vala) // Reyes, el dicho día, mes e año susodicho, ante mi el dicho Pedro de Herrazti, receptor susodicho e de los dichos testigos, paresçio presente el dicho Juan de Mesa en el dicho nonbre e presentó por testigo en la dicha razon a Marcos Perez, morador en esta dicha çiudad, del qual yo el dicho reçeptor tomé e resçehi juramento en forma de derecho segun de suso so cargo del qual prometio de dezir verdad. Testigos que le vieron presentar e jurar, los dichos Juan de Padilla e Antonio Requexo. Pedro de Herrazti, escrivano de Su Magestad.

E despues de lo susodicho, en la dicha çiudad de Los Reyes, el dicho día, mes e año susodicho, ante mi el dicho Pedro de Herrazti, reçeptor susodicho, e de los testigos, paresçio presente el dicho Juan de Mesa en el dicho nonbre e presentó por testigo en la dicha razon a Domingo de Destre, morador en esta dicha çiudad, del qual yo el dicho reçeptor tomé e resçebi juramento en forma de derecho segun de suso [testado: dicho] so cargo del qual prometio de dezir verdad. Testigos que le vieron presentar e jurar, los dichos Juan de Padilla e Antonio Requexo. Pedro de Herrazti, escrivano de Su Magestad.

Testigo. E despues de lo susodicho, en la dicha çiudad de Los Reyes, el dicho día, mes e año susodicho, ante mi el dicho Pedro de Herrazti, reçeptor susodicho, e de los dichos testigos, paresçio presente el dicho Juan de Mesa en el dicho nonbre e presentó por testigo en la dicha razon a Francisco de Anpuero, vezino desta dicha çiudad, del qual yo el dicho reçeptor tomé e resçebi juramento en forma de derecho segun de suso so cargo del qual prometio de dezir verdad. Testigos que le vieron presentar e jurar, Marcos Perez y el dicho Antonio Requexo. Pedro
f. 8 de Herrazti; escrivano de Su Magestad. //

E despues de los susodicho, en la dicha çiudad de Los Reyes, a nueve días del dicho mes e año susodicho, ante mi el dicho

Pedro de Herrazti [sic], reçeptor susodicho, e de los dichos testigos, paresçio presente el dicho Juan de Mesa en el dicho nonbre e presentó por testigo en la dicha razon a Enrique Hernandez, morador en esta dicha çibdad, del qual yo el dicho reçeptor tomé e resçebi juramento en forma de derecho segun de suso so cargo del qual prometio de dezir verdad. Testigos que le vieron presentar y jurar, los dichos Marcos Perez y Antonio Requexo. Pedro de Herrazti, escrivano de Su Magestad.

Testigo. E después de lo susodicho, en la dicha çiudad de Los Reyes, a diez días del dicho mes e año susodicho, ante mi el dicho Pedro de Herrazti, reçeptor susodicho, e de los dichos testigos, paresçio presente en el dicho nonbre y en la dicha razon a Pedro de Balboa, morador en esta dicha çiudad, del qual yo el dicho reçeptor tomé e resçebi juramento en forma de derecho segun de suso so cargo del qual prometio de dezir verdad. Testigos que le vieron presentar y jurar, los dichos Marcos Perez e antonio Requexo. Pedro de Herrazti, escrivano de Su Magestad.

E luego yncontinente, en la dicha çiudad de Los Reyes, el dicho día, mes e año susodicho, ante mi el dicho Pedro de Herrazti [sic], reçeptor susodicho, e de los dichos testigos, paresçio presente el dicho Juan de Mesa en el dicho nonbre e presentó
f. 8v por testigo en la dicha razon a Gomez de Caravantes // Maçuelas, vezino desta dicha çiudad, del qual yo el dicho reçeptor tomé e resçebi juramento en forma de derecho según de suso so cargo del qual prometio de dezir verdad. Testigos que le vieron presentar e jurar, los dichos Juan de Padilla e antonio Requexo. Va testado o diz: dicho, vala, por testado. Pedro de Herrazti, escrivano de Su Magestad.

E después de los susodicho, en la dicha çibdad de Los Reyes, a honze días del dicho mes e año susodicho, ante mi el dicho Pedro de Herrazti, reçeptor susodicho, paresçio presente el dicho Juan de Meza en el dicho nonbre e presentó por testigo en la dicha razon a Martin Piçarro, vezino desta dicha çiudad, del qual yo el dicho reçeptor tomé e resçebi juramento en forma de derecho segun de suso so cargo del qual prometio de dezir verdad. Pedro de Herrazti, escrivano de Su Majestad.

E despues de lo susodicho, en la dicha çiudad de Los Reyes, a catorze días del dicho mes de julio e año susodicho, ante mi el dicho Pedro de Herrazti, reçeptor susodicho, paresçio presente el dicho Juan de Mesa en el dicho nonbre e presentó por testigo en la dicha razon a doña Leonor Vilcoçiça, natural deste reino, muger de Enrique Fernandez, portugues, del qual yo el dicho reçeptor tomé e resçebi juramento en forma de derecho segun de suso so cargo del qual prometio de dezir verdad porque esta yndia es ladina. Pedro de Herrazti, escrivano de Su Magestad.

f. 9 E despues de lo susodicho, en la dicha çiudad de Los Reyes, // a quinze días del dicho mes e año susodicho, ante mi el dicho Pedro de Herrazti, reçeptor susodicho, paresçio presente el dicho Juan de Mesa en el dicho nonbre e presentó por testigo en la dicha razon, a fray Miguel de Orenes, comendador del monesterio e conbento de Nuestra Señora de la Merced desta dicha çiudad e vicario provinçial de la dicha horden, del qual yo el dicho reçeptor tomé e resçebi juramento en forma de derecho, el qual lo hizo poniendo su mano derecha sobre sus pechos e por los hórdenes que avia rezibido prometio de dezir verdad. Va escripto entre renglones o diz: dicha çiudad, vala. Pedro de Herrazti, escrivano de Su Magestad.

E despues de lo susodicho, en la dicha çiudad de Los Reyes a diez y siete días del dicho mes de julio e año susodicho, ante mi el dicho Pedro de Herrazti, reçeptor susodicho, paresçio presente el dicho Juan de Mesa en el dicho nonbre e presentó por testigo en la dicha razon a doña Ynes Muñoz, muger de don Antonio de Ribera vezino desta dicha çiudad, de la qual yo el dicho reçeptor tomé e resçebi juramento en forma de derecho segun de suso so cargo del qual prometio de dezir verdad. Pedro de Herrazti, escrivano de Su Magestad.

E despues de lo susodicho, en la dicha çiudad de Los Reyes, a diez y ocho días del dicho mes de julio e año susodicho, ante mi el dicho Pedro de Herrazti, reçeptor susodicho, paresçio presente el dicho Juan de Mesa en el dicho nonbre e presentó por testigo en la dicha razon a doña Ynes Yupangue, hija que dixo ser de

f. 9v Guayna Capa, señor // que fue deste reyno, muger de Francisco de Anpuero, vezino desta dicha çiudad, de la qual yo el dicho reçeptor tomé e resçebi juramento en forma de derecho segun de suso so cargo del qual prometio de dezir verdad, la qual juró sin yntérpetre [sic] porque es ladina en la lengua castellana. Pedro de Herrazti, escrivano de Su Magestad.

E despues de lo susodicho, en la dicha çiudad de Los Reyes, a diez y nueve días del dicho mes de julio e del dicho año, ante mi el dicho Pedro de Herrazti, reçeptor susodicho, paresçio presente el dicho Juan de Mesa en el dicho nonbre e presentó por testigo en la dicha razon a Bernaldo Ruyz, vezino desta dicha çiudad, del qual yo el dicho reçeptor tomé e resçebi juramento en forma de derecho segun de suso so cargo del qual prometio de dezir verdad. Testigos que le vieron presentar e jurar, los dichos Marcos Perez e Dionisio Adame, alguazil desta corte. Pedro de Herrazti, escrivano de Su Magestad.

E lo que dichos testigos e cada uno dellos cada uno por si e sobre si secreta e apartadamente dixeron e depusieron lo siguiente. Pedro de Herrazti, escrivano de Su Magestad.

Probança

Testigo. El dicho Anton Sanchez, morador en esta dicha çiudad de Los Reyes, testigo presentado por parte del dicho don Gonçalo, caçiqui deste valle de Lima, aviendo jurado en forma de derecho e siendo preguntado por el tenor del dicho ynterrogatorio, dixo lo siguiente.

Preguntado por las generales, dixo que es de hedad de mas de quarenta y ocho años e que no le enpeçe ninguna de las ge-
f. 10 nerales de la ley. //

I. A la primera pregunta, dixo que cnnosçe al dicho don Gonçalo Lima, caçique, e a sus prinçipales e a muchos de sus yndios de diez y siete años a esta parte poco mas o menos, e conosçio a su anteçesor que se llamava antes que se tornase cristiano Guaquixinamo e despues que se tornó cristiano se llamó don Hernando, el qual hera hermano del dicho don Gonçalo, e que no conosçio a su padre Taulichusco.

II. A la segunda pregunta, dixo que es público e notorio lo contenido en la pregunta e por muy público e notorio lo a oydo dezir este testigo a muchas personas, que abrá el tienpo que la pregunta dize poco mas o menos que el dicho marques don Francisco Piçarro entró en este reyno a reduzir los naturales del al servicio de Dios e de Su Magestad.

III. A la terçera pregunta, dixo que no la sabe porque este testigo no hera venido entonçes a este reino [testado: a la sesta].

VI. A la sesta pregunta, dixo que lo que della save es que dendende [sic] a çiertos días despues que murio el dicho marques don Francisco Piçarro, llegó este testigo a esta çiudad de Los Reyes e vido al dicho caçique Guaquiginamo anteçesor del dicho cacique don Gonçalo Lima e al mismo don Gonçalo e a los demas yndios prinçipales e mas menudos subjetos a él que servian a doña Francisca Piçarro, hija del dicho marques don Francisco Piçarro, hasta que el governador Vaca de Castro se lo dio por via de reformación a Alonso Palomino, vezino que fue

f. 10v desta çiudad (va testado do dezia: la sesta, no vala) // y despues a otros, e agora está en cabeça de Su Magestad segun es público e notorio, y esto sabe desta pregunta.

VII. A la septima pregunta, dixo que es verdad que el dicho Guaquixinamo fue señor y caçique prinçipal deste valle de Lima e por su fin e muerte subçedio en su lugar el dicho don Gonçalo Lima, e que sabe este testigo porque cobrava los tributos en tiempo del dicho Alonso Palomino del dicho Guaquixinamo e le vio ser caçique e obedesçeles como a tal los demas yndios e prinçipales deste dicho valle e agora lo ve ni mas ni menos al dicho don Gonçalo, su subçesor, pero que no conosçio al dicho Taulichusco y esto dixo desta pregunta.[3]

IX. A la novena pregunta, dixo que lo que della sabe es que en tienpo de Blasco Nuñez Vela, visorrey que fue deste reyno, servian el dicho Guaquilginamo y el dicho don Gonçalo a Alonso Palomino e después de muerto el dicho Alonso Palomino, en tienpo del presydente Gasca, sirvio a Lorenço de Aldana quando entró con el armada en el puerto desta çibdad por Su Magestad e hazía todo lo que le mandava tocante al servicio de Su Magestad porque este testigo lo vido, y esto sabe desta pregunta.

X. A la decima pregunta, dixo que lo que della sabe es que por estar aqui tan çercanos a esta çiudad donde reside el audiencia real e donde es el mayor residio de los españoles que ay en este reyno a visto este testigo que el dicho don Gonçalo y sus yndios an sido muy trabajados en todas las alteraciones pasa-
f. 11 das deste reyno, y esto dixo desta pregunta. //

XI. A las honze preguntas, dixo que este testigo a oydo dezir a muchas personas que al tiempo que vino a este reyno el marques don Francisco Piçarro avia muchos yndios en este valle de Lima e agora ve que ay muy pocos, y esto sabe desta pregunta.[4]

XIII. A las treze preguntas, dixo que quando este testigo vino a esta çiudad avia muchas arboledas en este valle de las que la pregunta dize e asi en las alteraçiones pasadas como en la poblaçion desta çiudad se an cortado e destribuydo mucha

3. N. del E. De esta séptima respuesta se pasa a la novena, no sabemos si por error de transcripción o si porque de esta manera figura en el manuscrito.

4. N. del E. De esta décimo primera respuesta se pasa a la décimo tercera, y de ahí a la décimo séptima, no sabemos si por error de transcripción o si porque de esta manera figura en el manuscrito.

cantidad dellos e que lo sabe porque lo a visto, y esto dixo desta pregunta.

XVII. A las diez y siete preguntas, dixo que al tienpo de la guerra de Francisco Hernandez Giron, vio este testigo que le dieron cargo de alguazil de los yndios destos valles al dicho don Gonçalo para que tuviese quenta con ellos y Sirvivesen en lo que les mandasen e hazía muy bien su oficio e sirvio en lo que a él le hera posible muy bien, y esto sabe desta pregunta.

XVIII. A la última pregunta, dixo que dize lo que dicho tiene y es la verdad para el juramento que hizo, leyosele su dicho e ratificose en él e firrnólo de su nombre. Va escrito entre renglones o diz poco mas o menos: posible, vala. E testado o diz: que yo de, no vala por testado. Antonio Sanchez. Ante mi Pedro de Herrazti, escrivano de Su Magestad.

Testigo. El dicho Pedro de Alconchel, vezino desta dicha çiu-
f. 11v dad, testigo presentado por el dicho Juan de Mesa // en nonbre del dicho don Gonçalo Lima, aviendo jurado en forma de derecho e siendo preguntado por el tenor del dicho ynterrogatorio, dixo lo siguiente. Generales. Preguntado por las generales, dixo que es de hedad de mas de sesenta e çinco años e que no le enpeça ninguna de las generales de la ley.

I. A la primera pregunta, dixo que conosçe al dicho don Gonçalo Lima e que conosçio al dicho Taulichusco, su padre, abrá veynte e seys años poco mas o menos desde que poblaron esta çibdad de Los Reyes.

II. A la segunda pregunta, dixo que sabe que abrá el tienpo que la pregunta dize poco mas o menos que el dicho marques Francisco Piçarro entró en este reyno conquistando e reduziendo los naturales della al servicio de Dios nuestro señor e de Su Magestad, porque este testigo vino con el dicho marques e lo vido y esto sabe desta pregunta porque este testigo vino por tronpeta de Su Magestad con el dicho marques e nunca se quitava del.

III. A la terçera pregunta, dixo que la sabe como en ella se contiene porque este testigo lo vido ser e pasar como en ella se declara e vido como el dicho Taulichusco, padre del dicho don Gonçalo, rogó al dicho marques que fuese suyo e que le serviria muy bien e asi lo hizo despues, y esto sabe desta pregunta.

IV. A la quarta pregunta, dixo que sabe e vido este testigo que dicho Taulichusco hera el caçique prinçipal deste valle de

Lima e como a tal vido este testigo que le obedesçian los yndios
f. 12 deste dicho valle de Lima e que // asimismo sabe e vido este testigo que en aquella sazon avia en este dicho valle de Lima muchos yndios a él subjetos, pero que no sabe quantos heran, e esto dixo desta pregunta.

V. A la quinta pregunta, dixo que la sabe como en ella se contiene porque este testigo lo vido ser e pasar segun y como la pregunta lo dize e nunca en aquel tienpo vio ni oyo dezir cosa en contrario ni despues, y esto sabe desta pregunta.

VI. A la sesta pregunta, dixo que sabe este testigo que por ser el dicho Taulichusco, padre del dicho don Gonçalo, muy buen caçique e bien ynclinado e amigo de españoles, él y sus yndios, tomó el dicho marques don Françisco Piçarro para si e se sirvio del y de sus yndios, e despues que murio el dicho marques sirvieron los dichos yndios del dicho Taulichusco a doña Françisca Piçarro, su hija, en esta dicha çiudad hasta que salio de aqui para ir a Castilla, porque este testigo vio que pasó ansi, pero que este testigo no se acuerda si el dicho Taulichusco hera bivo quando murio el dicho marques, mas que como dicho tiene servian sus yndios a la dicha doña Françisca Piçarro e que despues subçedieron el dicho don Gonçalo, hijo del dicho Taulichusco, e sus yndios en otras personas, e agora es público e notorio en esta dicha çiudad entre los españoles que en ella residen que el dicho don Gonçalo Lima e los yndios a él subjetos estan en cabeça de Su Magestad, y esto sabe desta pregunta.

VII. A la setima pregunta, dixo que este testigo sabe que el dicho don Gonçalo Lima subçedio en el caçicazgo del dicho Tau-
f. 12v lichusco, su padre, porque como dicho tiene // en las preguntas antes desta, conoscio ser señor e caçique prinçipal deste valle al dicho Taulichusco e agora ve que lo es el dicho don Gonçalo, e que este testigo no se acuerda de Guachiniamo, llamado en nonbre de cristiano don Francisco que la pregunta dize, y esto dixo desta pregunta.

VIII. A la otava pregunta, dixo que la sabe como en ella se contiene porque este testigo vio que el dicho don Gonçalo e sus yndios sirvieron sienpre como buenos y leales e quando los yndios se revelaron en este reyno estuvieron de paz e buenos e servian al dicho marques el dicho don Gonçalo y su padre Taulichusco e a los españoles e ayudavan sienpre en lo que podía, y esto sabe desta pregunta.

IX. A la novena pregunta, dixo que dize lo que dicho tiene en la pregunta antes desta e que sienpre este testigo a visto y entendido que el dicho don Gonçalo y sus yndios an servido a Su Magestad en lo que se a ofresçido e les a sido mandado e como estan çerca desta çibdad donde es el mayor resydio de la gente por estar aqui la audiençia real, sienpre an sido molestados en tienpo de las guerras pasadas deste reyno para cargas, e que por esta causa an venido los dichos yndios en gran diminuçion lo qual es público e notorio en esta çiudad, y esto dixo desta pregunta.

X. A la decima pregunta, dixo que dize lo que dicho tiene en la pregunta antes desta.

f. 13 XI. A las honze preguntas, dixo que como dicho tiene // en las preguntas antes desta sabe este testigo porque lo vido que al tienpo que el dicho marques entró en este valle avia muchos yndios en él e agora como dicho tiene an venido en gran diminuçion segun es púhlico e notorio por causa de las dichas guerras por aver sido fatigados con cargas, y esto dixo desta pregunta.

XII. A las doze preguntas, dixo que asi le paresçe a este testigo que los dichos yndios por causa de los muchos trabajos que an tenido por estar çerca desta çibdad se abrán desnaturado e ydo a otras partes porque lo mismo en fecho muchos de los yndios que, este testigo tiene en encomienda, y esto dixo desta pregunta.

XIII. A las treze preguntas, dixo que sabe e vido este testigo que al tienpo que el dicho marques e los españoles entraron en este valle avia muchos árboles de frutales e bosques dellos por las chacaras e otras partes e que agora ve que todos se an cortado para hedefiçios y casas desta çiudad e tanbien para los tiros del artilleria, y esto sabe desta pregunta.

XIV. A las catorze preguntas, dixo que sabe e vido este testigo que toda la mas tierra deste valle de Lima se les tomó al dicho don Gonçalo e a sus yndios para sitio desta çiudad e para huertas e chacaras e que los yndios estan en un rincon, y esto sabe desta pregunta.

f. 13v XV. A las quinze preguntas, dixo que asi le pareçe // a este testigo que el dicho don Gonçalo e sus yndios an pagado el tributo al marques e a los demas en quien an estado encomendados e pagarán agora a Su Magestad como hazen los demas yndios.

XVI. A las diez y seis preguntas dixo que este testigo sabe que el dicho don Gonçalo tiene en el pueblo donde bive una yglesia e frailes Françiscos en ella e que le paresçe que es buen cristiano porque es honbre de buena razon e algunas vezes le a visto oyr misa asi en esta çiudad como en su pueblo, y esto dixo desta pregunta.

XVII. A las diez y siete preguntas, dixo que este testigo le a visto traer vara de alguazil al dicho don Gonçalo e que deve ser para el efeto que la pregunta dize, e al tienpo de la guerra de Françisco Hernandez Giron oyo dezir este testigo a muchas personas en esta çibdad como al dicho don Gonçalo le avían hecho alguazil de los yndios para que mandase a los dichos yndios lo que avian de hazer en servicio de los españoles para las cosas de la guerra, y esto dixo desta pregunta.

XVIII. A la última pregunta, dixo que dize lo que dicho tiene y es la verdad para el juramento que hizo, leyosele su dicho e retificose en él e firmolo de su nonbre. Va escripto entre renglones o diz: otava, vala. E testado o diz: setima se, tenía, vala por testado. Ante mi Pedro de Herrazti, escrivano de Su Magestad.

Testigo. El dicho fray Gaspar de Carvajal, de la horden del señor Santo Domingo, testigo presentado por parte del dicho
f. 14 don Gonçalo de Lima, caçique // susodicho, aviendo jurado en forma de derecho por las hórdenes que resçibio de San Pedro y San Pablo e por el ábito de Santo Domingo, e siendo preguntado por el tenor del dicho ynterrogatorio dixo lo siguiente.

Preguntado por las generales, dixo que es de hedad de mas de çinquenta años e que no le tocan las generales de la ley.

I. A la primera pregunta, dixo que ccnsçe al dicho don Gonçalo Lima e a muchos de sus prinçipales e que conosçio a algunos de sus antepasados de veynte e tres años a esta parte poco mas o menos.

II. A la segunda pregunta, dixo que es público e notorio lo contenido en la pregunta.

III. A la tercera pregunta, dixo que este testigo no estava en esta tierra quando el dicho marques entró en ella, pero que despues quando vino a esta tierra vio como le servian los yndios deste repartimiento del valle de Lima.

IV. A la quarta pregunta, dixo que este testigo no se acuerda al presente como se llama el padre del dicho don Gonçalo pero que bien le conosçio e sabe que hera caçique principal deste valle de Lima e como a tal hera público que le obedesçian sus yndios.

V. A la quinta pregunta, dixo que sabe que el dicho don Gonçalo e su padre e sus prinçipales heran señores deste valle e
f. 14v que (va testado do diz: yn) // aunque quando este testigo vino a esta çiudad estavan repartidas algunas de sus tierras a vezinos desta çiudad e a españoles, que despues que este testigo vino se repartieron otras muchas a españoles desta çiudad, e a esta

casa e monesterio de señor Santo Domingo desta çibdad se dio para chacara el tanbo real de Limatanbo e que tanbien tenian parte en algunas tierras deste valle otros yndios comarcanos, pero que es público todos ellos heran subjetos a su padre de don Gonçalo quando el dicho marques vino a esta tierra, e que este asiento de la çiudad de Lima, las casas e huertas que todo está en las tierras de don Gonçalo, e esto sabe desta pregunta.

VI. A la sesta pregunta, dixo que sabe que vio este testigo que los dichos yndios deste valle sirvieron al dicho marques todo el tienpo que bivio e despues a doña Francisca, su hija, e a don Gonçalo, su hijo, e a los governadores que an sido desta tierra, e agora es público que estan en cabeça de Su Magestad.

VII. A la setima pregunta, dixo que sabe e vio este testigo que despues que murio el padre del dicho don Gonçalo subçedio en su lugar el dicho don Francisco que la pregunta dize, que hera público que hera tio del dicho don Gonçalo, e despues que murio el dicho don Francisco subçedio en su lugar el dicho don Gonçalo que agora es caçique prinçipal deste dicho valle porque
f. 15 // este testigo le conoçe como dicho tiene.

VIII. A la otava pregunta, dixo que es público que los yndios desta tierra se revelaron aunque este testigo no estava entonçes aca, pero que luego vino quando los yngas avian çercado esta çiudad, e que los yndios deste valle estuvieron de paz e sirvieron a los españoles e nunca los deste valle se revelaron y estuvieron de guerra porque asi hera público en esta dicha çiudad quando este testigo llegó a ella entre los españoles que en ella avia.

IX. A la novena pregunta, dixo que despues que este testigo está en esta tierra, que como dicho tiene abrá veynte e tres años poco mas o menos, a visto ser e pasar como la pregunta dize e que por aver sido tan trabajado tanto an venido en gran diminuçion, y esto sabe desta pregunta.

X. A la deçima pregunta, dixo que dize lo que dicho tiene en la pregunta antes desta, e que es asi como la pregunta dize por las causas que la pregunta dize.

XI. A las honze preguntas, dixo que dize lo que dicho tiene en las preguntas antes desta e que quando este testigo vino a esta tierra avia muchos yndios en este dicho valle e agora ay pocos que an venido en gran dimynuçion por aver sido tan trabajados.

f.15v XII. A las doze preguntas, dixo que no sabe // este testigo si los yndios deste valle se an desnaturado de sus tierras, pero que sabe que muchos dellos se an hecho anaconas e sirven a los españoles en esta çiudad e reino porque este testigo lo a visto.

XIII. A las treze preguntas, dixo que la sabe como en ella se contiene porque al tienpo que este testigo vino a esta çiudad avia montes de arboledas e asi lo hera el sitio desta ciudad e se yvan los españoles dos leguas sin que les diese sol e todos estos árboles heran frutales e agora ve que no ay ninguno o muy poquitos, que todos se an cortado para hedefiçios e casas desta çiudad e para leña, y esto sabe desta pregunta.[5]

XV. A las quinze preguntas, dixo que algunas vezes viendo este testigo que los dichos yndios an sido muy trabajados e que no pueden pagar los tributos, a rogado por ellos a los gobernadores desta tierra que los hagan libres e asimismo a rogado al marques de Cañete, visorrey que agora es deste reyno e que ninguno les a quitado ni hecho graçia de ningund tributo sino a sido el dicho marques de Cañete que les a esperado algund tienpo e despues les a resçibido en quenta de los tributos lo que los dichos yndios an trabajado en las obras de la Madalegna, monesterio de San Françisco que está en su pueblo, y esto sabe desta pregunta.

XVI. A las diez y seys preguntas, dixo que despues que este testigo conosçe al dicho don Gonçalo dende que hera muchacho,
f. 16 sienpre le a conosçido // christiano e que a bivido bien e que es casado e no tiene mas de una muger e que le ve venir a misa e hazer de critiano e que él mismo viene a confesarse sin que le llamen e viene a buscar confesores a esta casa para sus yndios e que los religiosos deste convento an tenido el cargo de la dotrina de sus yndios e agora lo tienen los frailes de San Francisco, y esto sabe desta pregunta.

XVII. A las diez y siete preguntas, dixo que sienpre este testigo le ha conoscido al dicho don Gonçalo alguazil de los yndios deste valle.

XVIII. A la última pregunta, dixo que dize lo que dicho tiene y es la verdad para el juramento que hizo, leyosele su dicho e retificose en él e firmolo de su nombre. Va testado o dizsen: y su, muchos, ni, no vala por testado. Fray Gaspar de Carvajal. Ante mi Pedro de Herrazti, escrivano de Su Magestad.

---

5. N. del E. De esta décimo tercera respuesta se pasa a la décimo quinta, no sabemos si por error de transcripción o si porque de esta manera figura en el manuscrito.

Testigo. El dicho Marcos Perez, vezino desta dicha çibdad, testigo presentado por parte del dicho don Gonçalo, aviendo jurado en forma de derecho e siendo preguntado por el tenor del dicho ynterrogatorio dixo lo siguiente.

Preguntado por las generales, dixo que es de hedad de sesenta años e que no le enpeça ninguna de las generales de la
f. 16v ley. //

I. A la primera pregunta, dixo que conosçe al dicho don Gonçalo Lima de beynte e dos años a esta parte poco mas o menos y conosçio a su anteçesor Guaquichiamo que despues se llamó don Françisco en nonbre de cristiano e conosçio otro caçique que antes que él que no se acuerda como se llamava que debia ser hermano mayor del dicho don Françisco e padre del dicho don Gonçalo.

II. A la segunda pregunta, dixo que al tienpo que este testigo vino a esta tierra que fue por el año de treynta e ocho que ya estava conquistada mucha parte della e conquistava las provinçias de arriba del Cuzco para arriba e poblavan y esta çiudad ya estava fundada entonçes y avía poblacion de españoles.

III. A la terçera pregunta, dixo que despues que este testigo conosçio al caçique prinçipal deste valle vio que servía al dicho marques, y esto sabe desta pregunta.

IV. A la quarta pregunta, dixo que sabe que servian e obedesçian los yndios deste valle al dicho caçique antecesor del dicho don Francisco, que primero se llamava Guaquichiamo en lengua de yndios, que cree que hera padre del dicho don Gonçalo Lima e que hera gran señor e tenía muchos yndios porque le via andar con gran serviçio de yndios e que le obedesçian, y esto sabe desta pregunta.

V. A la quinta pregunta, dixo que no la sabe ni los términos
f. 17 que ellos tenían porque heran muchos señores. //

VI. A la sesta pregunta, dixo que sabe que vio este testigo que el dicho marques don Francisco Piçarro tomó para si este caçique prinçipal deste valle que no se acordava como se llamava e le servía e tributava como buen yndio e doméstico e a otros españoles davan de lo que le pedian e le sirvio todo el tienpo que bivio hasta que murio e despues sus subçesores, a doña Francisca e a don Gonçalo, sus hijos, e agora es público e notorio en esta dicha çibdad españoles que el dicho don Gonçalo subçesor está en cabeça de Su Magestad.

VII. A la setima pregunta, dixo que asi es como la pregunta lo dize que por muerte del caçique prinçipal deste dicho valle, que como dicho tiene no se acuerda como se llamava, subçedio en su lugar Guachiniamo, que en nombre de cristiano se llamava Françisco, e por su muerte subçedio en su lugar y en su caçicasgo e señorio al dicho don Gonçalo Lima porque este testigo los conosçio e conosçe al dicho don Gonçalo e ve que agora es caçique prinçipal deste valle de Lima.

VIII. A la otava pregunta, dixo que quando este testigo llegó a esta tierra ya avia pasado lo que la pregunta dize, pero que quando vino a esta çiudad oyo dezir en ella a muchas personas como el anteçesor del dicho Guachiniamo avia servido al dicho
f. 17v marques e a los españoles // con sus yndios en lo que le mandavan a conquistar e paçificar esta tierra especialmente quando se reveló el Mango Ynga, y esto dixo desta pregunta.

IX. A la novena pregunta, dixo que este testigo ha visto que a servido el dicho don Gonçalo con sus yndios en las alteraçiones que a avido en este reyno él y los dichos yndios de su caçicazgo en todo lo que por los governadores e justiçias de Su Magestad les a sido mandado en llevar cargas y en hazer mechas torçidas para los arcabuzes y en llevar artilleria e muniçion e cargas de soldados que yvan a servir en las guerras a Su Magestad, y esto sabe desta pregunta.

X. A la deçima pregunta, dixo que por lo que dicho tiene en la pregunta antes desta, sabe que el dicho don Gonçalo y sus yndios por estar tan junto desta çiudad an sido muy trabajados con las guerras pasadas.

XI. A la honzena pregunta, dixo que es público e notorio que al tienpo que el dicho marques don Françisco Piçarro entró en esta tierra a conquistarla avia en este valle gran numero de yndios e que agora ay muy poquito en conparaçion de los que dizen que solia aver e de los que este testigo vido quando a ella vino, y esto dixo desta pregunta.

XII. A las doze preguntas, dixo que dize lo que dicho tiene en
f. 18 las preguntas antes desta // en lo que toca a ver sido trabajados los dichos yndios e que este testigo a oydo a muchas personas que an estado y estan en este reyno que muchos de los yndios deste de Lima se an desnaturado de su tierra llevandolos los españoles con cargas e se an quedado por alla en otras tierras dexando sus mugeres e hijos, y esto a oydo dezir a muchos.

XIII. A las treze preguntas, dixo que sabe e vido este testigo que al tienpo que este testigo vino a esta tierra hera este valle de Lima como un vergel de muchas arboledas de frutales de los que la pregunta dize e que agora no ay casi que ningunos porque todos los an cortado para los tiros e para madera e los negros para la leña, y esto sabe desta pregunta.

XIV. A las catorze preguntas, dixo que sabe este testigo que est çiudad de Los Reyes está hedeficada en el mismo valle de Lima del cacicazgo del dicho don Gonçalo Lima e que las chacaras e huertas que se an repartido entre los vezinos e moradores desta dicha çiudad muchas dellas son de la tierra del dicho don Gonçalo e otras de otros prinçipales del dicho valle, e que lo sabe porque lo a visto y entendido e que lo demas no lo sabe.

XV. A las quinze preguntas, dixo que cree este testigo que f. 18v asi constriñen a los demas caçiques // e yndios deste reyno para que paguen sus tributos que por las tasas les an repartido e asi a los dichos don Gonçalo para que pague lo que le está tasado que pague de tributo, e que antes que oviese tasas vio este testigo que su padre del dicho don Gonçalo e sus yndios lo pagavan muy cunplidamente al dicho marques, y esto dixo desta pregunta.

XVI. A las diez y seys preguntas, dixo que este testigo sabe e ha visto que despues que el dicho don Gonçalo es [testado: caçique] christiano e se bautizó, que abrá diez o doze años, persuadio e a persuadido a todos sus yndios e yndias e que fuesen cristianos, y este testigo a visto e vido muchos domingos e fiestas de guardar dicho don Gonçalo Lima llevar delante de si e detras muchos yndios e yndias a la yglesia de Sancta Ana a misa e que atravesaba toda la çibdad con ellos hasta que se fundó la perrochia e yglesia de San Sebastian en esta çibdad, que es çerca de su casa del dicho Gonçalo, e que este testigo cree por lo que dicho tiene que el dicho don Gonçalo a sido parte para que fuesen cristianos sus los yndios los que lo son, e que asimismo sabe porque a sido público notorio que el dicho don Gonçalo tiene çerca de su pueblo un monasterio que se dize la Madalegna e frailes Françiscos en él para la dotrina de sus yndios, y esto sabe desta pregunta.

XVII. A las diez y siete preguntas, dixo que asi lo a visto este testigo y lo a entendido e sabe como la pregunta lo dize.

XVIII. A la última pregunta, dixo que dize lo que dicho tiene y es la verdad para el juramento (va testado do dezir: caçique) // f. 19 que hizo, leyosele su dicho e ratificose en él e firmolo de su nombre. Va escripto entre renglones o diz: sus subçesores, antecesor el dicho Mango Ynga, sabe que, por esto y de los que este testigo vido quando a ella vino, vala, y no les crezca.

E va testado o diz: fran, suçesor repon, lo pagava, ha, no vale. Marcos Perez. Ante mi Pedro de Herrazti, escrivano de Su Magestad.

Testigo. El dicho Enrique Hernandez, morador en esta dicha çibdad, testigo presentado por parte del dicho don Gonçalo Lima, aviendo jurado en forma de derecho e siendo preguntado por el thenor del dicho ynterrogatorio, dixo lo siguiente.

Preguntado por las preguntas generales, dixo que es de hedad de çinquenta años e que no le enpeçe ninguna de las generales de la ley.

I. A la primera pregunta, dixo que conosçe al dicho don Gonçalo Lima, cacique deste valle de Lima, de veynte años a esta parte e conosçe a algunos de sus prinçipales e yndios e coriosçio al dicho Taulichusco, su padre.

II. A la segunda pregunta, dixo que abrá veynte años poco mas o menos que este testigo vino a esta çiudad de Los Reyes y entonçes ya estava fundada esta çiudad e conquistado todo este reyno por el dicho marques eçepto el asiento de Potosi que no estava descubierto, y esto sabe desta pregunta.

III. A la terçera pregunta, dixo que no la sabe porque al tiempo que la pregunta dize aun no avia benido este testigo a este reyno. //

f. 19v IV. A la quarta pregunta, dixo que al tienpo que este testigo vino a este reino conosçio al dicho Taulichusco e que por ser viejo no governava él los yndios deste valle de Lima sino Guachinamo que dezian que hera su hijo, que este testigo vio que en aquel tiempo avia en este repartimiento de Lima muchos yndios pero que no sabe cuantos heran, y esto sabe desta pregunta.

V. A la quinta pregunta, dixo que sabe este testigo que el dicho Taulichusco e Guachinamo e sus yndios poseyan las tierras deste repatimiento de Lima porque este testigo vio que quando algun español se les queria entrar a tomar sus tierras las defendian como tierras suyas e que en aquel tienpo oyo dezir este testigo a muchos yndios deste valle que las dichas tierras sienpre avian sido suyas, y esto dixo desta pregunta.

VI. A la sesta pregunta, dixo que sabe este testigo que el dicho marques don Françisco Piçarro tomó para si al dicho Taulichusco porque este testigo vio que el dicho Guachinamo, su hijo, que subçedio en su caçicazgo, servía al dicho marques y le sirvio hasta que murio, e despues a doña Françisca Piçarro, su hija, hasta que la dicha doña Francisca fue a Castilla, e despues sirvio a otras personas e que agora es público e notorio en esta

dicha çiudad que el dicho don Gonçalo Lima, subçesor del dicho Guachinamo, está en cabeça de Su Magestad, e sabe este testigo que los oficiales reales desta dicha çiudad cobran del los tributos para el rey porque lo a visto, y esto sabe desta pregunta. Va
f. 20 enmendado do dize: desta tierra, co, re, vala. //

VII. A la setima pregunta, dixo que este testigo conosçio a los dichos Taulichusco e Guachinamo que dezian por muy público que hera su hijo e que el dicho Guachinamo hera a la sazon caçique deste dicho repartimieto de Lima porque dezian que por ser viejo no governava el dicho Taulichusco sino el dicho Guachinamo e que a anbos a dos. obedeçian sus yndios porque este testigo lo via e que como dicho tiene en la pregunta antes desta por muerte del dicho Guachinamo subçedio en su caçicazgo el dicho don Gonçalo e como a tal caçique y señor ve este testigo que le obedesçen sus yndios, y esto sabe desta pregunta.

VIII. A la otava pregunta, dixo que dize lo que dicho tiene en las preguntas antes desta.

IX. A la novena pregunta, dixo que sabe e a visto este testigo que en todas las alteraçiones pasadas de españoles deste reyno an servido muy bien los yndios deste repartimiento de Lima en todo lo que les a sido mandado a lo que este testigo a visto y entendido e an sido los mas trabajados yndios deste reyno por estar aquí junto a esta çiudad de Los Reyes tan a la mano porque para qualquiera cosa que se ofresçe son los primeros a quien se enbia a llamar e que este testigo no vio lo que sirvieron al tienpo [sic] que los yndios deste reyno se revelaron porque aun no avia
f. 20v venido este testigo a esta tierra. //

X. A la dezima pregunta, dixo que dize lo que dicho tiene en la pregunta antes desta e que por lo que la pregunta dize estar el dicho don Gonçalo y sus yndios tan çerca desta çiudad donde reside la audiençia real e donde es el mayor residio de los españoles deste reyno son los dichos yndios e an sido muy trabajados con cargas e otras cosas, y esto dixo desta pregunta.

XI. A las onze preguntas, dixo que al tienpo que este testigo vino çiudad de Los Reyes abria en este repartimiento de Lima dos mil yndios poco mas o menos porque asi lo oya dezir este testigo en aquel tienpo a los mismos yndios e asi le paresçe a este testigo porque los via e contratava con ellos e los mandava por mandado del dicho marques don Françisco Piçarro porque este testigo hera a la sazon su criado, e que agora ve que no ay sino muy pocos en conparaçion de los que solia aver, que se an muerto de enfermedades e trabajos e otros que se deven aver ydo a otras tierras.

XII. A las doze preguntas, dixo que dize lo que dicho tiene en la pregunta antes desta.

XIII. A las treze preguntas, dixo que al tienpo que este testigo vino a esta çiudad de Los Reyes vio como en este valle de Lima avia muchas arboledas e frutales que paresçia un berjel e que agora ve que por maravilla hallarán un árbol, que todos los mas se an cortado para hedeficios desta çiudad y para leña e
f. 21 carbon, y esto dixo desta pregunta. //[6]

14. A las catorze preguntas, dixo que al tienpo que este testigo vino a este reino ya estava fundada esta çiudad y que despues aca a visto este testigo que al dicho don Gonçalo y a sus yndios an tomado muchas tierras para guertas y chacaras y heredades de los vecinos y moradores desta çiudad, pero que todavia les an quedado hartas tierras para los yndios que al presente ay.

15. A las quinze preguntas, dixo que estando este testigo con el dicho marques don Francisco Piçarro y siendo su criado vio muchas vezes como los yndios deste repartimiento de Lima le servían , y le davan trigo e maiz e leña e yerba e pescado e gallinas y fruta e ropa e otras cossas y que agora como dicho tiene ve que los ofiçiales reales que residen en esta dicha çiudad cobra el tributo del dicho Gonzalo y de sus yndios para Su Magestad, y esto save desta pregunta.

16. A las diez y seis preguntas, dixo queste testigo a visto que el dicho don Gonzalo a sido alguacil mayor de sus yndios quatro años y que estando este testigo algunas vezes en su pueblo a visto como el dicho don Gonzalo recoxia sus yndios e los llebaba a la yglesia a la dotrina y él mismo le decia que fuesen
f. 21v // cristianos y que no adorasen las guacas como hasta alli avían hecho porque hera todo mentira y vellaqueria y abian estado engañados y que Dios hera bueno y que todo lo criava e dava Dios e otras muchas cosas de buen cristiano y al que le bia que se envorrachava y que adoraba las guacas le metia en un çepo que thenía hecho y le açotava, y esto save desta pregunta. E que agora es público e notorio en esta dicha çiudad que el dicho don

6. N. del E. De aquí en adelante la numeración románica ha sido sustituida por la arábiga, no sabemos si por error de transcripción o si porque de esta manera figura en el manuscrito.

Gonzalo tiene en su pueblo un monesterio de San Françisco e frayles en él para dotrina de sus yndios.

17. A las diez y siete preguntas, dixo que dize lo que dicho tiene en la pregunta antes desta.

18. A la última pregunta, dixo que dize lo que dicho tiene y es la verdad para el juramento que hizo, leyosele su dicho y rateficose en él e no firmó de su nonbre porque dixo que no savía.

Va escripto entre renglones o diz: para el dicho marques, porque este testigo lo bia poco mas o menos, y le davan, y ropa, e vala.

Y testado o diz: e vio, vino, no vala. Ante mi Pedro de herrazti. Escrivano de Su Magestad.

Testigo. El dicho Domingo de Destre, vezino desta dicha
f. 22 çiudad, testigo presentado por parte del dicho don Gonzalo // Lima, aviendo jurado en forma de derecho e siend preguntado pr el thenor del dicho ynterrogatorio dixo lo siguiente.

Generales. Preguntado por las generales de la ley, dixo que es de hedad de mas de quarenta e siete años y que no le enpeze ninguna de las preguntas generales de la ley.

1. A la primera pregunta, dixo que conosze al dicho don Gonzalo Lima, caçique prençipal deste valle de Lima de veynte e tres años a esta parte poco mas o menos e que conosze al dicho Taulichusco e despues a Guahiniamo, anteçesor del dicho don Gonzalo.

2. A la segunda pregunta, dixo que abrá veinte e quatro años poco mas o menos que este testigo vino a este reyno y que entonzes ya estava conquistado y poblado hasta la çiudad del Cuzco por el dicho marques don Francisco Piçarro y reduçidos los naturales al servicio de Dios y de Su Magestad y que es público e notorio en este reyno que abrá los veinte e ocho años que
f. 22v la pregunta dize poco mas o menos que se ganó esta tierra. //

3. A la terçera pregunta, dixo que al tienpo queste testigo llegó esta çiudad vio como el dicho Taulichusco que la pregunta dize servía al dicho marques don Francisco Piçarro, y que lo demas que la pregunta dize que no lo save.

4. A la quarta pregunta, dixo que vio este testigo que el dicho Taulichusco hera señor y caçique prençipal deste repartimiento de Lima y como a tal le obedesçian sus yndios y que tenía mucha cantidad de yndios, que no save quantos heran.

5. A la quinta pregunta, dixo que save este testigo que al tiempo que este testigo bino a esta çiudad que abría hasta

treinta o quarenta solares poco mas o menos e que todas las demas tierras deste repartimiento de Lima las poseian el dicho Taulichusco y sus yndios e que despues aca se a dado gran cantidad dellas a los vecinos e moradores desta çiudad para cassas y huertas e chacaras e que lo save porque lo a visto, y esto dixo desta pregunta.

6. A la sesta pregunta, dixo que como dicho tiene en la terçera pregunta vio este testigo como el dicho Taulichusco y sus yndios servian al dicho marques y que el dicho marques lo tenia
f. 23 por suyo e despues que murio el dicho Taulichusco a lo que // este testigo se quiere acordar murio primero que el dicho marques sirvio al dicho marques Guachinamo su subçesor del dicho Taulichusco y despues de muerto el dicho marques a doña Francisca su hija, e que agora es público e notorio que el dicho don Gonzalo Lima, subçesor de los dichos Taulichusco y de Guachinamo, esta en caveça de Su Magestad, y esto save desta pregunta.

7. A la septima pregunta, dixo que como dicho tiene en las preguntas antes desta este testigo conoszio al dicho Taulichusco por ser caçique prençipal deste repartimiento de Lima e después que murio el dicho Taulichusco subçedio en su lugar el dicho Guachinamo que la pregunta dize, y que en nonbre de cristiano se llamava don Francisco, e por su muerte subçedio en su lugar el dicho don Gonzalo Lima que agora es caçique del dicho repartimiento de Lima, como a tal caçique y señor prençipal del dicho repartimiento ve este testigo que le obedesçen sus yndios e por tal es thenido e comundmente reputado entre todas las personas que le conoszen como este testigo, y esto dixo desta
f. 23v pregunta. //

8. A la otava pregunta, dixo que lo que della save es que al tienpo dicho Mango Ynga se alçó y rebelo de la obidiençia que thenía dada, se levantaron tanbien todos los demas caçiques de todo el reyno y que vio este testigo que los anteçesores del dicho don Gonzalo, que heran los dichos Taulichusco y Guachinamo serbieron mucho con sus yndios al dicho marques don Francisco Piçarro y a los españoles que con el estavan y ayudaron mucho con las comidas estando los españoles çercados en esta çiudad de Los Reyes de los yndios de guerra y fueron gran parte para que se sustentasen los españoles y que lo que [sic] save este testigo porque se halló presente y lo bido, y esto save desta pregunta.

9. A la novena pregunta, dixo que sabe e a visto este testigo que el dicho don Gonzalo y los caçiques sus anteçesores que

dichos tiene an serbido bien en todas las guerras pasadas deste reino e han hecho con mucha fedilidad e amor lo que por los governadores que a abido en este reyno y por los oydores desta real audiençia les a sido mandado y como el dicho don Gonzalo está junto desta çiudad donde reside dicha real audiencia //
f. 24 sienpre le llaman al dicho don Gonzalo para lo que se ofreze y que él es el primero que viene y esto save desta pregunta, y que todo esto save porque lo be y entiende por resedir como este testigo reside en esta dicha çiudad, y esto dixo desta pregunta.

10. A la decima pregunta, dixo que dize lo que dicho tiene en la pregunta antes desta y que ansi es lo que la pregunta dize porque este testigo a visto que en todas las guerras pasadas an sido muy travaxados el dicho don Gonzalo e sus yndios de la manera que la pregunta dize.

11. A las honze preguntas, dixo que dize lo que dicho tiene en la quarta pregunta y que este testigo save e vio que al tienpo que este testigo llegó a esta dicha çiudad avia muchos yndios en este dicho repartimiento de Lima y que agora ay muy pocos en conparaçion de los que solian, que por los muchos travaxos que an tenido se avian muerto e otros ydose a otras partes y otros héchose anaconas para servir a españoles, y esto dixo desta pregunta.

12. A las doze preguntas, dixo que dize lo que dicho tiene en la pregunta antes desta. //

f. 24v 13. A las treze preguntas, dixo que al tienpo que este testigo vino a esta çiudad vio que en este dicho valle de Lima avia ynfinitisimas arboledas e frutales e que agora por maravilla se be un árbol ni frutales porque todos se an cortado para edefiçios desta dicha çiudad de Los Reyes e para leña y otras cosas por la gran falta que esta çiudad tiene de madera y de leña, y esto save desta pregunta.

14. A las catorze preguntas, dixo que dize lo que dicho tiene en la quinta pregunta.

15. A las quinze preguntas, dixo que este testigo que ansi lo avian pagado el dicho don Gonzalo y sus yndios lo que les está tasado hazen los demás yndios deste reyno, pero que este testigo no lo a visto.

16. A las diez y seis preguntas, dixo que este testigo tiene al dicho don Gonzalo por buen cristiano porque muchas vezes le he oyr missa y sermones y es yndio muy bien ynclinado y amigo de españoles y en su mismo pueblo tiene un monesterio y en el frayles Françiscos para la dotrina de sus yndios, porque este

testigo lo ha visto muchas vezes y es el mejor monasterio que ay a la redonda de Lima. //

f. 25 17. A las diez y siete preguntas, dixo que este testigo le a conoszido al dicho don Gonzalo alguaçil mayor de los yndios desta comarca de Lima y a visto con su vara y con un palo y en un cavallo hazellos entrar en la yglesia a oir missa por la mañana e por las tardes a la dotrina, y esto save desta pregunta.

18. A la última pregunta, dixo que dize lo que dicho tiene y es la verdad para el juramento que hizo, leyosele su dicho, rateficose en el e firmolo de su nonbre. Va escripto entre renglones o diz: del Cuzco, este testigo, lo thenía, vala. Va testado o diz: testigo, por, s, de, save, no vala. Y escripto en la margen o diz: pocos mas o menos, vala. Domingo de Destre. Ante mi Pedro de Herrazti, escrivano de Su Magestad.

Testigo. El dicho Francisco de Anpuero, vezino e regidor desta dicho çiudad, testigo presentado por parte del dicho don Gonzalo Lima, aviendo jurado en forma de derecho e sido preguntado por el thenor del dicho ynterrogatorio, dixo lo siguiente.

Generales. Preguntado por las generales, dixo que es de hedad de quarenta años poco mas o menos y que no le tocan las generales de La ley. //

f. 25v 1. A la primera pregunta, dixo que conosze al dicho don Gozalo Lima y conoszio al dicho Taulichusco y conoszio a Guachinamo su subçesor y anteçesor del dicho don Gonzalo, y que tanbien conosze a algunos de su prençipales.

2. A la segunda pregunta, dixo que este testigo a veynte años poco mas o menos que entró en este reino e que quando entró en esta çiudad que está fundada en el dicho valle de Lima, estava conquistada e paçificada la tierra, aunque a la misma sazon se avia tornado a revelar y que en el dicho ticnpo el dicho Taulichusco serbia al marques don Piçarro porque este testigo lo bido porque estava en su casa y en su servicio

3. A la terçera pregunta, dixo que dize lo que dicho tiene en la pregunta antes desta.

4. A la quarta pregunta, dixo que este testigo le bia benil muchas vezes al dicho Taulichusco a casa de el dicho marques y que dezia que thenian muchos yndios este valle y queste testigo no save quantos heran e queste valle ansi lo mostrava por ser grande y que avia que le obedeçian sus yndios como a tal caçique e señor prençipal dellos. //

f. 26 5. A la quinta pregunta, dixo que dize lo que dicho tiene en la pregunta antes desta y que el dicho Taulichusco se yntitulava señor deste valle de Lima, no envargante que en este valle avia tierra de otros caçiques comarcanos y del sol y de guaças, y questo save y hera público e notorio en aquella sazon.

6. A la sesta pregunta, dixo que como dicho tiene serbía el dicho Taulichusco al dicho marques y le queria bien por ser buen yndio y que después de muerto el dicho Taulichusco, servía su suçesor Guachinamo a los hijos del dicho marques porque este testigo lo bio, y que agora es público e notorio en esta dicha çiudad que el dicho don Gonzalo e sus yndios estan en la cabeça de Su Magestad.

7. A la septima pregunta dixo que la save como en ella se contiene porque este testigo lo a visto e ve ser e pasar anssi como la pregunta lo declara, y questo sabe della.

8. A la otava pregunta, dixo que save este testigo que el dicho Taulichusco, padre del dicho don Gonzalo, serbía al dicho marques don Francisco Piçarro al tiempo que se revelaron los
f. 26v naturales deste reino e quando los yndios dieron çerco // a esta çiudad de Los Reyes, lo qual save porque este testigo estava a la sazon en esta çiudad y lo bia y porque hera paje del dicho marques, y esto save desta pregunta.

9. A la novena pregunta, dixo que dize lo que dicho tiene en la pregunta antes desta y que save este testigo que en tienpo de todos los governadores pasados deste reyno y en todas las guerras pasadas del e an servido y travaxado mucho estos yndios deste repartimiento de Lima y ansimismo todos los deste valle y los an llebado con cargas y se an muerto muchos, e questo save porque a visto muchas cossas dellas y porque ansi es público e notorio

10. A la dezima pregunta, dixo que dize lo que dicho tiene en la pregunta antes desta.

11. A las honze preguntas, dixo que este testigo oyo dezir quando vino a esta tierra que [en] este dicho repartimiento de Lima avia cantidad de yndios y que con las guerras pasadas deste reino de españoles e naturales se an desminuhido y son agora pocos e queste testigo se remite a la vesita que dellos se a hecho y que agora ay pocos.

12. A las doze preguntas, dixo que save este testigo que
f. 27 se abrán desnaturado algunos yndios deste repartimiento // de Lima por los travajos que an pasado en las cargas.

13. A las treze preguntas, dixo que sabe que en este valle de Lima avia muchas arboledas y frutales y que agora an quedado muy pocos porque este testigo lo bio y lo be.[7]

15. A las quinze preguntas, dixo que save questa çiudad está fundada en el valle que se dize de Lima e que an dado tierras a los españoles y vecinos desta çiudad porque este testigo lo a bisto y que el dicho don Gonzalo y sus yndios tiene las demas.

16. A las diez y seis preguntas, dixo queste testigo le be andar en ávito de español al dicho don Gonzalo y le a visto oyr missa y que tiene dotrina en su pueblo.

17. A las diez y siete preguntas, dixo que save que al dicho don Gonzalo le an dado cargo de alguaçil para recoxer los yndios y traellos a la dotrina porque este testigo le a visto traer bara de alguaçil.

18. A la última pregunta, dixo que dize lo que dicho tiene y es la verdad para el juramento que hizo y firmolo de su nonbre. Va escripto entre renglones o dizse: don Gonzalo, no vala. Y testado o dize: en esta piça este dicho.

Francisco de Anpuero. Ante mi Pedro de Herrazti, escrivano de Su Magestad. //

f. 27v Testigo. El dicho Martin Piçarro, vezino y regidor desta dicha çiudad, testigo presentado por parte del dicho don Gonzalo Lima, aviendo jurado en forma de derecho y siendo preguntado de las preguntas del dicho ynterrogatorio, dixo lo siguiente.

Generales. Preguntado por las generales, dixo ser de hedad de mas de çinquenta años e que no le tocan las generales de la ley.

1. A la primera pregunta, dixo que conosze al dicho don Gonzalo Lima, que es caçique prençipal de su repartimiento, que es aqui en Lima y que tambien conosze a algunos de sus prençipales e yndios e que no se acuerda del padre del dicho don Gonzalo Taulichusco que la pregunta dize, aunque bien pudo ser que le conosziese.

2. A la segunda pregunta, dixo que save que abrá el tienpo que la pregunta dize de los dichos veinte e ocho años poco mas o menos que el dicho marques don Françisco Piçarro entró en este reyno del Piru a conquistarlo y a reduçir los naturales del al servicio de Dios nuestro señor e de Su Magestad porque este testigo bino con el dicho marques a este reino e lo bido.

7. N. del E. De esta décimo tercera respuesta se pasa a la décimo quinta, no sabemos si por error de transcripción o si porque de esta manera figura en el manuscrito.

3. A la tercera pregunta, dixo que lo que della save es que el dicho marques don Francisco Piçarro avaxó a este valle de
f. 28 Lima desde Xauxa // y este testigo se quedó en Xauxa con los demas españoles que en ella se quedaron porque hera justicia, e que save por lo que el dicho marques don Francisco Piçarro les escrivio a Xauxa a este testigo y a los demas que alla estavan y por los españoles deste valle [que] alla yban, que los caçiques deste valle de Lima le salieron de paz a servirle y que siendo como dize que el dicho Taulichusco hera caçique prençipal que sería uno de los caçiques que al dicho marques le salieron de paz, y esto dixo desta pregunta.

A la quarta pregunta, dixo que no la sabe.

A la quinta pregunta, dixo que no la save porque quando este testigo avaxó de Xauxa, que fue de los postreros que de alli salieron, ya estava poblada esta çiudad de Los Reyes.

A la sesta pregunta, dixo que en vida del dicho marques don Francisco Piçarro, tubo noticia este testigo queste caçique de Lima, que es el dicho don Gonzalo, hera del dicho marques, e que despues que murió vio este testigo como el dicho don Gonza-
f. 28v lo serbía // a doña Francisca Piçarro, su hija, hasta que la dicha doña Francisca fue a Castilla y que hagora es público e notorio que el dicho don Gonçalo está en caveza de Su Magestad.

A la septima pregunta, dixo que save este testigo que el dicho don Gonzalo es caçique prençipal deste repartimiento deste valle de Lima, porque como a tal caçique e señor be este testigo que le an obedeszido y obedesçen sus yndios, y que lo demas no la sabe.

A la otava pregunta, dixo que no se acuerda de lo contenido en la pregunta.

9. A la novena pregunta, dixo que lo que della save es que vido este testigo que en tienpo del dicho presidente Gasca, siendo Lorenço de Aldana corregidor desta dicha çiudad, le serbía el dicho don Gonzalo con sus yndios en lo que le mandava, y questo es lo que save desta pregunta.

10. A la deçima pregunta, dixo que dize lo que dicho tiene en la pregunta antes desta e que vio este testigo que en tienpo de las guerras pasadas deste reino, llebaban los españoles y soldados los yndios con cargas atados y con cadenas, e que no sabe este testigo que yndios heran, mas de que le paresze que por
f. 29 estar el dicho don Gonzalo y sus yndios // tan a la mano y junto desta dicha çiudad les cabria su parte de los travaxos como a los demas yndios comarcanos, y esto save desta pregunta.

11. A las honze preguntas, dixo que como dicho tiene no entró este testigo con el dicho marques en este valle y ansi no vio los yndios que entonzes avia ni conoszio al dicho Taulichusco, y que los que agora ay se remite a la tasa e padron que dellos se hizo que por ellos paresçera.

12. A las doze preguntas, dixo que no la save si los yndios se an despoblado y desnaturado de sus tierras, pero que save que an sido muy travaxados por caussa de las guerras pasadas deste reino por estar aqui tan juntos desta çiudad, porque este testigo lo a visto, y esto dixo desta pregunta.

13. A las treze preguntas, dixo que al tienpo queste testigo vino a esta dicha çiudad, vio como en este valle de Lima avia muchas arboledas de frutales de todo género de frutas desta tierra y que agora be que ay muy pocos, que le paresze a este testigo que faltan las dos terceras partes de los árboles que en-
f. 29v tonzes avia que se an cortado. //

14. A las catorze preguntas, dixo que lo que della le paresçe que esta çiudad de Los Reyes se fundó la mayor parte della en tierras del dicho don Gonzalo y sus yndios e que ansi le paresçe que se an dado muchas tierras para huertas y chacaras que son estançias a los vezinos y moradores desta dicha çiudad, porque este lo a visto como en dias pasados el dicho don Gonzalo pidio a algunos vecinos desta dicha çiudad algunas estançias diziendo ser suyas.

15. A las quinze preguntas, dixo que no la sabe.

16. A las diez y seis preguntas, dixo que este testigo le conosze al dicho don Gonzalo ser cristiano e de pocos dias a en tener dotrina en sus yndios en la Madalena que es donde él tiene su casa y asiento y los mas de sus yndios.

17. A las diez y siete preguntas, dixo queste testigo le a visto thener al dicho don Gonzalo muchos dias en tener cargo de alguaçil de los yndios, e que lo demas que no lo save.

18. A la última pregunta, dixo que dize lo que dicho tiene y es la verdad para el juramento que hizo y en ello se ratefició, aviendosele leido y señalolo de su rública. Va escrito entre
f. 30 renglones // o diz: save que por los españoles que deste valle alla yvan los yndios, e padron, vala. E va testado o diz: su padre del, h, que, de, no vala. Ante mi Pedro de Herrazti, escrivano de Su Magestad.

Testigo. El dicho Pedro de Balboa, residente en esta dicha çiudad, testigo presentado por parte del dicho don Gonzalo, aviendo jurado en forma de derecho e siendo preguntado por el thenor del dicho ynterrogatorio, dixo lo siguiente.

Generales. Preguntado por las preguntas generales, dixo que es de treinta e ocho años poco mas o menos e que no le enpeze ninguna de las generales de la ley.

1. A la primera pregunta, dixo que conosze al dicho don Gonzalo y a parte de sus prençipales e yndios e que no se acuerda aver conszido al dicho Taulichusco, su padre, mas de a Guachinamo, su hermano.

2. A la segunda pregunta, dixo que este testigo no entró con el dicho marques don Francisco Piçarro en este reino porque vino despues y que al tienpo que este testigo llegó a esta çiudad de Los Reyes, oyo dezir en ella a los españoles como estos yndios deste valle avian sido domesticos y abian benido al serviçio de
f. 30v españoles sin mucho apremio, y esto dixo // desta pregunta.

3. A la tercera pregunta, dixo que dize lo que dicho tiene en la pregunta antes desta.

4. A la quarta pregunta, dixo que como dicho tiene en la primera pregunta, este testigo no se acuerda aver conoszido al dicho Taulichusco, padre del dicho don Gonzalo, pero que es público e notorio que fue caçique prençipal deste dicho repartimiento de Lima, e que como dicho tiene, conoszio a Guachinamo anteçesor del dicho don Gonzalo, el caçique prençipal deste dicho repartimiento y despues subçedio en su lugar y en su caciçazgo el dicho don Gonzalo y al presente be este testigo que es caçique desde dicho repartimiento de Lima e que al tienpo queste testigo llego a esta dicha çiudad, vio que el dicho Guachinamo, anteçesor del dicho don Gonçalo, thenía muchos yndios a él sujetos por los bia serbir en esta çiudad al dicho marques, y esto save desta pregunta.

5. A la quinta pregunta, dixo que al tienpo queste testigo llego a esta çiudad oyo dezir en ella a los españoles como el dicho Guachinamo, anteçesor del dicho don Gonzalo, thenía mucha cantidad de tierras y heredades en este dicho valle en diversas partes del pero que otros yndios e caçiques comarcanos tenían
f. 31 tierras en este dicho valle, // pero que la mayor dellas oyo dezir este testigo que heran del anteçesor del dicho don Gonzalo testigo bio mucha parte dellas que las dava para los españoles el dicho marques don Francisco Piçarro para huertas y estançias y esto save desta pregunta.

6. A la sesta pregunta, dixo que despues que este testigo bino a esta tierra bio como el dicho Guachinamo, anteçesor de

el dicho don Gonzalo y sus yndios serbian al dicho marques don Francisco Piçarro mientras bibio, e despues a doña Francisca, su hija, y despues an servido los dichos yndios a otras perssonas y agora está el dicho don Gonzalo con los dichos sus yndios en cabeça de su Magestad, porque este testigo a visto traer los tributos a los oficiales reales desta dicha çiudad de lo que les está repartido por la tasa, y esto sabe desta pregunta.

7. A la septima pregunta, dixo queste testigo como dicho tiene en las preguntas desta no se acuerda del dicho Taulichusco mas desde Guachinamo que la pregunta dize, que él conoszio ser caçique prençipal deste dicho repartimiento de Lima, y esto save desta pregunta.

8. A la otava pregunta, dixo que ansi lo a oido dezir este
f. 31v testigo en esta dicha çiudad // a muchas personas al tienpo que vino a ella que quando el dicho Mango Ynga y los naturales desta tierra se revelaron contra los españoles, que los yndios deste valle sienpre avian servido a los españoles, y que no se acuerda aver oido dezir cosa en contrario.

A la novena pregunta, dixo que desde que este testigo vino a esta çiudad sienpre a visto questos yndios an servido al dicho marques y a los demas governadores que despues aca a avido en paz y en guerra en todo lo que le hera mandado, y esto save desta pregunta.

A la decima pregunta, dixo que dize lo que dicho tiene en la quarta pregunta antes desta e que por estar estos yndios aqui tan a la mano y junto desta dicha çiudad an sido sienpre los mas trabaxados en todas las guerras pasadas deste reino porque este lo a visto parte dello y a entendido anssi.

11. A las honze preguntas, dixo que dize lo que dicho tiene en la quarta pregunta y que al tienpo queste testigo bino a esta dicha çiudad avia muchos yndios en este valle de Lima e que le paresze que faltan muchos yndios dellos y queste testigo
f. 32 tiene para si la caussa dello // a sido estar tan çerca desta dicha çiudad y aver sido tan travaxados y aver salido tanta gente de guerra aqui en los tienpos pasados que los llevasen con cargas y de otra manera e se quedavan por alli en otros pueblos.

12. A la doze preguntas, dixo que dize lo que dicho tiene en la pregunta antes desta.

13. A las treze preguntas, dixo que sabe que al tienpo queste testigo entró en este reino avía en este dicho valle de Lima muy gran cantidad de arboleda de frutales e que agora ay pocos porque este testigo oy lo be y la causa dello a sido averse cortado

para edifiçios desta dicha çiudad y para otras cosas neçesarias a la çiudad y esto save desta pregunta.

14. A las catorze preguntas, dixo que dize lo que dicho tiene en la quinta pregunta e que save este testigo que al dicho don Gonzalo le an tomado muchas tierras para los vecinos e moradores desta dicha çiudad porque este testigo lo a visto y otras le an buelto tanbien, y esto sabe desta pregunta.

15. A las quinze preguntas, dixo que como dicho tiene a visto que el dicho don Gonzalo paga los tributos que por la visita f. 32v le estan mandados pagar // a Su Magestad a los oficiales reales desta dicha çiudad y que ansi ve este testigo que abrán pagado al dicho marques y a los demas a quien an servido porque nunca a visto este testigo quexarse a nadie dellos.

16. A las diez y seis preguntas, dixo que le conosze este testigo al dicho don Gonçalo por cristiano y que be que en su pueblo ay sienpre religiossos para la dotrina de sus yndios.

17. A la diez y siete preguntas, dixo queste testigo le a visto asi con bara de alguaçil de los yndios al dicho don Gonzalo y que cree este testigo que los que se la dieron, entendieron del que hera suficiente para aquello y que haría lo que la pregunta dize.

18. A la última pregunta, dixo que dize lo que dicho tiene y es la verdad para el juramento que hizo, leyosele su dicho e rateficose en él e firmolo de su nonbre. Va escripto entre renglones o diz: parte dello y ha, de alguazil de los yndios, vala. E testado o diz: m y esto, di, servir, y se rebelaron los na, no vala. Pedro de Balboa. Ante mi Pedro de Arrazti [sic], escrivano de Su Magestad.

Testigo. El dicho Gomez Caravantes Maçuelas, vezino desta dicha çiudad, testigo presentado por parte de el dicho don f. 33 Gonzalo, aviendo jurado e siendo preguntado // por el thenor del dicho ynterrogatorio por las preguntas para en que fue presentado, dixo lo siguiente.

Generales. Preguntado por los generales, dixo que es de hedad de mas de treinta e çinco años e que no le tocan ninguna de las generales de la ley.

1. A la primera pregunta, dixo que conosze al dicho don Goçalo y a visto a alguno de sus yndios y prençipales e que no se acuerda del dicho Taulichusco, su padre.

2. A la segunda pregunta, dixo que abrá veinte e quatro años poco mas o menos queste testigo bino esta tierra de España que ya estava en esta tierra en aquel tienpo conquistando

la mayor parte deste reino y los yndios los mas dellos e todo de paz.

3. A la tercera pregunta, dixo que save que quando se vino a poblar esta çiudad de Los Reyes questos yndios estavan de paz y que servian al marques don Francisco Piçarro y que no save que ubiese venido el dicho marques esta ves sino fue quando vino a poblar esta dicha çiudad, e que entonzes de paz estavan, e que esto save porque este testigo vino al tienpo que se pobló esta
f. 33v dicha çiudad del valle de Xauxa, donde primero fue // poblada e lo bido, y esto save desta pregunta.

4. A la quarta pregunta, dixo queste testigo no se acuerda como se llamava el caçique deste repartimiento ni que tantos yndios eran, mas de que save que heran artos mas yndios que los que agra ay.

5. A la quinta pregunta, dixo que como dicho tiene este testigo no se acuerda si Taulichusco hera caçique prençipal, mas de que save que los yndios y caçiques deste valle de Lima donde está fundada esta çiudad de Los Reyes thenian muy gran cantidad de tierras, y lo save porque fue por el audiençia real que reside en esta çiudad probeido este testigo para que quitasse las demasias de las tierras que tubiesen las personas a quien se las avia dado tierras para sus sementeras por el marques don Francisco Piçarro y por el cabildo desta dicha çiudad, y que sto save desta pregunta y que lo demas no save.

6. A la sesta pregunta, dixo queste testigo como dicho tiene no se acuerda del dicho Taulichusco pero que save que es caçique deste valle de Lima, cuyos yndios tiene e manda agora el
f. 34 dicho don Gonzalo y es caçique serbian al dicho marques // don Francisco Piçarro hasta que murió, e despues serbieron a doña Francisca Piçarro, su hija, porque este testigo lo via por estar en esta dicha çiudad e que agora dize que estan en cabeça de Su Magestad, e queste es lo que save desta pregunta.

7. A la septima pregunta, dixo que save que al presente es caçique deste repartimiento de Lima el dicho don Gonzalo y como tal le obedesçen sus yndios porque lo be muchas vezes, y que las demas que la pregunta dize no lo save.

8. A la otaba pregunta, dixo que lo que della save es que quando los yndios deste reyno se revelaron, estos yndios de Lima serbian y ayudavan al dicho marques porque este testigo lo bia, e que cree que harian lo que el dicho marques le mandase, y questo save desta pregunta.

9. A la novena pregunta, dixo que no lo a visto este testigo por no aver estado en esta çiudad en los tienpos que la pregunta dize pero que cree que si abrán servido porque es tan çerca desta çiudad de Los Reyes y juntos della estos yndios.

10. A la deçima pregunta, dixo que por lo que dicho tiene en
f. 34v la pregunta antes desta questos yndios // estan muy çerca desta dicha çiudad e él cree que abrian hecho lo que dize la pregunta o les abrán hecho hazer por estar aquí tan a la mano, y esto dixo desta pregunta.

11. A las honze preguntas, dixo que dize lo que dicho tiene en la pregunta antes desta.

12. A las doze preguntas, dixo que no lo a visto aunque cree que se abrian ydo algunos yndios y porque lo a visto en otros repartimientos este testigo.

13. A las treze preguntas, dixo que este testigo bio este valle de Lima lleno de los frutales que la pregunta dize y que agora no sino qual y qual, que todos se an cortado para edefiçios desta çiudad e para leña y carbon y otras cosas, y esto dixo desta pregunta.

14. A las catorze preguntas, dixo que sabe questa dicha çiudad de Los Reyes está fundada en las tierras del dicho don Gonzalo y sus yndios y ansi mismo muchas partes de sus tierras repartidas entre los vecinos e moradores desta çiudad para huertas y sementeras porque este testigo lo a visto como tiene dicho en las preguntas antes desta, y esto save desta pregunta.

f. 35 15. A las quinze preguntas, dixo // que no lo a visto, pero que cree que si abrán pagado como hazen los demas yndios deste reino y deste valle de Lima.

16. A las diez y seis preguntas, dixo que no la save mas de que le be al dicho don Gonzalo con ávito de cristiano e que tiene un monesterio de la horden de San Francisco en su pueblo que se dize la Madalena e que este testigo a visto estar alla un fraile algunas vezes que a ydo alla en la dotrina de los yndios.

17. A las diez y siete preguntas, dixo queste testigo le a visto thener bara de alguaçil de los yndios al dicho don Gonçalo, y que lo demas no lo sabe.

18. A la última pregunta, dixo que dize lo que dicho tiene y es la verdad para el juramento que hizo, leyosele su dicho y rateficose en él y firmolo de su nonbre. Va escripto entre renglones o diz: porque este testigo lo bio, y manda, vala. Y testado o diz: des, de, de, de, e, yndios, valle, alla, anda, no vale. Caravantes de Macuelas. Ante mi Pedro de Herrazti, escrivano de Su Magestad.

Testigo. La dicha doña Leonor Bilco Çiça, natural deste
f. 35v reino, de la ziudad del Cuzco, mujer // de Enrique Hernandez, pregonero desta çiudad de Los Reyes, testigo presentado por parte del dicho don Gonzalo Lima, aviendo jurado en forma de derecho y siendo preguntado por el thenor del dicho ynterrogatorio, dixo lo siguiente, porque esta yndia es ladina que habla la lengua castellana.

Generales. Preguntada por las generales, dixo que es de hedad de quarenta años poco mas o menos e que no le tocan ninguna de las generales de la ley.

1. A la primera pregunta, dixo que conosze al dicho don Gonçalo Lima, caçique prençipal deste repartimiento de Lima, e que tanbien conosze a algunos de sus prençipales y que no conosze al dicho Taulichusco, su padre.

2. A la segunda pregunta, dixo que abrá el tienpo que la pregunta dize poco mas o menos tienpo que estando este testigo en Guanuco con Guascar Ynga que yba a Caxamarca a resçevir a Atavalipa, supo esta testigo como abien benido los cristianos a esta tierra e que al dicho Atavalipa le tenyan presso por un mensajero que el dicho Atavalipa le enbió al dicho Guarcar
f. 36 Ynga, questo save desta pregunta. Va enmendado: Ynga. //

3. A la tercera pregunta, dixo que tres o quatro dias despues que el marques don Francisco Piçarro entró en este valle de Lima quando vino del Cuzco, entró ansimismo esta testigo en el dicho valle con el thesorero Alonso Riquelme, su señor, a quien sirbio y entonzes vio como los yndios deste valle de Lima le servian al dicho marques don Francisco Piçarro e le trayan mucho camarico e presentes de carneros de la tierra y abes e pescados y mayz e frutas de la tierra y de lo que ellos thenian e se holgavan mucho con el dicho Marques, e que entonzes bio esta testigo como un caçique viexo deste repartimiento de Lima, que no save como se llamaba, mas de que save que hera padre de Guachinamo y del dicho don Gonzalo, serbía con sus yndios al dicho marques porque esta testigo le bia benir con sus yndios con presentes para el dicho marques, y esto sabe desta pregunta.

4. A la quarta pregunta, dixo que como dicho tiene en la pregunta antes desta, este testigo conoszio a su padre del dicho Gonzalo e de Guachinamo, antecesor del dicho [testado: Guachi-
f. 36v namo] don Gonçalo (va testado: Guachinamo) // e que vio hera cacique prençipal deste repartimiento de Lima el padre de los suso dichos porque como a tal caçique prençipal le bio esta testigo benir a casa del marques muchas vezes con muchos yndios

tras de si, que save este testigo que en aquel tienpo abia muchos yndios en este valle de Lima porque esta testigo bio benir muchos yndios a esta çiudad para faser las cassas, pero que no save quantos eran y esto save desta pregunta.

5. A la quinta pregunta, dixo que estando este testigo con dicho thesorero Alonso Riquelme, vio como un dia bino a hablar al dicho thesorero, Guachinamo caçique que fue deste repartimiento de Lima y antecesor del dicho don Gonzalo, y preguntandole el dicho thesorero que quantas [tierras] thenía, le respondio el dicho Guachinamo que estas tierras de Lima y donde estava esta çiudad de Los Reyes heran suyas y abian sido de antecesores e que tanbien tenía en otras partes tierras por la comarca, e questo sabe desta pregunta y no otra cossa.

6. A la sesta pregunta, dixo que como dicho tiene en las
f. 37 preguntas antes desta, vio esta testigo como // su padre del dicho don Gonçalo y del dicho Guachinamo venía a casa del dicho marques y traían camarico y presentes porque esta testigo lo via desde la ventana de la casa del dicho thesorero Riquelme, y que despues que murio el padre de los susodichos tambien le servía el dicho Guachinamo, y que agora dize que el dicho don Gonzalo, suçesor del dicho Guachinamo sirve al rei, y esto sabe desta pregunta.

7. A la septima pregunta, dixo que como dicho tiene en las preguntas antes desta, este testigo conoszio al padre del dicho Guachinamo y del dicho don Gonzalo, e que despues que él fue caçique deste repartimiento de Lima el dicho [testado: Guachinamo] don Gonzalo y como tal caçique a visto esta testigo manda a sus yndios, pero que no save esta testigo como se llamaba el padre de los dichos Guachinamo y don Gonzalo, mas de le conoszio de vista que hera un caçique biejo, y esto save pregunta.

8. A la otaba pregunta, dixo que no la save porque esta tes-
f. 37v tigo (va testado do dezia: Guachinamo) // estava en el Cuzco quando el dicho Mango Ynga quiso matar a los cristianos, y que quando esta testigo bolbio a esta çiudad de Los Reyes, oyo dezir aqui a cristianos que estos yndios deste valle de Lima no se avían alçado.

9. A la novena pregunta, dixo que save esta testigo porque lo bido que quando Gonzalo Piçarro fue a Quito a buscar al vissorrei Blasco Nuñez Vela, llebaban los yndios deste valle de Lima e deste dicho repartimiento de Lima en cadenas y con cargas, e que quando la guerra de Francisco Hernandez tanbien los llevaron cargados los soldados que serbian al rey, pero que

entonzes no los llevaban en cadenas como en tienpo de Gonzalo Piçarro, y esto sabe desta pregunta e no otra cossa.

10. A la deçima pregunta, dixo que dize lo que dicho tiene en la pregunta antes desta.

11. A las honze preguntas, dixo que dize lo que dicho tiene en las preguntas antes desta y en la quarta pregunta.

12. A las doze preguntas, dixo que no la sabe.

13. A las treze preguntas, dixo que quando esta testigo bino
f. 38 a este // valle de Lima con el dicho thesorero Riquelme, su señor, vio como avia en este dicho valle muchos frutales de los que la pregunta dize, y que agora çinco años salio esta testigo al canpo para ir a una estançia suya y vio que avia pocos árboles.

14. A las catorze preguntas, dixo que dize lo que dicho tiene, en la quarta pregunta.

A las quinze preguntas, dixo que no lo save.

A las diez y seis preguntas, dixo que save que el dicho don Gonzalo es cristiano e que anda vestido como español e que es buen caçique, e questa testigo bio como el dicho don Gonzalo açotava a una yndia casada porque consentia que su marido se hechase con otras yndias y al yndio porque lo hazía y los reprehendia e reñia que no lo hiziese porque Dios se enoxava dello e que no lo avian de hazer porque hera gran pecado, y que por esto le paresçe a esta testigo que es buen cristiano, y que esta testigo a oydo dezir al dicho don Gonzalo y algunos de sus
f. 38v yndios como tienen un monesterio en su pueblo que // se dize Santa Madalena y frayles que muestran la dotrina cristiana a los yndios y a los que no la querian aprender, los açotan, e questo sabe desta pregunta.

17. A las diez y siete preguntas, dixo que no la save y que dize lo que dicho tiene y es la verdad para el juramento que hizo e leyosele su dicho y rateficose en él y no firmó porque dixo que no savia. Va testado o diz: por esta vaxo, dicho man, o, así es, Franziscos, no vala. Ante mi Pedro de Herrazti, escrivano de Su Magestad.[8]

Testigo. El dicho Fray Miguel de Orens, vicario provincial destos reinos del Piru e comendador desta cassa de Nuestra Señora de La Merçed, aviendo jurado en forma de derecho e

---

8. N. del E. El testimonio termina en la décimo séptima pregunta, y no en la décimo octava, como ocurre en los demás, no sabemos si por error de transcripción o si porque de esta manera figura en el manuscrito.

siendo preguntado por el thenor del dicho ynterrogatorio, dixo lo siguiente.

Generales. Preguntado por las generales, dixo que es de edad de sesenta años e mas, e que no le enpezen ninguna de las generales de la ley.

1. A la primera pregunta, dixo que conosze al dicho don Gonzalo Lima de mas de diez y ocho años a esta parte e que bien cree este testigo que conoszio a su padre pero que no por el non-
f. 39 bre se acuerda del. //

2. A la segunda pregunta, dixo que sabe que abrá el tienpo que la pregunta dize poco mas o menos que el dicho don Francisco Piçarro entró en este reino porque este testigo a veinte e seis años que vino la primera vez a este reino y entonçes ya estava ganado este reino por el dicho marques e conquistado los yndios.

3. A la tercera pregunta, dixo que no la sabe porque no estaba entonzes aquí este testigo, mas que save y a visto que sienpre que dicho don Gonzalo sirvio bien al dicho marques don Piçarro y a doña Francisca, su hija, hasta que salio desta para çibdad para ir a Castilla porque los tenía por encomienda de su padre, y esto sabe desta pregunta.

4. A la quarta pregunta, dixo que no la sabe porque no se acuerda del dicho Taulichusco por su nonbre.

A la quinta pregunta, dixo que no la save.

A la sexta pregunta, dixo que dize lo que dicho tiene en la tercera pregunta.

f. 39v 7. A la septima pregunta, dixo que save e a visto e ve // dicho don Gonçalo Lima es caçique prençipal deste repartimiento de Lima, pero que no save por cuya muerte le bino el caçicazgo.

8. A la otaba pregunta, dixo que sabe e a visto este testigo el dicho don Gonzalo y sus yndios sirbieron muy bien al dicho marques don Francisco Piçarro, pero que no sabe si servieron en la paçificaçion de los naturales desta tierra quando se revelaron.

9. A la novena pregunta, dixo que le paresçe a este testigo que ansi lo harian e que avian de servido [sic] en lo que les a sido mandado porque sienpre los a visto pacíficos y buenos yndios en especial al dicho don Gonzalo que se trata como cristiano y es buen yndio.

10. A la deçima pregunta, dixo que dize lo que dicho tiene en la pregunta antes desta e que por estar el dicho don Gonzalo y sus yndios tan a la mano y junto desta çiudad de Los Reyes de manera que la pregunta dize an sido muy travaxados en todas

las guerras pasadas deste reyno, porque parte dello ha visto este testigo e lo que no a visto es público e notorio.

11. A las honze preguntas, dixo que le paresçe a este testigo
f. 40 que como // se an muerto otros yndios deste reino, se an muerto estos tanbien y que mas se mueren en borracheras que hazen que otro travaxo alguno que al presente tengan.

12. A las doze preguntas, dixo que no la save mas de que sabe que los yndios de su condiçion son tan grandes bagamundos no sera mucho que se ayan ydo a bibir a otras partes por huir del travaxo.

13. A las treze preguntas, dixo que es verdad que al tienpo que los españoles entraron en ese reino avia en este valle de Lima muchas arboledas e frutales porque este testigo lo bido quando bino a esta dicha çiudad y agora be que todos o los mas se an cortado e destruido para edificios de los españoles.

14. A las catorze preguntas, dixo que sabe questa dicha çiudad de los Reyes está fundada en las propias tierras del dicho don Gonzalo y de sus yndios porque esto donde está la çiudad se dezia Lima y el dicho don Gonzalo y sus anteçesores fueron señores deste repartimiento de Lima, y que sabe y a bisto este
f. 40v testigo que mu // chas tierras deste repartimiento de Lima se an dado a los vecinos e moradores desta dicha çiudad para huertas e para estançias y para senbrar e que para los yndios que agora son que no ay mas de dozientos como ellos dizen que le paresze a este testigo que tienen harta tierra que segun lo poco que travaxan que si no les hazen travaxar que cada día vendran en disminuzion.

15. A las quinze preguntas, dixo que les paresçe que es ansi como la pregunta lo dize que abrán pagado y pagan los tributos porque ve para con este pelado [sic: prelado].

16. A las diez y seis preguntas, dixo que save que el dicho don Gonzalo es cristiano pero que no sabe las obras que haze e que ansimismo save que a tenido e tiene relixiosos en su pueblo para la dotrina de los yndios que se los an puesto y el dicho don Gonzalo los a faborescido y ayudado en todo lo que a podido porque testigo a visto parte dello y lo que no a visto es público.

17. A las diez y siete preguntas, dixo que este testigo le a visto al dicho don Gonzalo con bara de alguaçil, pero que no sabe
f. 41 para efeto se lo darian. //

18. A la última pregunta, dixo que dize lo que dicho tiene y es la verdad para el juramento que hizo, leyosele el dicho e rateficose en él y firmolo de su nonbre. Va testado o diz: es, lex, n,

de Lima, no vala. Micael de Orens. Ante mi Pedro de Herrazti, escrivano Su Magestad.

Testigo. La dicha doña Ynes Muñoz, muger de don Antonio de Ribera, vezino desta dicha çiudad de Los Reyes, testigo presentado por el dicho don Gonzalo Lima, aviendo jurado en forma de derecho e siendo preguntado por el thenor del dicho ynterrogatorio, dixo lo siguiente.

Generales. Preguntado por las generales, dixo que es de hedad de mas de quarenta años y que no le tocan las generales de la ley.

1. A la primera pregunta, dixo que conosze al dicho don Gonçalo Lima e algunos de sus prençipales e yndios porque este testigo se a servido dellos e que conoszio a Guachinamo, su hermano, pero que no se acuerda de Taulichusco, su padre del di-
f. 41v cho don Gonzalo, aunque bien cree que le conoszio. //

2. A la segunda pregunta, dixo que sabe que abia el tienpo que la pregunta dize poco mas o menos años que el dicho marques don, Francisco Piçarro entró en este reino a conquistarlo para poner los naturales del en servicio de Dios y de Su Magestad porque quando se fundó esta çibdad de Los Reyes se halló este testigo presente aqui, y esto save desta pregunta.

3. A la terzera pregunta, dixo que quando el dicho marques don Francisco Piçarro vino de Xauxa a poblar e fundar esta dicha çiudad de Los Reyes, que los yndios deste valle de Lima estavan de paz e luego en biniendo aquí le començaron a servir y ansi tomó para si estos yndios deste repartimiento de Lima y se sirbio dellos hasta que murio, e despues que se murió serbieron a doña Francisca Piçarro, su hija, hasta que salio de aquí para ir a Castilla porque este testigo lo bio pasó ansi, y esto sabe desta pregunta.

4. A la quarta pregunta, dixo que no se acuerda este testigo bien del padre del dicho don Gonzalo, pero que sabe e vio esta testigo que en aquel tienpo heran muchos indios los deste repartimiento de Lima, pero que no save quantos heran ni lo demas
f. 42 que la pregunta. //

5. A la quinta pregunta, dixo que cree este testigo que ansi seria como la pregunta porque no avia en este reino mas que un señor y despues del cada uno hera señor de su tierra.

6. A la sesta pregunta, dixo que dize lo que dicho tiene en la terzera pregunta.

7. A la septima pregunta, dixo que esta testigo conoszio al dicho Guachinamo que la pregunta dize, que cree esta testigo que en nonbre de cristiano se llamava don Francisco, ser caçique prençipal deste repartimiento de Lima, el qual murió abrá doze años poco mas o menos e por su muerte subçedio en su lugar el dicho don Gonzalo, que al presente be esta testigo que es caçique prençipal deste repartimiento de Lima, y esto save desta pregunta.

8. A la otava pregunta, dixo que vio esta testigo que al tiempo que el dicho Mango Ynga se rebeló y dieron çerco los indios rebelados a esta dicha ciudad, questo indios deste repartimiento de Lima que tiene el dicho don Gonçalo estubieron buenos y no se alzaron y serbieron sienpre al marques en todo lo que les
f. 42v mandava que fue muy gran parte para que los espa- // ñoles se pudiesen sustentar, y esto save desta pregunta.

9. A la novena pregunta, dixo que save esta testigo que por estar esta çibdad de Los Reyes fundada en sus mismas tierras de el dicho don Gonzalo e de sus indios e por estar aqui tan çerca él y sus indios an sido muy travaxados en todas las guerras pasadas deste reyno, ansi de los españoles como de yndios y que reçiben mucho perjuicio con los negros de los vecinos e moradores desta dicha ciudad porque les hurtan e comen sus comidas y que lo sabe porque esta testigo le a thenido en su casa al dicho don Gonzalo e se a servido del quando tubo en su casa a la dicha doña Francisca Piçarro e quando el dicho marques se sirbio del porque esta testigo hera su cuñada.

10. A la deçima pregunta, dixo que dize lo que dicho tiene en la pregunta antes desta.

11. A las honze preguntas, dixo que dize lo que dicho tiene en las preguntas antes desta y que cree esta testigo que abrán benido en gran diminuçion porque otros yndios que esta testigo tiene en los términos desta ciudad an hecho lo mismo con estar
f. 43 mas // lexos que estos y con aver tenido menos travaxos, y esto dixo desta pregunta.

12. A las doze preguntas, dixo que save esta testigo que algunos de los yndios del repartimiento de Lima se an desnaturado de su tierra y se an ydo a bibir a otros pueblos porque esta testigo a bisto algunos dellos en los pueblos deste testigo que se an ydo alla a bibir, y esto save desta pregunta.

13. A las treze preguntas, dixo que save e vido que quando los españoles binieron a esta tierra abia en este valle de Lima muchas arboledas e frutales y que agora ay muy pocos porque

los an cortado para leña y carbon e para otras cossas, y esto sabe desta pregunta.

14. A las catorze preguntas, dixo que save esta testigo questa çibdad está fundada en las tierras del dicho don Gonçalo y todas las tierras para senbrar y para huertas que los vecinos e moradores desta çiudad tienen aqui asi aderredor de la çiudad
f. 43v fueron suyas e de sus yndios, porque esta testigo // bio quando se fundó esta ciudad como traía aqui sus sementeras y frutales, e que save este testigo que ansi para sitio desta çibdad como para huertas y para senbrar les an tomado muchas tierras, pero que no sabe las que les an quedado, y esto dixo desta pregunta.

15. A las quinze preguntas, dixo que save e vio esta testigo que en el tiempo del dicho marques servian estos yndios sin tasa al dicho marques en todo lo que les mandava, e despues bio ansimesmo como serbian a doña Francisca, su hija, con tasa porque en casa desta tesse cobraban los tributos para la dicha doña Francisca, y que tanbien pagan agora el tributo que por la visita les está mandado dar para Su Magestad, porque algunas vezes por no tener ellos dineros con que lo pagar le pide dineros prestados para ello el dicho don Gonzalo a esta testigo, y esto sabe desta pregunta.

16. A las diez y seis preguntas, dixo que desde que el dicho don Gonzalo es cristiano que nunca esta testigo a oído decir del
f. 44 que aya hecho // cosa que sea en deservicio de Dios como suelen hazer otros yndios deste reyno, y que tiene en su pueblo frailes Frančiscos para la dotrina de sus yndios.

A las diez y siete preguntas, dixo que en esta tierra no se acostunbra hazer alguaçiles de los yndios a los caçiques sino a otros yndios, e queste testigo le ha visto al dicho don Gonçalo con la vara de alguacil e que debía de ser para que le respectasen a él mejor y persuadiese a los dichos yndios a que fuesen cristianos y porque los llevase a la doctrina, y esto dixo desta pregunta.

18. A la última pregunta, dixo que dize lo que dicho tiene y es la verdad para el juramento que hizo, leyosele su dicho e rateficose en él y señalolo de su señal y rúbrica. Va escripto entre renglones o diz: al derredor de la ziudad, vala. E testado o diz: asi es como la pregunta dize por murió, estuvo, su, los, tris y partes, no vala. Ante mi Pedro de Herrazti, escribano de Su Magestad.

Testigo. La dicha doña Ynes Yupanqui, hija que dixo ser de f. 44v Guaina Caba, señor // que fue deste reyno, mujer de Francisco de Anpuero, vezino desta çibdad de Los Reyes, aviendo jurado en forma de derecho y siendo preguntado por el thenor del dicho interrogatorio, dixo lo siguiente.

Generales. Preguntada por las generales, dixo que [no] sabe la hedad que tiene y por su aspecto paresçe ser de trinta e zinco años poco mas o menos e que no le enpezen ninguna de las preguntas generales de la ley.

1. A la primera pregunta, dixo que conosze al dicho don Gonzalo Lima y algunos de sus yndios y conoszio al dicho Taulichusco, su padre.

2. A la segunda pregunta, dixo que quando el dicho marques entró en este reino con los españoles a conquistar, esta testigo estaba en el Cuzco que hera muchacha, pero que no save quantos años a, y esto dixo a esta pregunta.

3. A la tercera pregunta, dixo que quando el dicho marques don Francisco Piçarro vaxó a este valle de Lima, esta testigo no bino entonces con él sino tres semanas o quatro despues poco f. 45 mas o menos y entonzes // bio como el dicho Taulichusco, padre del dicho don Gonzalo, y sus [yndios] servian al dicho marques, porque esta testigo estava en la misma cassa del marques e lo via, y esto sabe desta pregunta.

4. A la quarta pregunta, dixo que sabe esta testigo que el dicho Taulichusco hera señor e caçique prençipal deste repartimiento de Lima porque esta testigo bio que como a tal caçique e señor le obedesçian e serbian sus yndios y que ansimismo save esta testigo que entonzes avia muchos yndios en este repartimiento sujetos al dicho Taulichusco porque esta testigo yba algunas vezes a casa del dicho Taulichusco donde estava el pueblo de sus yndios y los bia, pero que no save que tantos heran, y esto sabe desta pregunta.[9]

6. A las sesta pregunta, dixo que sabe esta testigo que por ser el dicho Taulichusco buen yndio, le tomó el dicho marques don Francisco Piçarro para si e tanbien porque el dicho Taulichusco le dixo que no quería serbir a otro español syno a él y f. 45v ansi vio esta testigo que lo sirvio al dicho marques // hasta que murió, y despues que murio sirbio el dicho don Gonzalo, hijo del dicho Taulichusco, con sus yndios a doña Francisca Pizarro, hija

9. N. del E. Ver la quinta respuesta unas líneas abajo (error del manuscrito).

del dicho marques y desta testigo, hasta que salio desta ciudad para ir a Castilla, porque el dicho Taulichusco y Guachinamo, su hijo, hermano mayor del dicho don Gonzalo, murieron primero que el dicho marques, y esto save desta pregunta.

5. A la [testado: sesta] [entre renglones: quinta] pregunta, dixo que cree que las tierras del sitio desta ciudad de Los Reyes heran del dicho Taulichusco y de sus yndios porque hera señor deste repartimiento de Lima y todas las tierras que entravan en su repartimiento heran suyos y de sus yndios porque cada caçique tenía sus tierras señaladas, y questa testigo no sabe que otros yndios tubiesen parte en estas tierras deste repartimiento de Lima, y esta dixo a esta pregunta.

7. A la séptima pregunta, dixo que save esta testigo que en vida del dicho Taulichusco mandava el dicho Guachinamo sus yndios por ser el Taulichusco muy bien biejo y despues que
f. 46 murieron (va entre renglones: quinta, vala. Y testado, sesta) // el dicho Taulichusco, padre y hermano del dicho don Gonzalo, susçendio en su cacicazgo del repartimiento de Lima el dicho don Gonzalo, que al presente es caçique, y esto dixo desta pregunta.

8. A la otaba pregunta, dixo que save e vido este testigo que quando el dicho Mango Ynga se rebeló y los yndios binieron a dar çerco a esta ciudad, questa testigo bio que el dicho don Gonzalo siendo muchacho y Taulichusco su padre y Guachinamo su hermano y sus yndios serbian al dicho marques e le traian de comer e yerba para los cavallos, y esto sabe desta pregunta.

9. A la novena pregunta, dixo que dize lo que dicho tiene en la pregunta antes desta.

10. A la deçima pregunta, dixo que dize lo que dicho tiene en la otaba pregunta.

11. A las onze preguntas, dixo que dize lo que dicho tiene en la quarta pregunta.

12. A las doze preguntas, dixo que ansi lo a oído dezir esta testigo, que algunos yndios deste repartimiento de don Gonzalo que an huido a bibir a otras partes porque les hazen trabaxar
f. 46v mucho. //

13. A las treze preguntas, dixo que save e vio esta testigo que al tienpo que el dicho marques vino a este valle de Lima avia muchas arboledas e frutales y en el sitio donde está esta çibdad de Los Reyes avia muchos frutales y esta testigo los bio cortar para hazer las cassas, pero que no save que arboledas ay agora en el valle.

14. A las catorze preguntas, dixo questa testigo oyo dezir al dicho Taulichusco, padre del dicho don Gonzalo, que las tierras donde estava esta ciudad fundada heran suyas y que le tomavan sus tierras e dezia al dicho marques don Francisco Piçarro que porque le tomava sus tierras, que donde abian de senbrar sus yndios y que si le tomava las tierras que se le huirian los yndios, y el dicho marques le respondia que no abia donde poblar la ciudad si no hera aquí y que de fuerça se abian de tomar, y esto save desta pregunta.

15. A las quinze preguntas, dixo que vio esta testigo que el dicho Taulichusco, padre del dicho don Gonzalo, y Guachinamo, su hijo, hermano mayor del dicho don Gonzalo, pagavan los
f. 47 tributos al dicho marques don Francisco Piçarro // e despues a doña Francisca, su hija, y que cree que tanbien lo pagan agora al rey, y esto dixo desta pregunta.

16. A las diez y seis preguntas, dixo que save esta testigo que el dicho don Gonçalo es cristiano y que lo demas que la pregunta dize lo a oydo dezir a sus yndios.

17. A las diez y siete preguntas, dixo questa testigo le ha visto thener bara de alguacil al dicho don Gonzalo, pero que no save para que la traia.

18. A la última pregunta, dixo que dize lo que dicho tiene y es la verdad para el juramento que hizo y en ello se rateficó aviendosele leido e no firmó porque dixo que no sabía, lo qual declaró sin ynterprete porque habla y entiende la lengua castellana. Va escripto entre renglones o diz: que dixo ser esta testigo presente, vala. E testado o diz: de, que, en el, quieta, porque este tsetigo, vala. Ante mi Pedro de Herrazti, escrivano de Su Magestad.

Testigo. El dicho Bernaldo Ruiz, vezino desta dicha ciudad, testigo presentado por parte del dicho Gonzalo Lima, aviendo jurado e siendo preguntado por el thenor del dicho ynterrogato-
f. 47v rio, dixo lo siguiente. //

Generales. Preguntado por las generales, dixo que es de hedad de çinquenta años poco mas o menos e que no le enpezen ninguna de las generales de la ley.

1. A la primera pregunta, dixo que conosze al dicho don Gonzalo Lima y algunos de sus yndios y que no se acuerda del dicho Taulichusco.

2. A la segunda pregunta, dixo queste testigo no entró en este reino con el dicho marques don Francisco Piçarro y que

despues bino este testigo el año de treinta e quatro y entonzes ya estaba conquistado casi todo el reino hasta el Cuzco.

3. A la tercera pregunta, dixo queste testigo no se halló en esta çibdad al tienpo que el dicho marques entró la primera bez en este valle de Lima porque quando oyo decir que todos estos yndios comarcanos a esta ciudad y los del dicho don Gonçalo le salieron a servir de paz.

4. A la quarta pregunta, dixo que no la sabe porque no se acuerda del dicho Taulichusco, padre del dicho don Gonçalo, ni sabe los yndios que thenía.

5. A la quinta pregunta, dixo que lo que della save es que f. 48 los dichos yndios que agora son sujetos // al dicho don Gonzalo y sus anteçesores tenian la mayor parte de las tierras donde está fundada esta çibdad de Lima e de ay tomó esta ciudad de Los Reyes, por otro nonbre el nonbre Lima por llamarse asi el valle de Lima, y que thenian por superiores al ynga como todos los demás yndios desta tierra.

6. A la sesta pregunta, dixo que save que el dicho marques se servía de los indios deste repartimiento de Lima, de que es al presente caçique don Gonzalo y lo hera entonzes Guachinamo, todo el tienpo que el dicho marques bibio y despues a sus herederos porque lo bido, y agora están en caveça de Su Magestad porque los oficiales reales desta çibdad cobran por los tributos dellos y este testigo como vecino e lo sabe.

7. A la séptima pregunta, dixo que como dicho tiene en las preguntas antes desta conoszio al dicho Guachinamo, hermano y anteçesor del dicho don Gonzalo, ser cacique deste repartimiento de Lima y agora ve que es el dicho don Gonzalo y que abrá los doze años poco mas o menos que la pregunta dize (va f. 48v enmendado: Lima, vala) // que el dicho Guachinamo murio y suçedio el dicho don Gonzalo en su señorío y caçicazgo.

8. A la otaba pregunta, dixo que lo que della save es que los dichos yndios sujetos al dicho don Gonzalo serbieron al dicho marques como dicho tiene en lo que les mandava y serbian al tienpo que se reveló el dicho Mango Ynga al marques y a los cristianos en lo que se les mandava porque este testigo se halló presente y lo bido.

9. A la novena pregunta, dixo que dize lo que dicho tiene en la pregunta antes desta, y que tanbien an serbido al tienpo de las guerras pasadas deste reino como los demas yndios cercanos a esta çibdad en lo que se les mandava por la justicia de Su Magestad

10. A la deçima pregunta, dixo que dize lo que dicho tiene en las preguntas antes desta.

11. A las honze preguntas, dixo que dize lo que dicho tiene preguntas antes desta y que no pueden dexar de aver benido en diminuçion como los demas yndios.

12. A las doze preguntas, dixo que no la sabe.

f. 49 13. A las treze preguntas, dixo que // save este testigo porque lo bido que en este valle de Lima avía muchas arboledas y frutales al tienpo que vino este testigo y que agora no ay tantos como solia aver.

14. A las catorze preguntas, dixo que sabe este testigo que esta ciudad de Los Reyes está fundada en tierras que heran de los yndios sujetos al dicho don Gonzalo y algunos de sus tierras están repartidas entre los vecinos e moradores desta dicha çiudad para huertas e chacaras para serbir poque anssi a oido que heran suyas, lo qual es público e notorio.

15. A las quinze preguntas, dixo que cree este testigo que habrán pagado los tributos los yndios del dicho don Gonzalo que por la tassa les estava mandado y al presente save que los pagan a Su Magestad, porque este testigo como vezino lo sabe.

16. A las diez y seis preguntas, dixo que sabe que tiene nonbre de cristiano y anda vestido como español el dicho don Gonzalo, que es thenido por cristiano, y que sienpre a visto estar religiosos Françisco en su pueblo en la dotrina de sus yndios.

17. A las diez y siete preguntas, dixo que este testigo le ha
f. 49v visto ser alguacil // de los yndios al dicho don Gonçalo con bara, e que los demas no lo sabe, e mas de que para ser yndio es buen yndio e por tal le tiene este testigo y amigo de españoles.

18. A la última pregunta, dixo que dize lo que dicho tiene y es la verdad para el juramento que hizo, leyosele su dicho y rateficose en él e firmolo de su nonbre. Va testado o diz: g, y el, y la mayo, ayudado, no vala. Y vale escripto entre renglones o diz: ce, porque lo bido, vala. Bernaldo Ruiz. Ante mi Pedro de Herrazti, escribano de Su Magestad.

En los Reyes, veinte e siete días del mes de julio de mil e quinientos e çinquenta e nueve años, el dicho don Gonzalo caçique presentó por testigo en esta causa a don Hernando Llaxaguayla, caçique prençipal de Pachacama, el qual por lengua de Juan de Alvarado yntérprete [sic] desta real audiençia, juró por Dios nuestro señor sobre la señal de la cruz en forma de derecho e dixo si juro e amen e prometio de dezir verdad, e aviendo jurado e siendo preguntado por las preguntas del dicho ynterrogatorio, dixo e depuso lo siguiente.

1. A la primera pregunta, dixo que conosze al dicho don
f. 50 Gonzalo, caçique de Lima // e a sus prençipales e yndios, e tiene notiçia de sus pueblos e tierras porque los a visto e tratado con ellos desde tienpo de los yngas porque todos ellos en aquel tienpo fueron sujetos a este testigo e a sus pasados.

Generales. Preguntado por las preguntas generales, dixo que no sabe la hedad que tiene, mas de que paresçe ser de hedad de ochenta años poco mas o menos e que no es pariente deste testigo ni le tocan otras generales de que dira verdad.

2. A la segunda pregunta, dixo que puede aver el tienpo que en ella se dize que el dicho marques don Francisco Piçarro entró en este reino a lo que la pregunta dize.

3. A la terzera pregunta, dixo que despues que el dicho marques entró en este valle de Lima para poblar esta çibdad, vio este que el dicho Taulichusco caçique, padre del dicho don Gonzalo, acudio al dicho marques para lo servir y lo serbio y tributó con oro e plata e comidas y ropa e con lo que thenian e podian.

4. A la quarta pregunta, dixo que es verdad que este testigo
f. 50v vio que el dicho // Taulichusco a la sazón que la pregunta dize hera señor prençipal deste valle de Lima e thenía tres mil y tantos yndios poco mas o menos a él sujetos que le servian, e que de los dichos tres mil yndios él hera el señor prençipal porque abía otros caçiques de otros valles de su comarca que cada uno thenía señorío sus yndios o heran sujetos al dicho Taulichusco.

5. A la quinta pregunta, dixo queste testigo save que el dicho Taulichusco Y los dichos sus yndios tenian e poseyan las chacaras que abia en este valle de Lima sin reconoszer otro señor ni caçique sino solamente a los yngas como señores que heran destas tierras, sabelo porque lo bio ser e pasar ansi hasta que los españoles binieron.

6. A la sesta pregunta, dixo queste testigo save que el dicho Taulichusco hera buen caçique y tenía buena boluntad a los cristianos e al dicho marques, e le ayudaron él y sus yndios contra los naturales que se rebelaron contra los dichos espanoles por mandado de Mango Ynga hasta que alçaron el zerco que thenian puesto a los españoles en esta çiudad e anssi el dicho
f. 51 marques // por thener el dicho caçique muchos yndios los tomó para si y sirbio dellos todo el tienpo que el dicho marques bibio e despues sirbieron a sus hijos hasta que los pusieron en cabeça de Su Magestad.

7. A la septima pregunta, dixo que save que despues de muerto el dicho Taulichusco, subçedio en el dicho caçicazgo Guachinamo e que no sabe si era cristiano, mas de que en tienpo de Gonzalo Piçarro murio el dicho Guachinamo en esta çibdad e por su muerte subçedio en el dicho caçicazgo el dicho don Gonzalo que al presente es cacique, e questo es lo que save desta pregunta.

8. A la otava pregunta, dixo que dize lo que dicho tiene en la pregunta antes desta e que desde que el dicho marques entró en este valle vio muchas vezes que el dicho don Gonzalo e sus Yndios y el dicho su padre serbian al dicho marques y españoles que consigo thenía ansi en el llevar cargas e comidas y otras cossas y en ayudallos a conquistar esta tierra contra los naturales que abia rebelados e no querian benir de paz, y que
f. 51v al tienpo que Mango Ynga se rebeló contra // los españoles y vino a poner çerco a esta cibdad, el dicho Taulichusco, padre del dicho don Gonzalo, y el dicho don Gonzalo y sus hermanos e yndios ayudaron al dicho marques y españoles que consigo thenía contra el dicho Mango Ynga e sus yndios hasta que le hizieron alçar el dicho çerco e se fue huyendo, y que todo ello y lo demas que le mandava hizieron de buena boluntad y servieron en ello e fueron en seguimiento de el dicho Mango Ynga hasta que se pacificó y se allanó esta tierra, a ansi es público y notorio y este testigo bio lo que dicho tiene e ansi es público y notorio y este testigo bio lo que dicho tiene, y esto es lo que sabe desta pregunta.

9. A la novena pregunta, dixo queste testigo a visto que en todas las cosas que la pregunta dize el dicho don Gonçalo an servido a Su Magestad en todo lo que los dichos governadores e capitanes les an mandado haziendolo de buena boluntad con lo que thenian y se les pedia e podian dar.

10. A las diez preguntas, dixo que por aver estado el dicho Taulichusco e don Gonzalo, su hijo, tan a la mano, a visto este testigo que a sido muy fatigado ansi en serbir como en dar co-
f. 52 midas e camarico a los governadores e capitanes pasados // ansi para la guerra del alçamiento de los yngas y naturales como para las guerras y alteraçiones como lo a sido ansimismo este testigo con estar quatro leguas desta çibdad.

11. A las honze preguntas, dixo que dize lo que dicho tiene en la quarta pregunta e que al presente seran al paresçer deste testigo çiento e çinquenta yndios poco mas o menos porque se an ydo disminuyendo con el mucho travaxo que an tenido con las

dichas guerras y con llebar las cargadas a la sierra e morirse en el camino e enfermar e por thener falta de comida a causa de se lo aver robado.

12. A las doze preguntas, dixo que en tiempo pasado ha visto este testigo que muchos de los dichos yndios se an ydo e ausentado de su natural e ydo a vivir a otras partes, e ansi lo an hecho los deste testigo e an dexado sus mugeres e casas e haziendas.

13. A las treze preguntas, dixo que ansi lo vio este testigo como la pregunta dize en tiempo que el dicho marques comenzo a poblar esta çibdad que estava todo lleno de arboleda y frutales de diversas frutas desta tierra e que agora todo está perdido e
f. 52v desmontado, // que los an quitado todos que hasta las raizes no an dexado.

14. A las catorze preguntas, dixo questa çiudad está fundada en tierras del dicho don Gonzalo caçique e de sus yndios y la mayor parte dellas se las tienen tomadas para casas e chacaras e huertas e los dichos yndios estan en la menor parte de las dichas sus tierras porque no les a quedado mas y todas casi se las tienen tomadas porque de quatro partes de tierras les an tomado las tres.

15. A las quinze preguntas, dixo que lo en ella contenido lo a oido dezir por público e notorio en este valle e lo cree e tiene por çierto y algunas vezes lo a visto.

16. A las diez y seis preguntas, dixo que este testigo a visto que don Gonzalo es cristiano despues que el dicho marques entró en este valle y despues aca a entendido en dotrinar sus yndios y que ansimismo [para que] sean cristianos a avido en su pueblo padres religiosos que los dotrinan.

17. A las diez y siete preguntas, dixo queste testigo bio que despues de ydo el dicho presidente Gasca, el dicho don Gonzalo fue nonbrado por alguaçil por esta real audiençia para lo que la pregunta dize porque lo thenian por buen yndio e deligente
f. 53 para ello. //

18. A las diez e ocho preguntas, dixo que lo que dicho tiene de suso es la verdad para el juramento que hizo y en ello se rateficó y no lo firmó porque dixo que no sabía ni el dicho yntérpete [sic] porque no supo. Diego Muñoz.

En Los Reyes, veinte e nueve dias del mes de julio de mil e quinientos e çinquenta e nueve años, el dicho don Gonzalo caçique presentó por testigo para la dicha provança, a un yndio que dixo llamarse Santiago Chimamaça, natural del pueblo llamado

Anonos, en la provincia de Tomebanba, el qual por lengua de don Martín, yntérprete desta real audiençia, juró por Dios nuestro señor e sobre la señal de la cruz en forma de derecho e dixo si juro e amen e prometio de dezir verdad, e aviendo jurado e siendo preguntado por las preguntas del dicho ynterrogatorio dixo e depuso lo siguiente.

1. A la primera pregunta, dixo que conosze al dicho don Gonçalo caçique e a sus prençipales e yndios porque siendo este testigo criado del marques don Francisco Piçarro despues que se fundó esta çibdad trató con el dicho don Gonzalo y sus yndios e conoszio al dicho Taulichusco, su padre, de la misma manera. Ge-
f. 53v nerales. Preguntado por las preguntas generales, // dixo que no save la hedad que tiene, paresçe ser de hedad de çinquenta años mas o menos y que no le toca las generales e que dira verdad.

2. A la segunda pregunta, dixo que save que el dicho marques don Francisco Piçarro fue el primer español y governador que entró en este reino e pobló esta çiudad y desde Xauxa este testigo bino con él en ella, e que no sabe ni se acuerda que tanto tienpo puede aver.

3. A la tercera pregunta, dixo que luego como bino el marques a este valle, el dicho Taulichusco le salio de paz e començo a servirle él y sus yndios e haser lo que les mandava e sus casas e le davan comida e lo que thenian.

4. A la quarta pregunta, dixo que el dicho Taulichusco vio este testigo que hera caçique prençipal deste valle de Lima y thenia mucha cantidad de yndios, e no sabe quantos serian porqúe no los contó.

[Entre renglones: 5. A la quinta pregunta, dixo que este vio las tierras y chacaras en que esta çiudad está fundada heran tierras del dicho Taulichusco e de sus yndios e como tales suyas las poseyan e tenian en ellas sus chacaras y sementeras].

6. A la sesta pregunta, dixo queste testigo bio que luego que el dicho marques entró en este valle, el dicho Taulichusco lo serbio con sus yndios y se lo coxio para si por ser buenos yndios e tener grandes tierras, y despues del dicho marques sirbieron a doña Francisca, su hija, del dicho tienpo a esta parte y ansi an serbido sirben agora a Su Magestad y ansi lo a visto este testigo.

Va entre renglones lo que se contiene en la quinta pregunta.
f. 54 Y emendado: sesta, vala. Y testado: quinze //

7. A la septima pregunta, dixo que ansi lo bio este testigo como la pregunta lo dize siendo este testigo criado del dicho marques

8. A la otava pregunta, dixo queste testigo bio que al tiempo que se alçó Mango Ynga, el dicho marques enbio españoles desta çiudad a dibersas partes e con ellos ynbiaba yndios con cargas que yban diez e ocho e veinte leguas cargados e serbian en mas que podian.

9. A las nueve preguntas, dixo que dize lo que dicho tiene en la pregunta antes desta y que en las dichas alteraciones siempre los an llebado con cargas a diversas partes a todos e con cadenas y muchos dellos no an paresçido hasta agora e se an muerto y serbian en dar comidas e hazer otros servicios que los tiranos les hazian hazer por fuerzas e les cortavan sus árboles y los ranchaban e tomavan lo que thenian.

10. A las diez preguntas, dixo que dize lo que dicho tiene y que en todas las alteraciones los an fatigado tomandoles lo que thenian y llebandolos cargados a muchas partes por estar como estavan a la mano.

11. A las honze preguntas, dixo que dize lo que dicho tiene en las preguntas antes desta y que con los travaxos que an pa-
f. 54v sado y alteraciones subçe- // didas an sido fatigados y esto a sido causa que al presente an quedado en quatrocientos o quinientos indios al parezer deste testigo.

12. A las doze preguntas, dixo que dize lo que dicho tiene e que es verdad que muchos de los dichos yndios se an ydo e ausentado del dicho su natural por no poder sufrir los dichos travaxos.

13. A las treze preguntas, dixo que ansi como la pregunta dize lo a visto este testigo.

14. A las catorze preguntas, dixo que anssi como la pregunta dize lo a visto este testigo porque a estado en este valle después que el dicho marques entró en él, e dize lo que dicho tiene en las preguntas antes desta.

15. A las quinze preguntas, dixo que a visto este testigo que los dichos don Gonzalo y sus yndios sienpre an pagado sus tributos al dicho marques e sus herederos e despues a Su Magestad que al presente.

16. A las diez y seis preguntas, dixo que puede aver doze o treze años que el dicho don Gonzalo es cristiano entendido en juntar los yndios para los dotrinar e que se casen e vautizar los tornan cristianos con buena diligenzia e cuydado como buen yndio e a visto sienpre padres que los dotrinen en el dicho pueblo
f. 55 de la Madalena despues del presidente Gasca. //

17. A las diez y siete preguntas, dixo queste testigo a bisto que el dicho don Gonzalo traxo bara de alguazil de los yndios çinco años poco mas o menos y lo haçía con deligencia e avisava a las partes e justicias de Su Magestad de lo que los dichos yndios hazian para que los castigasen, y questo es lo que sabe desta pregunta.

18. A las diez y ocho preguntas, dixo que dize lo que dicho tiene preguntas antes desta y es la verdad segun que lo tiene declarado para el juramento que hizo y en él se rateficó e no lo firmó porque dixo que no sabía. En Los Reyes, a veinte e nueve dias de julio de mil e quinientos e zinquenta e nueve años. Diego Muñoz.

En Los Reyes, treinta e un días del mes de julio de mil e quinientos e çinquenta e nueve años, el dicho don Gonzalo para la dicha ynformación e probança presentó por testigo a un yndio que dixo llamarse don Pedro Chalanan, caçique de Guala, çerca desta çiudad, encomendado en Niculas de Ribera el moço, vezino della, el por lengua qual por lengua de don Martin, yntérprete desta real audiençia, juró por Dios nuestro señor e por la señal de la cruz en forma de derecho e dixo si juro e amen, e prometio de dezir verdad, e jurado como cristiano que dixo ser e siendo preguntado por las preguntas del dicho ynterrogatorio,
f. 55v dixo e depuso lo siguiente. //

1. A la primera pregunta, dixo que conosze al dicho don Gonzalo y a los yndios prençipales a él sujetos de nonbres e vista e a los de berlos e tratarlos e saver que son sus sujetos, e conoszio dicho Taulichusco e los conoszçio ansimismo de mucho tienpo despues que se acuerda.

Generales. Preguntado por las generales, dixo que es de hedad de çinquenta años poco mas o menos, e que no le a dado el dicho don Gonzalo ni prometido cosa alguna para que diga su dicho en esta causa ni es su pariente ni le tocan otras generales.

2. A la segunda pregunta, dixo que puede aver el tienpo que la pregunta dize poco mas o menos que el dicho don Francisco Piçarro entró en este reyno a lo conquistar e poblar de españoles.

3. A la terzera pregunta, dixo que luego que el dicho marques don Francisco Piçarro entró en este valle a poblar esta çiudad le començaron a servir e tributar el dicho Taulichusco e sus yndios en todo aquello que podian e ellos thenian de comida e otras cosas e oro e plata y que esto lo oyo este testigo dezir e les

bio servir en los servicios de su casa e dar algunas cossas porque son sus vecinos e tiene con ellos muchos tratos e conversaçion.

4. A la quarta pregunta, dixo queste testigo oyo dezir por
f. 56 público e notorio entre los yndios // como el dicho Taulichusco hera caçique prençipal deste valle e tenía quatro mil yndios poco mas menos a él sujetos con sus prençipales e curacas que los mandavan.

5. A la quinta pregunta, dixo que sta çibdad está fundada en tierras del dicho Taulichusco, el qual ansimismo tubo un hermano que se llamó Caxapaxa, cuya hera la mitad del dicho valle, que residia sienpre con el ynga y el dicho Taulichusco thenía cargo de los yndios e probeia de los tributos e de lo que mandava el ynga que se hiziese e lo enbiaba, e en el dicho valle estan las chacaras y heredades que tienen los vezinos desta çibdad e en tienpo del ynga todo hera uno y lo es al presente ansimismo.

6. A la sesta pregunta, dixo que luego que el dicho marques començo a poblar esta çibdad escogio para si al dicho Taulichusco y a sus yndios porque serbian bien y thenian buen coraçon y le sirbieron todo el tienpo que bibio y despues a sus herederos hasta agora que están en cabeça de Su Magestad, y ansi lo bio este testigo.

7. A la septima pregunta, dixo que ansi como la pregunta lo dize lo a visto este testigo y los conoszio al dicho Guachinamo e conosze al dicho don Gonzalo.

8. A la otava pregunta, dixo que despues que el dicho mar-
f. 56v ques // començo a poblar esta çiudad vio que los dichos Taulichusco e sus yndios le sirbieron e a los españoles en tienpos pasados del alçamiento de los naturales porque los llevaban cargados con cargas a una parte e a otra e alla se morian porque los llevaban atados en cadenas y ansi llebaron a los yndios deste testigo y en el camino se morian, y ansi lo vio este testigo.

9. A las nueve preguntas, dixo que an servido los dichos yndios en las dichas alteraciones en dar comidas e llevar cargas atados e a diversas partes como lo hazian los yndios deste testigo porque de fuerça o de grado lo avian de hazer porque no podían hazer menos, y ansi lo a visto este testigo.

10. A las diez preguntas, dixo que lo que della save es por estar los dichos yndios tan a la mano desta çiudad an sido mas fatigados que otros, algunos porque los an llevado con cargas atados a diversas partes y an servido en dar comidas e lo que thenian que se les pedia para las dichas alteraciones, y así lo a visto este testigo.

11. A las honze preguntas, dixo que en tienpo del ynga quatro heran quatro mil yndios como dicho tiene y que despues aca
f. 57 en comarca desta çibdad se an muerto e faltado muchos e // que no save quantos ni los que ay al presente porque no los a contado ni visto la vesita dellos.

12. A las doze preguntas, dixo que ansi como la pregunta lo dize lo a visto este testigo porque lo mismo a sido de los yndios sujetos a este testigo.

13. A las treze preguntas, dixo que anssi como la pregunta lo dize lo a visto es te testigo.

14. A las catorze preguntas, dixo que ansi como la dize lo dize a visto este testigo.

15. A las quinze preguntas, dixo que anssi como la pregunta lo dize lo a oido este testigo por público e notorio.

16. A las diez y seis preguntas, dixo que del tienpo del presente a esta parte, el dicho don Gonzalo caçique a sido y es cristiano y a dado buen exenplo a los yndios y a thenido cuidado dellos y de los traer a la dotrina para que sean cristianos y de que se casen se enborrachen y hagan lo que debía, y que no se a enborrachado ni a estado amançevado en el dicho tienpo y que ansi mis an thenido padre que los dotrine.

17. A las diez y siete preguntas, dixo que este testigo a visto que dicho don Gonzalo a traido bara de alguaçil para los yndios que se la avian dado el cargo, e que andava tras los yndios desta comarca mirando que no se enborrachasen ni mochasen a las
f. 57v guacas ni fuesen hechizeros ni estuviesen amançevados, // e los que hallava que lo hazian los llebaba a la carzel e alla los hazía castigar e llevaba todos ante la justicia e para ello e los tresquilavan e açotavan y en esto ponia mucha deligençia y andava entendiendo en ello a cavallo e traia consigo de ordinario quinze o veinte que le ayudavan, e ansi lo bio este testigo.

18. A las diez e ocho preguntas, dixo que lo que dicho e declarado de suso es la verdad y lo que save deste caso para el juramento que hizo y en ello se rateficó e no firmolo porque dixo que ni el dicho yntérprete. Diego Muñoz.

Testigo. En la çiudad de Los Reyes, en primero dia del mes de agosto de mil e quinientos e çinquenta e nueve años, el dicho don Gonzalo para la dicha ynformacion e probança presentó por testigo a un yndio que dixo llamarse don Pedro Challamay, natural de La Puná, el qual por lengua de don Martin, yntérprete desta dicha real audiençia, juró por Dios nuestro señor e por la señal de la cruz, en forma de derecho e dixo si juro y amen so cargo del qual prometio de dezir verdad, e aviendo jurado como cristiano y siendo preguntado por las preguntas del dicho ynterrogatorio por la dicha lengua, dixo e depuso lo siguiente.

1. A la primera pregunta, dixo que conosze al dicho don Gonzalo, caçique deste valle de Lima, que es el que le presenta por testigo, e conoszio a su padre que se llamava Taulichusco, a los quales a conoszido e conoszio e ansimismo conosze a sus f. 58 yndios // de vista e habla desde que el marques don Francisco Piçarro entró en esta çibdad porque este testigo bino con el dicho marques por su criado desde el Cuzco y desde entonzes hasta agora sienpre a estado e resedido en este valle e çiudad.

Generales. Preguntado por las preguntas generales de la ley, dixo ser de hedad de mas de sesenta años y ansi paresio por su aspeto, e que no a recibido del dicho don Gonzalo ni le a prometido cosa alguna para que diga el contrario de la verdad, ni es su pariente ni le tocan ninguna de las demas generales de la ley que le fueron declaradas por mi el dicho escribano.

2. A la segunda pregunta, dixo que a su pareszer deste testigo podra aver el tienpo contenido en la pregunta que el dicho marques don Francisco Piçarro entró en este reino a lo conquistar e poblar porque como dicho tiene sirvio este testigo al dicho marques y le bido en este reino y a otros españoles que consigo traxo, y esto dixo a esta pregunta.

3. A la terzera pregunta, dixo que save este testigo que luego como el dicho marques don Francisco Piçarro entró en este valle, el dicho Taulichusco, padre del dicho don Gonzalo, le binieron él y sus yndios a servir de paz al dicho marques e sienpre le sirvieron como a su amo e señor obedeziendole e dandole camarico e tributo que le pedia y porque este testigo como dicho f .58v tiene vino a este valle con el dicho marques // todo lo bio ansi ser e pasar como dicho tiene y en esta pregunta, y esto dize a ella.

4. A la quarta pregunta, dixo queste testigo oyo dezir por público e notorio en este valle de Lima luego como él vino con el dicho marques, como el dicho Taulichusco, padre del dicho don Gonzalo, hera caçique prençipal deste valle de Lima y que podría aver los yndios contenidos en la pregunta poco mas o menos y que estavan sujetos al dicho caçique, padre del dicho don Gonzalo, a los quales el dicho marques, por ser tantos e tan buenos yndios los tomó para si e su servicio, y esto dize a esta pregunta.

5. A la quinta pregunta, dixo que sabe y asi es público e notorio entre los naturales y muchos españoles queste valle

de Lima fue del dicho Taulichusco e de sus yndios e nunca oyo dezir que otros tubiesen parte en él sino solamente el dicho en aquella parte donde estava amoxonado e tenian sus límites y questa çibdad se fundó y está fundada en tierras del dicho Taulichusco y otras muchas tierras e chacaras que tienen muchos españoles e vezinos desta çibdad, e que save que el dicho Taulichusco hera el señor prençipal del dicho valle de Lima e por tal lo oyo siempre nonbrar a él y al dicho don Gonzalo, su hijo, despues de su muerte, y a otro hermano del dicho don Gonzalo que se llama Guachiyamo, y que el dicho Taulichusco como tal caçique prençipal deste valle e sus padres e abuelos sirvieron al
f. 59 dicho ynga y a los demas caçiques y señores // deste reino como hazian los demas caçiques e prençipales del en acudir con los tributos que heran obligados a les dar sus yndios, y esto dize a esta pregunta.

6. A la sesta pregunta, dixo que como dicho tiene en la terzera pregunta deste su dicho, el dicho marques luego como entró en este valle reszibio en su servicio al dicho Taulichusco, padre del dicho don Gonzalo, y a sus yndios por ser humildes y buenos e serles tan leales y le sirvieron todo el tiempo que bibio el dicho marques, y despues de su muerte a sus herederos del dicho marques que fuera doña Francisca, su hija, hasta que los pusieron en cabeça de Su Magestad, e questo lo save este testigo porque como dicho tiene entró en esta çibdad con el dicho marques y estubo en su servicio e siempre a residido en ella e reside y lo ha visto ser e pasar ansi como la pregunta dize y declara, y esto dize desta pregunta.

7. A la septima pregunta, dixo que como dicho tiene en la quinta pregunta deste su dicho, sabe este testigo que despues de la muerte de Taulichusco, padre del dicho don Gonçalo, subçedio en el dicho caçicazgo Guachinamo, hijo del dicho Taulichusco y hermano del dicho don Gonzalo, y despues de la muerte del dicho su hermano, el dicho don Gaonzalo Taulichusco, su hermano del dicho Guachinamo e hijo del dicho Taulichusco, que es el que le presenta por testigo, y questo es ansi verdad porque lo bio ser e pasar anssi como la pregunta lo dize porque siempre a estado en esta çibdad y servió al dicho marques como dicho tiene.

8. A la otaba pregunta, dixo que despues que el dicho
f. 59v marques entró en este valle de Lima, el dicho Tauli-// chusco, padre del dicho Gonzalo, en todo el tiempo que bibio siempre hizo lo que el marques le mandó e yendo el dicho marques a la

conquista de los naturales, el dicho Taulichusco le probeya de todos los yndios e comida que le pedia e con gran boluntad e ayudavan en la guerra contra los naturales deste reino e llevaban cargas e comidas hsata el valle de Xauxa e Guadochiri [sic] e otras partes donde les mandavan y llebaban muniçión para la guerra, y esto lo save este testigo porque lo bio por bista de ojos porque servía el dicho marques a quien el dicho Taulichusco serbía e sus yndios y ansi es notorio, e questo lo hazía siempre el dicho Taulichusco con gran bolundad e çelo de servir al dicho marques y a los demas españoles.

9. A la novena pregunta, dixo que lo que save desta pregunta y ansi es notorio, que el dicho don Gonzalo e sus yndios an servido a Su Magestad en todas las alteraçiones acaezidas en este reino contra su real servicio en dar yndios e comidas e las mechas de algodón para arcabuzes y todo lo demas que se le mandava y esto con gran boluntad y anssi lo bido este testigo por estar como dicho tiene siempre en esta çibdad e ha visto lo que dicho tiene, e asimismo dando yndios para cargas e para llebar muniçiones de guerra por cuya causa be que el dicho don Gonzalo tiene pocos yndios, y esto dize a esta pregunta, e que la cantidad de los que tiene el dicho don Gonzalo no la save, mas
f. 60 de ver que son muy pocos para los que solian thener.//

10. A la deçima pregunta, dixo que ansi es público e notorio que el dicho Taulichusco, padre del dicho don Gonzalo, e su hermano y el dicho don Gonzalo an sido muy trabaxados, porque como dicho tiene desde que el marques entró en este valle siempre los bido servir en todas las cossas que dichas tiene a Su Magestad con sus haziendas e yndios en esta çibdad con sus personas, ansi contra los naturales como contra los españoles que en este reino se an rebelado contra el servicio de Su Magestad e dello estan muy gastados el dicho don Gonzalo y sus yndios e muy pobres, e questo lo save poque lo be e ha visto asi ser e pasar como dicho tiene.

11. A las honze preguntas, dixo que dize lo que dicho tiene en las preguntas antes desta, e que segun los yndios que abia en este valle quando este testigo entró en él con el marques, sujetos al dicho Taulichusco a los que agora tiene el dicho don Gonzalo son muy pocos, pero la cantidad dellos no lo save, e que esto dize a esta pregunta.

12. A las doze preguntas, dixo que save este testigo que muchos yndios sujetos al dicho don Gonzalo se an desnaturado de su tierra y otro muerto porque como yban cargados a las guerras

pasadas, unos se morian y otros se quedavan en otras partes por no bolver mas a esta çibdad ni a su naturaleza por respecto del dicho travaxo e por estar tan cercano a donde estaban los que gobernavan este reino y otras justicias, e questo es ansi público
f. 60v e notorio // entre las partes que lo saven como este testigo, porque como dicho tiene hera criado del dicho marques y le servía y aconpañava en todo muchas vezes, y esto dize a esta pregunta.

13. A las treze preguntas, dixo que save este testigo y asi es público e notorio que en esta çiudad de Lima e donde esta çiudad se a fundado al tiempo que el dicho marques entró en él hera todo de frutales de guabos e guayavos e lucumos y otras frutas y ansimismo de camotales y donde cogian sus comidas y otras cossas, que agora al presente no ay cossa dello porque los an cortado anssi para quemar como para haser casas e tiros e arcabuzes y otras cossas, y questo lo save porque lo bido ansi e lo be estar como dicho tiene, y esto dize a esta pregunta.

14. A las catorze preguntas, dixo que como dicho tiene en las preguntas antes desta, esta çibdad está fundada en tierras del dicho don Gonzalo e de su padre e hermano y otras muchas chacaras y huertas de españoles ansi vecinos desta çibdad como de otras partes, porque este testigo como dicho tiene siempre a estado en esta çibdad y ha visto e vio este testigo fundar esta çiudad en las dichas tierras del dicho don Gonzalo y otras chacaras, y esto dize que es público e notorio e ansi entre los naturales deste valle e caçiques del como de otros muchos españoles deste reino, e que a oydo decir que el dicho don Gonzalo tiene la menor parte de los que hera suyo del dicho valle e que está pobre, y esto dize desta pregunta.

15. A las quinze preguntas, dixo que sienpre en tiempo del
f. 61 dicho marques y de sus hermanos // supo este testigo que el dicho padre Gonzalo siempre an pagado e pagaron sus tributos al dicho marques y a sus heredero y agora lo an pagado e pagan a Su Magestad, como yndios que estan en su cabeça, e questo es público e notorio, y esto dize a esta pregunta.

16. A las diez y seis preguntas, dixo que en todo el tiempo que este testigo a que conosze al dicho don Gonzalo hasta agora, siempre le bido despues aca que se bautiço, ser buen cristiano y zeloso de las cosas de Dios y amigo de que sus yndios sean dotrinados y enseñados en las cosas de nuestra santa fe catolica, e que a oido desde siempre a tehino e tiene muy buena dotrina en su pueblo e yndios e que a bisto que en el pueblo de la Madalena, donde el dicho don Gonzalo reside, tiene hecha una yglesia

y monesterio donde a la continua estan dos frayles Franciscos con todo recaudo, y ansimesmo a hecho una enfermeros [sic] y ospital donde se recogen e curan los yndios pobres y enfermos de su repartimiento, e questo sabe porque lo a bisto y lo a hecho de quatro años a esta parte el dicho monesterio e la enfermeria, y esto es ansi público e notorio en este reino, y esto dize a esta pregunta.

17. A las diez y siete preguntas, dixo que puede aver ocho años poco mas o menos que la audiencia desta çibdad de Los Reyes e oidores della dieron poder e comisión al dicho don Gonzalo para que traxese bara de alguazil e mirase por las cossas que conbenian a la dotrina de los yndios e que los que usasen sus rictos y ceremonias e borracheras e amançebados y los prendiese
f. 61v y traxese pressos // ante los señores, como el dicho don Gonzalo hera y es cristiano e thener tan buena boluntad de serbir a Dios según pareszia e mostrava por sus obras y que anssi le bido traer la bara çinco años arreo del dicho oficio, y esta es lo que save y dize desta pregunta.

18. A las diez e ocho preguntas, dixo que dize lo que dicho tiene en este su dicho, lo qual por el dicho don Martin, yntérprete de la real audiencia, que le preguntó e ynterpretó, dixo ser la verdad y lo que sabe este casso para el juramento que abia hecho de cristiano, e la dicha lengua dixo que ansi lo abia dicho e declarado el dicho testigo e no firmó porque dixo que no sabía. Ante mi Francisco Hernandes Morante, escrivano de Su Magestad.

Muy Poderoso Señor. Juan de Mesa, curador de don Gonzalo, caçique del valle esta çibdad, digo que mi parte suplicó a Vueltra Alteza se rezibiese ynformacion de cossas que le tocan para ynformar a Vuestra Real Persona y está hecha. Pido y suplico a Vuestra Alteza se la mande dar en pública forma e para ello etcetera.

En Los Reyes, dos de agosto de mil e quinientos e çinquenta e nueve años, ante los señores presidente e oydores en audiencia real pública la presentó el contenido en el dicho nonbre.

E los dichos señores mandaron a mi el escrivano de camara, ante quien pasa la dicha provança, dé al dicho don Gonzalo su traslado della dos o mas los que quisiere, escriptos en linpio,
f. 62 firmados e signados, çerrados y sellados en // pública forma en manera que haga e para el hefecto que la pide. Diego Muñoz.

Yo el dicho Diego Muñoz Ternero, escrivano de camara desta real audiençia, este traslado fize escrevir del registro que pasó ante Pedro de Arrasti, reçeptor, y ante my en estas sesenta y dos hojas de pedimento del dicho don Gonçalo caçique y mandamiento de los dichos señores presidente e oydores e fyze aquí mi signo [signo del escribano] en testimonio de verdad.

Diego Muñoz [rubricado]

Sin derechos porque no se llevan a los yndios hasta que Su Magestad, mande los que se les an de llevar, y desto resziben agravio los escrivanos porque es causa que los yndios tengan mas pleitos y traten mas negoçios y es no llevarselos si es conforme al aranzel de España por el exçesivo presçio que en esta tierra tienen las cosas.

Diego Muños [rubricado]. //

Los pescadores del litoral peruano en el siglo XVI, "yunga guaxme"[1]

> [...] en toda esta costa del Perú hay grandes pesquerías de todos generos de peces y muchos lobos marinos [...].
>
> Agustín de Zárate, 1555, cap. VII.

El rasgo característico de la costa peruana es su tremenda aridez, seguido de otros elementos no menos peculiares, como son las persistentes brumas y neblinas, y la temperatura existente, a pesar de su cercanía al ecuador terrestre.

Varios son los factores responsables de estas singularidades; ante todo, está la corriente fría de Humboldt, llamada también corriente peruana, que torna sus aguas extraordinariamente ricas en fauna y especies ictiológicas. A este fenómeno se añaden las variaciones en los desplazamientos de las corrientes y contracorrientes, la topografía submarina, los constantes vientos, ya sea del sureste o del suroeste, elementos que favorecen el afloramiento de las aguas desde las profundidades del mar hacia la superficie. Todo este delicado mecanismo natural crea un conjunto de factores físicos, químicos y geográficos que constituyen la idiosincrasia del mar y costa peruana. Los estudios de los fenómenos oceánicos que repercuten en el clima del litoral y crean un conjunto de situaciones excepcionales son complejos (Schweigger 1940).

---

1. Publicado en *Nova Americana* 4: 11-42, Turín, 1981.

En este contexto, las culturas costeñas, separadas del interior del país por el murallón de la sierra, sin más campos de cultivo que los valles formados por los ríos que bajan de las cumbres nevadas, y confinadas entre arenales, se vieron obligadas por su propia ecología a mirar hacia el mar.

El mar fue fundamental en el desarrollo costeño desde las primeras expresiones culturales yungas,[2] que basaron sus modos de subsistencia casi exclusivamente en la recolección de moluscos y algas, y en la pesca desde la orilla y en las lagunas cercanas al océano.

Estos primeros pobladores del desértico litoral buscaron su manutención en el mar y no en las inhóspitas tierras de los llanos. Muchos siglos pasaron antes del arribo de influencias migratorias, poseedoras de los conocimientos técnicos necesarios para construir los complejos sistemas hidráulicos indispensables para que floreciera ahí la agricultura. Por ese motivo, es necesario deslindar a estos iniciales habitantes de la costa en sus diversas etapas de desarrollo, como distintos y separados de otros grupos poseedores de conocimientos agrícolas.

Los agricultores en sus principios ocuparon las partes bajas y anegables de los valles, aumentando poco a poco la variedad de plantas cultivadas. A pesar de ello, el mayor sostén de los costeños continuó proviniendo del mar, iniciándose desde los comienzos un trueque incipiente entre pescadores y campesinos. Esta diferenciación entre ambos grupos se mantuvo luego a lo largo de los siglos.

Los arqueólogos no han reparado lo suficientemente en esta posibilidad que nosotros postulamos como hipótesis de trabajo: es más lógico suponer con Moseley (1975) que la civilización andina se desenvolvió y prosperó en sus principios gracias al aprovechamiento de un mar extraordinario por su riqueza, y no a la agricultura.

Las divergencias entre los patrones del Viejo Mundo y los del ámbito andino son grandes. Existe la tendencia a querer encontrar similitudes, a medir y juzgar los desarrollos culturales con la misma vara, en una palabra, a buscar pautas semejantes en ambos continentes, aplicando los conocimientos de uno al otro. Ese error se produjo desde la conquista; a los españoles les faltó comprender modalidades completamente distintas a las suyas, e interpretaron equivocadamente costumbres y acontecimientos. El alejamiento es uno de los motivos de la gran originalidad del mundo andino, distante de las influencias culturales europeas antes del siglo XVI.

---

2. En los documentos y crónicas la terminología *yunga* es empleada para indicar tanto la ecología de la costa como sus habitantes (Cieza de León 1932 [1550], cap. LX).

Los arqueólogos denominan a aquellos tiempos, anteriores a los conocimientos alfareros, como "precerámico", y lo descomponen en varios periodos de acuerdo con el desarrollo tecnológico y el número de plantas aprovechadas.

Si bien hay numerosos estudios sobre el paulatino auge de la agricultura en la costa durante el precerámico, faltan trabajos sobre el lento desarrollo de los modos y técnicas de pesca. El deseo de explicar el desenvolvimiento de la agricultura ha llevado a olvidar el estudio de los pescadores como grupos independientes. Conviene en un rápido repaso ver los principales trabajos arqueológicos relacionados con las poblaciones precerámicas del litoral. Ante todo, destacan las excavaciones de Junius Bird en el norte de Chile (1943), Chicama (1948) y Huaca Prieta. Importantes son también los trabajos de Engel en Chilca, Paraíso (1957, 1966) y Las Aldas; de Rosa Fung en el mismo lugar (1969); de Lanning (1966) y de Patterson (1969), y últimamente las excavaciones de S. y T. Pozorski en el valle de Trujillo (1977).

A pesar de su importancia, el tema del mar y de los pescadores no ha recibido en el Perú la atención que merece, por tener quizás mayor prioridad el estudio de los tejidos y de la cerámica. En el norte de Chile es donde se ha dado mayor énfasis a los restos de pescadores y donde se puede observar mejor sus etapas de desarrollo. Taltal es ejemplo de un asentamiento de larga duración, sin posibilidad de agricultura por carecer de agua, por lo que sus habitantes vivían de la pesca, la recolección y la caza esporádica en las lomas (True 1975: 96-97). A estos pescadores les era más valioso el acceso a las fuentes de agua existentes en las cercanías del litoral.

En esta primera época no hay evidencia de una pesca en aguas profundas; más bien se recolectaban moluscos y peces solo desde la orilla. Este último dato es muy interesante, pues sin las nociones esenciales para fabricar embarcaciones —ya fuesen caballitos de totora o balsas de troncos o de cuero de lobo marino—, era imposible aventurarse en alta mar.

Llagostera (1979) encuentra en el análisis de los basurales la confirmación de una primera pesca desde el litoral y, posteriormente, con el empleo de embarcaciones, un aprovechamiento de la fauna que vivía alejada de la costa. Llega a esta conclusión por medio del análisis de los restos de especies ictiológicas que aparecen entre los desechos solo a partir de un momento determinado, y no antes.

A fin de ahondar este estudio sobre los grupos de pescadores, y con el objeto de conseguir una visión más amplia del tema, hemos recurrido a una investigación interdisciplinaria. Analizaremos las noticias de crónicas y relaciones, pero sobre todo de documentos de archivos referentes a juicios, visitas, tasas, testamentos, etc. Muy útiles son también los diccionarios de idiomas indígenas, pues las palabras expresan usos y costumbres y proporcionan valiosa información a través de las deducciones lingüísticas.

Asimismo emplearemos los estudios sobre el mar, pues este sigue siendo aún una fuente de riqueza; no en vano, al finalizar la década de 1960, el Perú fue el mayor productor mundial de harina de pescado. Por último, los trabajos etnográficos muestran el arraigo de los pescadores, quienes continúan viviendo de la pesca tradicional en las pequeñas caletas del litoral, conservando algunos rezagos de tiempos anteriores; una pesca artesanal que posiblemente está en vía de desaparecer ante el desarrollo de la pesca industrial.

1. ORGANIZACIÓN ECONÓMICA Y SOCIOPOLÍTICA

1.1 Los pescadores en su medio geográfico

Numerosas son las referencias de pescadores establecidos en todo el litoral en tiempos prehispánicos. En el ámbito andino, a diferencia de Europa, las playas eran propiedad de los grupos instalados en sus cercanías. No solo eran privadas las riberas, sino que lo eran también los determinados lugares donde se efectuaban diversas formas de pesca.

En 1566, durante su estadía en el norte, el visitador Gregorio González Cuenca ordenó que el mar fuese común a todos, una disposición que causó trastorno y malestar entre la población indígena. En vista de la confusión provocada y de las protestas de los pescadores, Cuenca decidió conservar la antigua costumbre hasta no proveer otra cosa (AGI, Justicia 458, fol. 2025v).

Así, se mantuvo la tradición sobre la tenencia de las playas y las faenas de los pescadores. Solo en 1789 aparecieron unos informes recomendando al gobierno abrir las caletas a otros naturales y a las distintas castas, para obligar a la gente holgazana a vivir del trabajo del mar (AGN, Superior Gobierno, cuaderno 485).

El antiguo trueque del pescado, y más tarde su comercialización colonial, obligó a los pescadores a mantener caminos que unieran las playas con los centros poblados. La *Descripción del virreinato* del siglo XVII (Anónimo 1958: 66) señala que en Pachacamac existían varios caminos anchos y acomodados que conducían al mar. En un juicio de 1764, un oidor de la Real Audiencia hizo un reconocimiento del "camino de los pescadores" en ese lugar (AGN, Juzgado de Aguas, 3.3.10.79, año 1787). Más explícitas son las noticias contenidas en un juicio de 1669 sobre deslindes y posesión de tierras, y sobre cinco caminos a lo ancho del valle de Lurín. El quinto, cercano al mar, pertenecía a los mensajeros, el cuarto fue usado por los pescadores, sin hacer mención el manuscrito de quiénes trajinaban por los demás (AGN, Derecho Indígena, cuaderno 140). Vale señalar que en aquel entonces los pescadores cumplían ambos trabajos, es decir, el de llevar noticias y el de pescar. Sin embargo, no empleaban las mismas rutas, distinguiendo un determinado camino para cada faena. Por último, los pescadores de Laguna Grande llevaban el pescado a Ica por una vía establecida a través del desierto, similar a una zanja. Tenía cada cierto trecho montones de piedras y semienterrados unos tinajones (*huacos*) con agua o con alguna bebida para aplacar la sed (comunicación verbal de Duncan Mason).

Al tratar el medio geográfico de los pescadores, nombramos hasta aquí solo sus vías terrestres, pero naturalmente las comunicaciones marítimas fueron las principales. Más adelante abordaremos el tema de las embarcaciones, pero aquí solo señalamos sus desplazamientos. Fuera del cabotaje por el litoral, visitaban las islas con el fin de cazar lobos marinos, y en tiempo del desarrollo agrícola, fueron los encargados de conducir las balsas para la recolección del *guano* o estiércol de las aves. Existe numerosa evidencia arqueológica de la presencia de los naturales en las islas (Kubler 1948).

Con embarcaciones mayores, fuesen de troncos o de junco, se movilizaban los indígenas a lo largo de la costa, ya sea en son de conquista o de trueque. El mítico Naymlap arribó con su corte a las playas de Lambayeque para poblar la región (Cabello de Valboa 1951 [1586]), y Tacaynamo desembarcó en el litoral, fundando el señorío de Chimor (Vargas Ugarte 1936).

El cronista Sarmiento de Gamboa (1940 [1572]) narra la expedición del inca Tupa Yupanqui a unas desconocidas islas del océano, y también la guerra del mismo soberano contra los guancavilcas (Ecuador), conducida no solo por tierra sino por mar con balsas (cap. 46: 123). El tardío Anello Oliva (1895 [1631]) cuenta las aventuras de Quitumbe, hijo del cacique de Santa Elena (Ecuador), quien en unas balsas llegó a Tumbes y más tarde prosiguió viaje hacia el sur. No solo los héroes legendarios navegaban, también los dioses se desplazaban por el mar y pescaban. Estas noticias de viajes legendarios demuestran que para los habitantes del litoral, el mar fue un medio de comunicación, de conquista y de intercambio, y no una muralla.

Otras rutas marítimas tuvieron por meta el intercambio comercial. La tan mentada balsa avistada, cerca de Tumbes, por Bartolomé Ruiz durante el segundo viaje de Pizarro, tenía por su tamaño y su carga todas las características de una nave para el trueque a distancia (Sámano-Xerez 1937 [1528]).

Los tratantes del señorío de Chincha, durante el Intermedio Tardío y el Horizonte Inca, poseían flotillas de balsas, y sus "mercaderes" se dedicaban al trueque del *mullu* (*Spondylus pictorum*) con Puerto Viejo (Ecuador) por otros productos (Rostworowski 1970 y 1977a).

Durante la colonia, los pescadores de Quilcay, en la costa central, dijeron navegar hasta Valdivia, al sur, y hasta Guayaquil, al norte (AGN, Derecho Indígena, cuaderno 140). Entonces era frecuente el tráfico en balsas organizado por los indígenas de Paita a Guayaquil, mientras que los pescadores de Sechura trocaban su pesca en distintos sitios de la costa, distantes de su lugar de origen. También los de Colán afirmaban ir con sus balsas de Paita a Guayaquil con el propósito de traer troncos para sus balsas (AGI, Lima 441, año 1727). Por su lado, los comerciantes españoles efectuaban un intenso intercambio valiéndose de balseros indígenas; desde Lambayeque enviaban los productos del valle —azúcar, cajas de dulces, etc.— a Guayaquil. A la vuelta, las mismas embarcaciones retornaban cargadas de cacao, maderas, cera de coco, etc. En otros viajes llegaban a Lima llevando arroz, jabón, cordobanes y algunas manufacturas de algodón (AGN, Superior Gobierno, cuaderno 1368, año 1821).

Si rastreamos el empleo de balsas hasta 1821, es para señalar la habilidad del pescador y del balsero costeño para movilizarse a lo largo del litoral con medios de comunicación prehispánicos. No se trata aquí de afirmar o negar la posibilidad de los viajes chinchanos con el fin de realizar un trueque de larga distancia. En este caso, solo interesa dejar sentada la capacidad del indígena *yunga* para aventurarse por el océano.

1.2 El aspecto económico

a) El acceso a los recursos naturales

Fuera del mar, los pescadores tenían acceso a otras fuentes importantes en el aspecto económico. Estos recursos naturales renovables fueron dos: las lagunas, donde se cazaba aves acuáticas, se recolectaba huevos, se pescaba y se extraía juncos; y las lomas cercanas al litoral, recurso temporal de caza y de recolección de plantas estrechamente ligado a los pescadores.

Las lagunas

A través de la documentación de archivos sabemos de la existencia hasta el siglo XIX de extensas lagunas en cada valle costeño y próximas al océano. Posteriormente fueron desapareciendo por el excesivo bombeo del agua del subsuelo y por la desecación artificial de los pantanos y albuferas con fines agrícolas.

En Piura, en el portachuelo de Chipillico, se formaban durante las crecidas del río unos extensos totorales (AGN, Títulos de Propiedad, cuaderno 242, año 1645), y más al sur, los pescadores de Chérrepe pagaron en 1715 más de 200 pesos por la composición de los pastos y sitios de lagunas llamadas Cinto, en la jurisdicción de Saña (RAH, 9-23-1-A-12). En el valle de Trujillo, los pueblos de Huamán (García y García 1870: 138), Huanchaco (Edwards 1965) y Xacon estaban rodeados de lagunas (AGI, Justicia 398). Al lado norte de la amplia rada de Samanco, cuyo antiguo nombre era Guambacho, existían varias lagunas (Melo 1906: 109), y siguiendo por la costa, el puerto de Huarmey estaba rodeado de ellas, con abundante caza de aves (Melo 1906: 122).

Continuando por la costa al sur, sabemos de ciénagas vecinas a los puertos de Végueta y de Carquín (AGN, Títulos de Propiedad, cuaderno 225, año 1648; Rostworowski 1978a), y cerca de Ancón, existía en 1679 un totoral de propiedad del convento del Rosario o de Santo Domingo (Archivo Convento de Santo Domingo, libro 4, Haciendas).

En el valle del río Chillón, en las faldas del cerro de Chuquitanta, había dos ciénagas en 1559 (AAL, Papeles Importantes, leg. 1). Y según el padre Cobo (1956 [1653], tomo II: 300), cerca del puerto del Callao, debido a la humedad, "se hacen ciénagas y lagunas que son bien provechosas así para los ganados como porque crían grandes juncales y carrizales de que se hacen esteras con que se cubren las casas humildes y los indios pescadores hacen sus balsas y embarcaciones". Esta cita señala la utilidad de los pantanos para los naturales.

En 1560, el marqués de Cañete prohibió pescar con red en las lagunas del Callao y ordenó que se las reservara para las personas del lugar (RAH, Mata Linares, tomo XXI, fols. 243-244). Los documentos de archivos son explícitos sobre las lagunas del valle de Lima; cerca de la mar brava, había dos donde se criaban lisas y que fueron adquiridas por el convento de Santo Domingo en 1580. Las mismas son mencionadas en la crónica de Bernardo de Torres (1974 [1657], tomo I, cap. II: 20) como lagunas salobres, en cuyas aguas había lisas de excelente sabor, "cuya pesca ya de red, ya de caña es la recreación y regalo de los vecinos". La peculiaridad de la lisa (*Mugil cephalus*) pobladora de las lagunas del litoral es la de ser un pez que desova en el mar; siendo pequeño, busca aguas de menor salinidad, como ríos y albuferas, y al iniciar su actividad sexual, retorna al mar (*Historia marítima del Perú*, tomo I, vol. 2: 195).

A fines del siglo XVIII, Hipólito Ruiz (1952, tomo I), estando en el pueblo de Lurín, al sur de Lima, vio lagunas con peces y aves acuáticas, entre otras, flamencos. La mayoría de estas lagunas se hallaba en las inmediaciones del antiguo pueblo de Quilcay (véase también AGI, Escribanía de Cámara 504-A, año 1618).

Pantanos y lagunas de gran extensión se encontraban también en Mala. En 1566 el curaca seguía un largo juicio con Diego Díaz por la venta de una de estas lagunas. Los naturales sostenían que en ella solían criar lisas que vendían en Lima; sin embargo, el español, por no conocer el método indígena, solo logró pescar una (BN-Lima, A-199).

Por último, en los alrededores de Cerro Azul, en el valle de Cañete, hemos comprobado la existencia antiguamente de grandes pantanos (Rostworowski 1979).

Todas estas lagunas y ciénagas se clasifican en tres. En primer lugar figuran las de tipo circulante, formadas por las aguas freáticas "dulces" del subsuelo, y que albergan peces, aves, juncos y eneas. La segunda clase son las de aguas estancadas, sin algas, peces ni moluscos debido a sus aguas de reacción alcalina; en sus orillas abundan las totoras y juncos. El tercer tipo de lagunas tiene solo algas por ser fuertemente alcalinas; a ellas pertenecen la de Huacachina, la de Boza, etc. Todo hace suponer que las actuales lagunas del tercer tipo fueron en sus comienzos del segundo y que a lo largo del tiempo se enriquecieron en carbonato de sodio (Maldonado 1943).

De gran importancia para los pescadores era el tener acceso a los juncales de las lagunas. El usufructo de estos totorales era para ellos vital, pues con las eneas fabricaban sus embarcaciones, construían sus chozas, confeccionaban esteras, cajas, etc. Por esos motivos, se interesaban en la posesión de los pantanos y no de las tierras de cultivo (AGN, Derecho Indígena, cuaderno 166, año 1692). Hay evidencias de que los pescadores sembraban totora (*Scirpus*) en sus lagunas para aumentar su producción. En ese sentido, es explícita la referencia del cacique de Huamán (Trujillo), quien en 1654 alegaba necesitar tierras pantanosas para sembrar y coger cantidad de totora "no solo para sus valsas, esteras conque cubrir sus cassas sino también para vender a otros indios" (ibíd.). Sembraban esta planta echando la semilla sobre el agua, como si fuese una "sementera". También los pescadores de Quilcay, cerca de Pachacamac, cultivaban en sus albuferas la imprescindible totora (ibíd., cuaderno 140).

Esta información del siglo XVII viene a confirmar lo que Edwards (1965) señala para Huanchaco en 1930; solo el método es diferente, pues ese autor dice que los naturales plantaban los cogollos y no semillas (véase Heiser 1974).

Según Gutiérrez Galindo (1966: 40), hace unos 20 años los pescadores de la caleta de Santa Rosa, cerca de Pimentel, aún poseían cada uno parcelas de ciénagas con totorales y sembraban en ellas juncos para aumentar la producción.

Las lomas

Las lomas —oasis nacidos de las brumas, como las llama poéticamente Dollfus (1968)— son el fruto de un fenómeno natural de la costa peruana. Sus límites son al sur el paralelo 0°, y al norte, más o menos la ciudad de Trujillo, con las lomas de los cerros Campana y Cabezón (Ferreyra 1953). La costa central permanece cubierta durante seis a ocho meses (mayo-noviembre) por nubes situadas a unos 800 metros de altura, que pueden bajar al nivel del suelo durante las mañanas y las noches. Al pasar sobre las aguas frías de la corriente peruana, el aire seco de los vientos alisios se enfría, la humedad de la atmósfera se condensa, y se forma una capa de neblina que no es lo suficientemente espesa como para favorecer una verdadera lluvia, sino que cae en forma de llovizna, llamada *garúa*. Esta garúa es especialmente importante en las superficies que dan a la costa, entre los 200 y 600 metros, pues ellas reciben plenamente las masas de aire saturado de humedad (Dollfus 1965).

Cieza de León, en *La crónica del Perú*, se refiere al clima de la costa de la siguiente manera:

> [...] llaman invierno en los llanos no es más de ver unas nieblas muy espesas, que parece que andan preñadas para llover mucho, y destilan, como tengo dicho una lluvia tan liviana que apenas moja el polvo; y es cosa extraña que, con andar el cielo tan cargado de ñublados en el tiempo que digo, no llueve más en los seis meses ya dichos que estos rocíos pequeños por estos llanos. (1932 [1550]: 194)

Se puede constatar a través de los documentos de archivo que las lomas han sufrido un proceso de desertificación, acentuado en el presente siglo. No solo se trata de una menor humedad del ambiente sino de un deterioro de las condiciones ecológicas producido por la negligencia y el descuido de los hombres. También sabemos, gracias a esos documentos, que las áreas marginales de los valles conservaban hasta la llegada de los españoles zonas boscosas.

En tiempos precolombinos, las lomas fueron un recurso en poder de los costeños. En ellas abundaban los venados, las palomas y las perdices, y su cacería era una práctica extendida a todos los llanos, aunque los naturales cuidaban de no agotar esa importante fuente de subsistencia.

En la cerámica mochica se representan escenas de caza ceremonial de venado realizada por señores lujosamente ataviados. En estos dibujos se observa que emplearon para ello redes y perros.

En las ordenanzas para Jayanca dictadas por el oidor Gregorio González Cuenca (Rostworowski 1977b), una cláusula ordenaba el exterminio de los perros nativos porque, según los españoles, contagiaban a la población ciertas enfermedades. Hubo entonces diversas protestas encabezadas por caciques. Una de ellas es particularmente interesante: provenía de un principal de Chicama, llamado Martín Sornamo, quien dijo poseer cuatro perros para la caza de venados:

> [...] los quales los tengo sin perjuicio y no hazen daño a persona alguna y a la continua los tengo atados y por auer en el dicho valle cantidad de benados que nos comen las chacaras y sementeras mías y de todos mis yndios, y por que con la dicha carne de los dichos benados nos sustentamos y rescatamos unos y otros cosas con que sustentarnos a nuestras mugeres e hijos. (AGI, Justicia 458, fol. 1939v, año 1566)

Esta cita no solo indica los numerosos venados que había en aquel entonces en los bosques de algarrobo (*Prosopis juliflora*), sino que su caza tenía como finalidad el consumo y el trueque. En otra parte del mismo legajo figura una petición sobre derecho de aguas en el valle de Túcume de dos principales contra un tercero: uno de ellos, Pedro Pallen, principal de los "cocineros", y el otro, don Antonio Supon, principal de los "venaderos". Se quejaban ambos por el exceso de tributo que debían pagar por el derecho al agua de una acequia llamada Cuy (AGI, Justicia 458, fol. 2013r).

A pesar de la parquedad de estas noticias, arrojan luz sobre la organización económica de la costa norte, de gran utilidad para entender sus estructuras tan distintas a las serranas.

Antes de la conquista española, las lomas servían para que pasten los rebaños de camélidos adaptados al clima de los llanos, un hecho para el cual se cuenta con numerosas evidencias (Rostworowski 1979). Las recuas de llamas desaparecieron de la costa en muy temprana fecha por el uso y acaparamiento que de ellas hicieron los españoles. Hasta las reducciones de Toledo, los pueblos de lomas fueron habitados por los yungas, pero después del abandono forzado de sus aldeas y como producto de la escasez de habitantes, las lomas pasaron a ser un aprovechamiento de los pueblos serranos. La introducción del ganado ovino y caprino fomentó el pastoreo, y desde entonces cada año siguen bajando los *chivateros* a la costa. Comprobamos en el municipio del

Iconografía de ceramio moche donde se representa la caza de venados
(Jürgen Golte: *Los dioses de Sipán*. Lima: IEP, 2013).

pueblo de Lurín que la comunidad aún arrienda las lomas a los pastores serranos cuando estas reverdecen.

Los pescadores, al igual que los demás costeños, también usufructuaron las lomas. Su estrecha relación con ellas se demuestra en la visita a Acarí de 1593 (Visita... 1973). En la segunda parte de esta visita realizada a lo largo del litoral, se señalan dos *ayllus*, llamados Lomas-Pescadores, con la indicación de poseer tierras en ellas. Estas lomas cercanas a las playas son descritas por Vázquez de Espinosa (1942 [1629], párrafo 1380). En el mismo documento se mencionan otros dos *ayllus* como solo Lomas. ¿Estarían ubicadas estas lomas tierra adentro? ¿Vivirían en ellas todo el año?

b) El trabajo

La división del trabajo

En las instrucciones dadas en 1553 por la corona española a los visitadores, se les recomendaba mantener a la población en su oficio, es decir, labradores, artesanos, mercaderes o tratantes, y los que laboraban en las minas (AGI, Lima 121). En aquel entonces aún se conservaban los cuadros de oficio indígenas. Más adelante, la persistente baja demográfica, por un lado, y el exceso de tributo, por otro, fomentaron que los naturales abandonaran sus pueblos de origen, lo que obligó también a efectuar revisitas (RAH, A-92).

Una constante en todos los documentos sobre la costa en el siglo XVI, es la mención de pueblos de pescadores separados de los de campesinos. La tarea de pescar solo incumbía a grupos especializados, distintos de los agricultores.

Una peculiaridad de los grupos de pescadores era la división entre las faenas de pescar, salar y trocar. Fray Domingo de Santo Tomás (1951 [1560]) hace en su Lexicón la distinción entre el pescador que *pesca-challua bapic camayoc* o *Guaxme* (de *hapic*, "el que toma algo") y el *challua camayoc*, el que troca.

Más adelante, al analizar la composición social de la costa, veremos que existían grupos de "liseros" dedicados a pescar en lagunas, y de "tiradores", que eran los que halaban las redes desde las playas.

El cronista Gutiérrez de Santa Clara (1905 [1603], tomo III: 530-531) indica que las mujeres se encargaban de salar el excedente de la pesca para su preservación, mientras que fuentes etnográficas confirman que no solo cumplían esta labor sino también la de recolectar moluscos y muymuy (familia *Hippidae*) para la carnada (Sabella 1974).

Otro aspecto de la organización del trabajo era que los pescadores entraban al mar por *mita*, es decir, por turnos y en días señalados para pescar (AGN, Derecho Indígena, cuaderno 485, col. 5r y 5v, año 1784). Los españoles los trataban de haraganes porque no salían diario a la mar, y estando en tierra pasaban el tiempo en bailes y borracheras (Rostworowski 1970 y 1977b; Gutiérrez de Santa Clara 1905 [1603], tomo III: 530- 531). Esta noticia muestra el hábito panandino de la *mita*, un sistema que formaba parte de la organización del trabajo tanto en la sierra como en la costa. La *mita* se extendía a otros tipos de labor, como la extracción de la sal y la que se efectuaba en las canteras de yeso. Un documento se refiere a las salinas de Chilca, donde sus habitantes trabajaban por turnos sin consentir entre ellos a individuos ajenos al lugar (BN-Madrid, ms. 119, siglo XVIII).

El trueque

El trueque fue la base de toda la organización económica de la costa. Difícilmente podía ser de otro modo si se llegaba a los extremos de especialización indicados en los documentos. Cada grupo elaboraba un determinado producto, por lo que era forzoso el intercambio entre ellos para cubrir todas sus necesidades. Los campesinos trocaban los frutos de sus campos por pescado o por lo que requerían. Un ejemplo de equivalencias establecidas hace referencia al monto de maíz entregado por los labradores a cambio de chicha ya elaborada (bebida a base de maíz; Rostworowski 1977b: 243).

El segundo tipo de trueque lo realizaban los pescadores llevando el excedente de su pesca a diversos lugares del territorio, principalmente a la sierra. Este trajín del pescado seco y salado entre la costa y la sierra se efectuaba en todo el litoral, y es importante tomarlo en cuenta en las relaciones entre las dos ecologías.

Por último, el tercer nivel de trueque estaba en manos de los señores y comprendía objetos suntuarios, como ropa fina de *cumbi*, *chaquira*, *charqui* y papa seca (AGI, Justicia 461, fol. 1465v, año 1566; BN-Lima, B-1937, fol. 6v, año 1607).

1.3 El aspecto sociopolítico

En el ámbito andino, la costa tuvo una estructura sociopolítica diferente a la de la sierra debido a su ecología. Los documentos de archivos nos revelan una sociedad altamente jerarquizada y muy especializada en materia de trabajo.

Una primera noticia de estas divisiones la obtuvimos en el manuscrito "Aviso" (Rostworowski 1970 y 1977b), que alude a la región de Chincha. El documento menciona la existencia de doce mil labradores, diez mil pescadores y seis mil "mercaderes", además de plateros, zapateros, olleros, carpinteros y pastores. El alto número de pescadores asombra, aunque es natural dudar, pues en los datos del siglo XVI sobre la cantidad de pescadores a lo largo del litoral, las cifras señalan grupos instalados en caletas y playas que oscilan solo entre los cincuenta y cien hombres, y a veces menos. Si embargo, se puede explicar la discrepancia entre las cifras prehispánicas y las coloniales por la disminución demográfica que afectó a la costa desde los primeros años de la conquista española.

Por otro lado, el señorío de Chincha desarrolló un trueque a gran escala con la sierra y a lo largo de la costa. Un producto de exportación a las serranías fue el pescado salado, que también necesitaban los tratantes en sus largos viajes terrestres y marítimos.

A medida que profundizamos la investigación sobre la costa, hallamos estructuras muy especiales en todos los llanos y, sobre todo, en el norte. Francisco Falcón (BN-Madrid, ms. 3042, antigua signatura J-89) proporciona un cuadro de oficios prehispánicos que a todas luces fue confeccionado en el Cusco; ellos fueron muchísimos más numerosos en la costa. Una tardía noticia de Lambayeque de 1710 nombra a 25 grupos que habitaban en el lugar. La mayoría de sus apelativos están en idioma indígena y solo podemos traducir la voz *efquen*, que significa "chacarero" o "mojón de chacra" (Rostworowski 1961: 88 y 94), con una clara alusión al trabajo y a su situación social dentro del conjunto. Si fuese posible descifrar las demás palabras, tendríamos más indicaciones sobre el puesto que ocupaba cada grupo según las categorías de la población.

En cuanto a los nombres en castellano, el de *cacique* y el de *segunda persona* indican quizás que dentro de estos dos grupos se elegían a los señores de Lambayeque; además, señalan una división dual y un rango social. Los demás *ayllus* eran los de plateros, olleros pintores, huseros, huerteros y liseros. Analizaremos los tres últimos grupos (para los demás, véase Rostworowski 1977a): el de huseros demuestra una subdivisión entre los tejedores; los huerteros aparecen como una diversificación de los campesinos, dedicados quizás al cultivo de frutales. Existía la costumbre andina de secar la fruta para su conservación y posterior almacenamiento en los depósitos, una tarea que por su interés merecía una dedicación especial. En cuanto a los liseros, muestran una división entre los pescadores. Sabemos de lagunas donde existían lisas (*Mugil cephalus*), y esto confirma la información sobre la cría de estos peces en la costa central.

Conocemos a otros especialistas, como los "petaqueros", que vivían en la cercanía de los pantanos, donde crecían los juncos que se empleaban para la confección de cajas (Ramírez-Horton 1979), o los "tiradores" del Callao, cuya misión consistía en halar las redes y que aún en 1815 alegaban no ser pescadores (AGN, Juzgado del Cercado, leg. 3).

La mayor parte de estos grupos vivían separados del resto de la población, ya fuese en barrios, calles o formando villorrios, como en el caso de los pescadores. Otro aspecto característico de ellos era que cada uno tenía su propio jefe, ya fuese un "mandón", un "principal" o un pequeño señor, según la importancia del grupo. Un ejemplo es el pequeño señor de Changanuco, que solo poseía dos pueblos y que era al mismo tiempo hamaquero del chimu cápac (Rostworowski 1976).

En el juicio de residencia al que fue sometido el visitador Gregorio González Cuenca entre los años 1570 y 1577, figuran las licencias otorgadas por él a los artesanos, mercaderes y pescadores para que pudiesen desarrollar libremente su oficio. En esos importantes legajos las noticias son escuetas pero ilustran todo este mundo yunga, tan peculiar, con su proliferación de artífices y señores (AGI, Justicia 456-458 y 461).

La estructura de la sociedad costeña y la aparente marginación de los grupos de pescadores de los campesinos de los valles, motivaron la endogamia en los asentamientos de pescadores. La información proviene del antiguo pueblo de San Pedro de Quilcay, cercano al recinto de Pachacamac. La disminución de la población indígena, que afectó por igual a todos los habitantes de la costa, hizo que en 1669 la mayoría de los varones del pueblo fuesen pescadores forasteros, casados con mujeres del lugar. Ellos provenían de Chilca, y también de Santiago de Cao, en el norte. Esto demuestra que las mujeres no tomaban por maridos a los campesinos del vecino pueblo, sino que buscaban a otros pescadores (AGN, Derecho Indígena, cuaderno 140).

La comunicación entre grupos de pescadores a veces distantes unos de otros es confirmada por Lizárraga (1946 [1605], cap. XV: 40), Calancha (1638) y Mogrovejo (1920 [1593]). También se sabe de la existencia de un idioma llamado por los españoles la "pescadora", hablado probablemente desde Chicama hasta Lambayeque, al margen de la lengua usada en los mismos valles, la muchic o yunga (De la Carrera 1644). Muy poco es lo que se sabe de ella, faltan estudios lingüísticos, y es probable que no fuera un idioma sino una *lingua franca* o dialecto perteneciente a ciertos grupos de la población costeña. Lo que sí podemos afirmar es que fue usada por una clase social particular que compartía rasgos culturales y económicos orientados al ejercicio de un determinado trabajo (Rabinowitz 1979).

Quizá la "pescadora" no fue el único dialecto empleado por los pescadores. Todo indica que en el norte se habló también la lengua sechura, mencionada en 1651 (AGI, Lima 55) como distinta a la general del Inca (quechua) y a la muchic o yunga. Fue utilizada por los habitantes de los cacicazgos de Punta de la Aguja, Nonura y Pisura, pueblos reducidos en Sechura, famosos por sus grandes pesquerías, sus trueques, su habilidad en el manejo de grandes balsas de troncos y sus viajes a lo largo de la costa (Rostworowski 1961). Martínez Compañón (1976 [1779-1789]) confirma la existencia de esta lengua.

2. LOS CONOCIMIENTOS TECNOLÓGICOS

2.1 Los implementos de pesca

Los artefactos usados por los pescadores yungas muestran a través de los siglos ciertas variaciones; son los anzuelos los que evidencian mejor las alteraciones tecnológicas.

Junius Bird (1943), en sus excavaciones en el norte de Chile, halló en los estratos precerámicos más profundos de los basurales, anzuelos fabricados con conchas de choro (*Mytilus chorus* y *Mytilus magallanicus*). Por ese motivo, denominó a esta primera fase "cultura de los anzuelos de concha". Otros artefactos usados en aquella época fueron los arpones con punta de piedra para cazar lobos de mar. La segunda fase que distingue Bird es la de los "anzuelos de espina de cactus" (*Opuntia*) de diferente largo y grosor, y junto con ellos, estólicas, boleadoras para cazar aves, arpones confeccionados con huesos (tal vez de camélidos), con barbas de espina de cactáceas, unidas con cuerdas de algodón (Focacci 1974, Engel 1966). También se encuentran anzuelos de hueso, aunque son escasos en el norte de Chile. Hay poca información sobre la aparición tardía de anzuelos de cobre; posiblemente se emplearon primero en el sur y luego en el norte (Bird 1943, Keatinge 1975, Ravines 1977).

Otros artefactos importantes para la pesca fueron las redes, que aparecieron después de los anzuelos. Se hicieron de diversos materiales según los avances tecnológicos. Las primeras se fabricaron con fibras vegetales, tal como la cabuya (*Furcraea*), o con las *tillandsias*, que producían unas hebras fuertes y plegables (Engel 1973: 275); también las confeccionaron con hilo de cactus (Engel 1966: 102) y, finalmente, con algodón.

Con el descubrimiento del algodón se desarrolló una amplia variedad de redes, de acuerdo con su uso y al modo de pesca. A través de los testamentos de indígenas de Lambayeque conocemos los nombres y el empleo de ocho clases de redes:

Cara	para pescar angelotes (*Squatina armata*)
Nip	para pescar sardinas (*Sardinops Sagax*)
Farta o fartu	para coger rayas (familia: *Rafidae, Myliobatidae y Urolophidae*)
Yzic	
Ticta o xicta	
Xllum	
Turna	
Hucia[3]	

Además de redes, conocemos la voz para las sogas largas, a las que decían *Ud.* Para la costa central, solo tenemos dos nombres mencionados en testamentos de naturales del curacazgo de Surco en Lima (AGN, año 1596): a un tipo de red le decían *valtam*, y a otra más pequeña, *cacha*.

Los distintos apelativos indican el uso que se les asignaba, es decir, el tipo de pez que se deseaba atrapar. Aún hoy en día, en la pesca artesanal dan a las redes el nombre del pez para el cual se destinan. Se las llama corvineras, boniteras, tolleras, liseras o robaleras, y se diferencian sobre todo por su tamaño (Salas Cedamanos 1969, Cano Iglesias 1965).

El material que alcanzó mayor difusión fue el algodón (*Gossypium barbadense*) de color pardo, porque los peces no pueden distinguirlo. Frezier (1716), durante su viaje por Sudamérica, observó que cerca de Valparaíso se teñían las redes con la corteza cocida de un árbol llamado luiñán (*Scbinus dependens*), mientras que en Tumbes, en el norte, para conservar las redes, los pescadores les dan en la actualidad un baño con una tinta que obtienen de la corteza de mangle (*Rizophora mangle*) (Salas Cedamanos 1969: 23).

Los pescadores utilizaban otros artefactos para obtener una pesca diversificada, entre ellos, las nasas de varios tipos. Los diccionarios quechua mencionan diversos nombres; así, tenemos la *collancha* o *siru*, grandes nasas boquianchas en un extremo y angostas en el otro, confeccionadas con juncos y que servían para atrapar peces y cangrejos. En el quechua de la costa central decían *capan gui* al verbo que indicaba la pesca por medio de una nasa, y *capana* a una nasa pequeña (Domingo de Santo Tomás 1951 [1560], González Holguín 1952 [1608]).

3. Información del doctor Richard Schaedel, Archivo Brüning de Hamburgo.

2.2 Las embarcaciones

Hemos ya mencionado la importancia de las embarcaciones para el desarrollo de la pesca en alta mar y sus consecuencias culturales y económicas. Diversos fueron los modelos empleados en el litoral, según la materia prima disponible. Citamos ya los viajes distantes en los cuales se usaban las grandes balsas de troncos de madera liviana (*Genus Ochroma*),[4] ya fuese para el trueque de larga distancia o para efectuar conquistas. Solo queda señalar el método que tenían para orientar las balsas por medio de las *guares*, es decir, de unas tablas insertadas entre los troncos que hundían o levantaban según las necesidades, y formaban un timón y una quilla. Clinton Edwards (1965: 66, 68, 73) hace una descripción de ellas y supone que fueron ampliamente usadas en tiempos prehispánicos (para más información, véase García y García 1870: 57-58; Ulloa y Juan 1748, tomo 1, libro IV: 261-265).

Thor Heyerdahl no conoció el empleo de las *guares* cuando realizó la expedición Kon-tiki, pero más adelante, estando en Guayaquil, hizo construir una balsa de nueve troncos con dos juegos de *guares*, manejados por gente experta del lugar. El correcto empleo de las *guares*, junto con el de la vela, mostró para su gran sorpresa la extraordinaria capacidad de la balsa, que podía navegar contra viento y marea, permaneciendo perfectamente controlada por su tripulación (Heyerdahl y Skjölsuald 1956).

Para completar la navegación de las balsas se necesitaba de remos, artefacto ilustrado en las cerámicas mochica y chimú. Los más frecuentes fueron hechos de caña de guayaquil (*Guadua kunth*) cortada en dos a lo largo; en quechua decían al remo *cayuina* y el ancla era una piedra atada con cuerdas. El uso de la vela era también indispensable. Edwards sostiene que fueron siempre triangulares, es decir "latinas", y no cuadradas. La información más antigua sobre la existencia de velas es la de Bartolomé Ruiz, y un temprano dibujo se halla en la solicitud de nobleza de un español de Puerto Viejo de 1538. En el escudo figura una balsa con una vela triangular (Rostworowski 1970).

Además de las grandes balsas de troncos, se emplean hasta hoy, en las caletas de Máncora, Sechura y Colán, pequeñas balsillas que van siendo desplazadas por las lanchas con motor fuera de borda y por las grandes "bolicheras" especiales para la pesca industrial.

---

4. Edwards 1965, cap. VI; Fernández de Oviedo 1945 [1549], tomo XII, cap. XVII; Lizárraga 1946 [1605], cap. XLV; Cieza de León 1932 [1550], cap. LII; Jiménez de la Espada 1881-1897, tomo I, pp. 9 y 13: apéndice II, tomo III, pp. 229 y 230, tomo II, pp. 13, 66 y 68; Zárate 1944 [1555], caps. IV, V y VI.

Cerámica moche. Se aprecia a un marino subiendo a la embarcación de totora.
Museo Nacional de Arqueología, Antropología e Historia del Perú.
(Foto: Rossy Castro).

Detalle de lámina de Martínez de Compañón donde se observa a nativos sobre un caballito de totora (fines del siglo XVIII).

Iconografía de ceramio moche donde se observa una faena de pesca (Jürgen Golte: *Los dioses de Sipán*. Lima: IEP, 2013).

Los pescadores de la caleta San Pablo salen aún a pescar en balsillas hechas de troncos con vela y remos. Son embarcaciones muy seguras, resistentes al oleaje, y navegan en las condiciones más adversas. No solo pescan con ellas en alta mar, sino también en las zonas rocosas de difícil acceso para otro tipo de embarcación. Su difusión fue seguramente muy amplia en la época prehispánica (Sabella 1974). A falta de troncos, se empleó también la caña de guayaquil (*Guadua kunth*) para la fabricación de balsas en las zonas de Pimentel y Paita (Gutiérrez de Santa Clara 1905 [1603], tomo III, cap. LXI: 527-528; Gutiérrez Galindo 1966). El difícil acceso a los árboles obligó a los naturales a buscar otro material para la fabricación de embarcaciones. Los juncos, abundantes en las múltiples lagunas del litoral, fueron apropiados para ello.

En la cerámica mochica están ilustrados los dos tipos de embarcaciones en uso en aquel entonces. Uno fue la gran balsa hecha de varios mazos de juncos unidos entre sí, que debió tener dos pisos, pues entre uno y otro acomodaban numerosas vasijas. Cieza de León recogió de los naturales de Santa Elena (Ecuador) la leyenda del arribo a esas playas de una flotilla de "balsas de junco a manera de grandes barcias" (1943, cap. LII: 168). Cobo cuenta que hacían balsas mayores de eneas juntando mazos, en las cuales podían navegar hasta 12 personas, "y de dos grandes unidas y atadas se hace una capaz de llevar bestias y ganados" (1956 [1653], tomo 1: 266). En 1969, Gene Savoy zarpó del puerto de Salaverry, cerca de Trujillo, en una de esas balsas de totora de grandes dimensiones, y llegó meses después a Panamá. El viaje de Savoy permite comprobar la resistencia de los juncos en una navegación bastante larga (Savoy 1969).

El segundo tipo de embarcación son los llamados "caballitos de totora", que fueron empleados por los pescadores en todo el litoral, desde Pimentel hasta Pisco. La disminución de la totora (*Scirpus*) y de las ciénagas, así como la introducción de moderna tecnología, hacen que en pocos lugares se conserve el uso de estos *caballitos*. En las cerámicas mochica y chimú existen numerosas ilustraciones de individuos y dioses pescando o navegando en esas embarcaciones. Los españoles las llamaron *caballitos* porque los naturales montaban en ellas con los pies en el mar.

El padre Acosta cuenta que era gran recreación mirar cómo pescaban en el Callao, "porque eran mucho y cada uno en su balsilla caballero o sentado a porfía cortando las olas del mar, que es bravo allí donde pescan, parecían tritones o neptunos que pintan sobre el agua [...]" (Acosta 1940 [1550]: 182).

Una vez en tierra, cargaban su embarcación a cuestas y luego la deshacían y tendían los juncos en la playa para que se secasen.

Otro tipo de embarcación precolombina de los llanos fueron unas balsas de calabazas (*Lagenarias*) atadas unas a otras. Hay noticias de que las empleaban para cruzar los ríos en época de creciente o repunte de las aguas (Jiménez de la Espada 1881-1897, tomo I, apéndice II: CXI).

Según Acosta (1940 [1550]: 182), desde Ica hacia el sur, quizás por la falta de juncales, se fabricaron unas balsas de cuero de lobo marino (*Otaria Flavescen y Arctocepbalus Australis*). Estaban hechas en forma de dos morcillas de piel de lobo, recubiertas con brea y cosidas con cuerdas de tripa. Las "morcillas" estaban convenientemente infladas y unidas con travesaños y correas de piel, a más de provistas de tablas como piso. Estas frágiles embarcaciones eran conducidas en la parte delantera por un hombre que llevaba un remo de dos palos (Rugendas 1975 [1842]: lámina 1, "Pasajeros desembarcando en Iquique").

2.3 Los modos de pesca

Los modos de pesca variaban según las circunstancias y los métodos usados. En los tiempos más remotos conocían solo el anzuelo de conchas que lanzaban desde la playa.

En la costa central, llaman en la actualidad a la pesca con anzuelo *pinta* (Gutiérrez Galindo 1966), voz que proviene del quechua. En

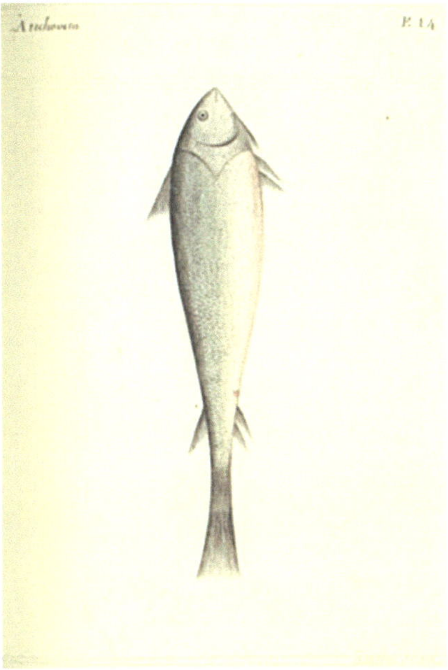

Anchoveta, bufeo y sardina
según Martínez de Compañón
(fines del siglo XVIII)

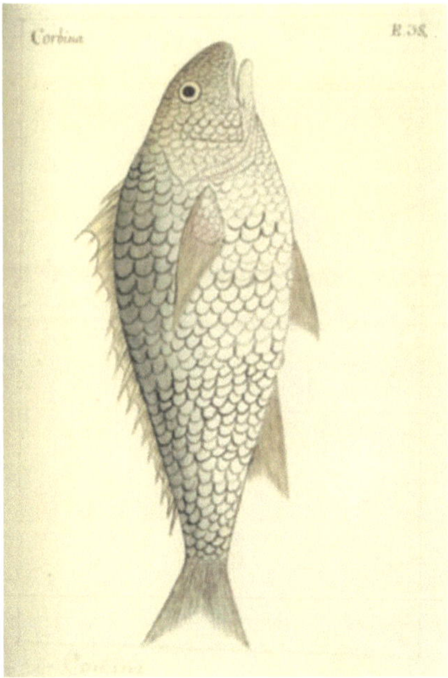

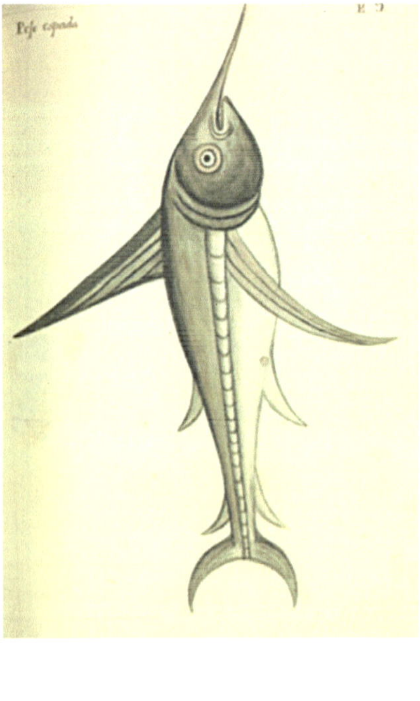

Corbina, bonito y pez espada
según Martínez de Compañón
(fines del siglo XVIII)

Lenguado, lobo marino y tollo de leche según Martínez de Compañón (fines del siglo XVIII)

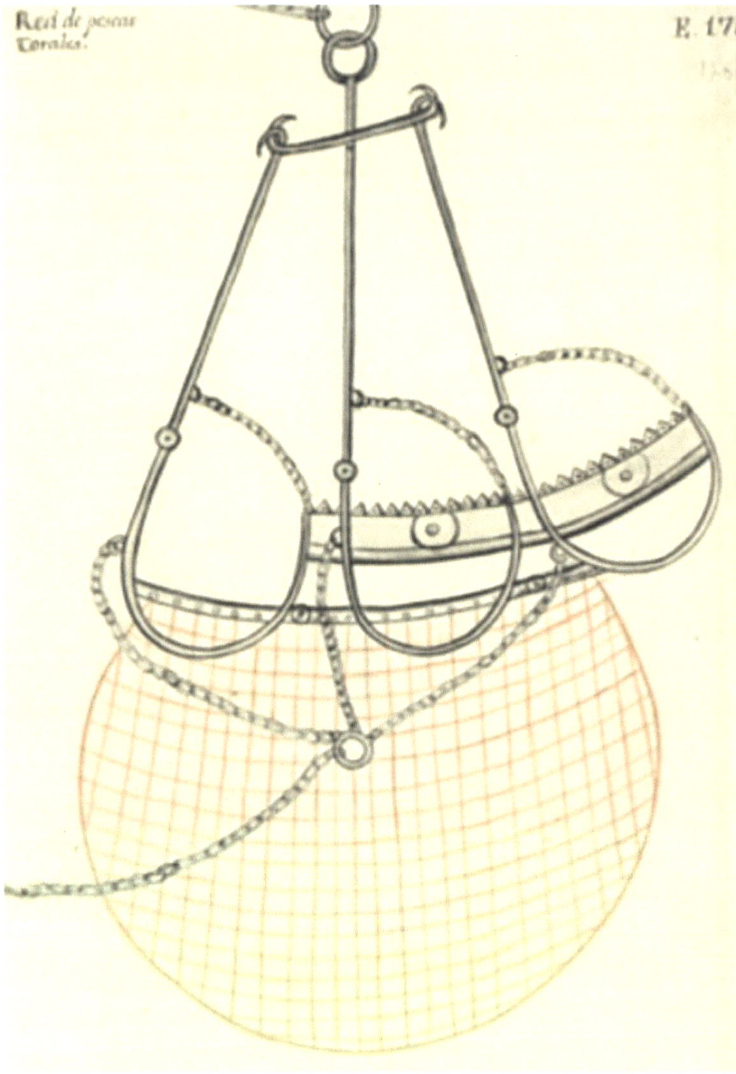

"Red de pescar corales" según Martínez de Compañón
(fines del siglo XVIII)

aquel idioma decían al anzuelo *pinta* o *coycana*, pescar con anzuelo, *pintatani, gui*, y al pescador con anzuelo, *pintac, capa* (Domingo de Santo Tomás 1951 [1560]). Para adentrarse en la mar se valían de los "caballitos de totora" y practicaban dos tipos de pesca: una con anzuelo y otra con red. Las referencias etnográficas ilustran ambos métodos. El primero, o sea el de *pinta*, es una pesca individual. El hombre sale montado en su embarcación, lleva consigo una bolsa de red llamada *calcal* (en Lambayeque), varios anzuelos de diferentes tamaños, carnada a la que dicen *meñoca*, unos mates por boyas (*Lagenaria*), y una piedra atada a una cuerda (*potala*). El pescador se dirige al lugar escogido, echa el ancla y también sus anzuelos; a medida que caen los peces, los pone en el *calcal* o bolsa de red. Cuando considera suficiente lo pescado, regresa a la playa (Gutiérrez Galindo 1966). Estas redes redondas están ilustradas en varios ceramios mochica que representan a seres míticos en la tarea de pescar.

La segunda forma de pescar con "caballito" se ejecuta entre dos hombres, cada uno en su propia embarcación. El que dirige la pesca es el "maestro" y lleva una red que en la caleta de Santa Rosa (Lambayeque) llaman "incaica"; el otro carga con el *calcal*, las boyas y un palo para defenderse de los peces grandes. La red "incaica" es rectangular y de algodón, uno de cuyos extremos está cerrado. El otro termina en una cuerda o soga de unos cinco metros de largo. La red es prácticamente una bolsa de nueve metros de largo por cuatro de ancho. Para pescar con ella, se colocan dos boyas en la parte superior del extremo cerrado y pequeñas piedras en la parte inferior de los extremos, a fin de que la bolsa se abra. Cada una de las cuerdas es halada por los hombres montados en sus "caballitos" respectivos. El "maestro" y su "discípulo" van remando y cae a la red todo pez que encuentran al paso. Cuando recorren cierta distancia, levantan la red y sacan lo que contiene. La pesca dura de siete a ocho horas, saliendo de noche al mar (Gutiérrez Galindo 1966).

En 1778, Hipólito Ruiz presenció en Lurín una pesca similar y nos cuenta:

> [...] salen juntos los dos pescadores y, hallándose a cierta distancia de la orilla del mar echan la red y, desviándose el uno del otro quanto dan de sí los cordeles, vuelven a la orilla, cada uno por su lado, tirando de la red; y poco antes de llegar a ella se reúnen para cerrar la red, y saltando los dos juntos a tierra, a fuerza de brazos sacan la red con la pesca. (Ruiz 1952, tomo 1: 52)

Un ejemplo de pesca de fines del siglo XVIII está ilustrado en el material reunido por orden del obispo Martínez Compañón (1976

[1779-1789]): E. 125). En lugar de embarcaciones de juncos, los pescadores manejan dos pequeñas balsas de troncos, iguales a las empleadas hasta ahora en Máncora, en la caleta San Pablo y en Sechura (Aurelio García y García 1870). Cada balsa está tripulada por dos hombres. Los hombres que se sientan en la proa operan solo las sogas de una red común. A cada extremo de la red penden dos cuerdas, la una controla la parte más hundida que tiene plomadas o piedras, mientras que la segunda manipula la mitad de la red cercana a la superficie y dispone de flotadores. Los hombres que se sientan en la parte posterior de cada balsa cogen unos palos para ahuyentar a los peces, y a su lado tienen remos de madera.

La modalidad de pesca de arrastre era utilizada en todo el litoral. Siempre había un pescador encargado de conducir y ordenar la pesca, evitando las discordias, y era también él quien decidía los lugares donde habían de ser lanzadas las redes (AGN, Juzgado de Cercado, legajo 3, año 1815).

Una descripción moderna de este tipo de pesca la ofrece para Arica, Luis Valdivia, y no varía sustancialmente de las prácticas antiguas (1974).

Las redes empleadas desde las balsillas dependían de la especie de pez que se deseaba pescar y variaban sobre todo en el grosor y en lo tupido de la malla. En la actualidad son llamadas "agalleras" porque estorban el pase del pez cuando trata de atravesar la malla. Los pescadores de Puerto Pizarro y Punta Malpelo fabrican ellos mismos sus redes según la captura que desean (Salas Cedamanos 1969: 30). Otra variación entre las redes dependía de la especie de pez: si se hallaban en el fondo del mar, aumentaban la cantidad de piedras atadas a la red; de lo contrario, disminuían su número (Schweigger 1939).

Por otro lado, en los brazos de mar se colocaban redes para evitar la salida de los peces cuando el cambio de marea; en otras circunstancias, se ponían trampas que permitían la entrada pero impedían su fácil salida.

Los pescadores salían frecuentemente a pescar de noche, pero existía una pesca nocturna en la que iba:

> [...] mucha cantidad de yndios por la mar adelante en muchas balsas y llevan grandes luminarias y lumbres encendidas de teas y pino. Y como estos van desta manera encandilan los pescados que abobados y atónitos se paran a mirar la lumbre como cosa nunca vista por ellos y luego se vienen allegando a las balsas, y allí los harponean y flechan o los toman a mano y en esta forma toman grandísima cantidad de diuersos pescados. (Gutiérrez de Santa Clara 1905 [1603], tomo III, cap. LXI: 530)

El uso de arpones para atrapar peces grandes fue frecuente desde tiempos remotos; solo variaban las puntas, ya fuesen de piedra (Bird 1943), de hueso o de cobre, este último material usado muy posteriormente. Surge el problema de quiénes fabricaban las puntas y los anzuelos de cobre. Debido a la gran especialización en el trabajo en la costa, es poco probable que fuesen los pescadores quienes las hicieran. Es de suponer que existieron especialistas para ello; quizás los plateros o metalúrgicos tuviesen a su cargo su hechura.

Una pesca llamada "real", ofrece, por sus características, una similitud con los *chacos* terrestres y es descrita por el cronista Gutiérrez de Santa Clara:

> [...] entran muchos grandes nadadores bien adentro de la mar, y estando ya bien alongados se ponen en hila como quando van a buscar la caza aca en la tierra, y vienen hazia la costa en ala gritando y braceando y haziendo gran ruydo en el agua, y con esto se vienen acercando y traen antecogidos mucha diversidad de pescado a la lengua del agua. Están muchos yndios aguardando en tierra con redes muy largas y con mantas delgadas, y como los nadadores llegan cerca se meten estotros de refresco en el agua y tienden sus redes largas y mantas grandes y toman grandísima cantidad de pescados, que después se lo lleuan [...]. (Gutiérrez de Santa Clara 1905 [1603], tomo III, cap. LXI: 530)

Los peces pequeños eran consumidos entre los participantes y sus familias, y la faena terminaba con bailes y "regocijos". En cuanto a los peces grandes, eran salados por las mujeres. Las pescas reales tenían un carácter festivo y ceremonial por el número de personas que asistían a ellas.

Acosta (1940 [1550]: t. 3, cap. 15), y más tarde Cobo (1956 [1653], tomo II, cap. XV), mencionan pescas ceremoniales hechas en honor del mar, en las que participaba toda la población. Para ello se embarcaban con grandes festejos acompañados de tambores y flautas, y en alta mar se oficiaba el culto. Es posible que estas fiestas estuviesen relacionadas no solo con el mar sino también con la luna. Hay noticias de que en el norte llevaban la cuenta del tiempo por las lunas y no por el sol, quizás por la influencia de la luna en las mareas (Jiménez de la Espada 1881-1897, tomo II: 239). Una tarea importante de los grupos de pescadores era la conservación del excedente de la pesca para poder trocarlo por todo lo que necesitaban. Hay mucha información sobre la extendida práctica del salado y secado del pescado a lo largo de la costa.

Para el consumo diario, los peces eran siempre lavados con agua de mar, pues eso aseguraba que se conservasen mejor (Sabella 1974: 5).

El salado es un método basado en la penetración de la sal en los tejidos de los peces. Tanto el salado como el secado son técnicas que basan su acción preservativa en la remoción del agua contenida en el pescado, creando condiciones propicias para que no proliferen las bacterias (Sánchez y Lam 1965: 6). La concentración de sal debe ser alta y de buena calidad. Numerosas son las salinas en el litoral; las hay desde Tumbes hasta Moquegua.

El procedimiento antiguo era muy simple y aún se practica en la pesca artesanal, siendo importantes las condiciones climáticas. Ciertas épocas del año son más favorables que otras, pues el pescado se daña con la excesiva humedad del invierno. Es necesario el techado, porque la exposición al sol no favorece el secado de ciertos peces que deben mantenerse a la sombra con buena ventilación y espacio suficiente para que el aire circule libremente. Para ello se hinca bajo ramadas unos palos o listones, y se apoya en ellos unas sogas sobre las cuales se dispone las tiras de pescado en proceso de salar.

Las rayas no necesitan de sombra, y aún hoy día, en los pueblos costeros, se ven estacas y cañas unidas por cordeles y en ellas colgando las rayas abiertas, cual abanicos.

Los pescadores de Lambayeque guardan sus provisiones de pescado salado para los días en que es imposible hacerse a la mar. El producto es puesto en botijas llamadas *chapes*, que se conservan bajo tierra (Gutiérrez Galindo 1966: 37).

3. LA COMPLEMENTARIEDAD ENTRE LOS PATRONES DE ASENTAMIENTOS DE PESCADORES Y DE AGRICULTORES

Ante todo, hacemos la salvedad de que al hablar de pescadores nos referimos a los asentados tradicionalmente cerca del mar y no a los esporádicos o eventuales que podían bajar de las serranías a consecuencia de una prolongada sequía, o a los costeños que escapaban de una hambruna después de malas cosechas.

Las diversas aldeas de pescadores, cercanas al mar y rodeadas de lagunas y albuferas, mantenían una estrecha relación con los pueblos de agricultores de cada valle. Si bien los pescadores tenían sus propios señores, se nota en el siglo XVI, antes de los trastornos ocasionados por las reducciones toledanas, una dependencia de los grupos de pescadores ante los curacas principales de cada señorío.

Solo mencionaremos algunos casos para ilustrar nuestra afirmación. En la visita realizada por Sebastián de la Gama a Jayanca en 1540, un importante señor llamado Myllamysan declaró tener bajo sus órdenes a 50 indígenas y estar al mismo tiempo sujeto al cacique principal de Jayanca (AGI, Justicia 418, fol. 276r).

Otra información proviene de los valles de Chancay y Huaura. Se trata de un prolongado juicio iniciado en 1549 en el Consejo de Indias entre los encomenderos Jerónimo de Aliaga y Rui Barba Tinoco Cabeza de Vaca. La discordia provenía del deseo de ambos de tener como encomendados a un jefe pescador llamado Barboo o Parpo y a su gente. Ellos eran *mitmaq* de origen muchic, de Santa y Casma, y estaban subordinados, cuando la llegada de los españoles, al curaca principal de Huaura, Guachapayco. El curaca los tenía en el valle de Chancay para proveer de pescado y de machas al Inca cuando este pasaba por el valle. Durante las guerras civiles, Parpo y su gente buscaron refugio en el convento de los dominicos para huir de las exigencias de las tropas españolas. Es interesante el testimonio presentado en este litigio por fray Domingo de Santo Tomás, que a la sazón tenía 39 años y era el prior del convento (AGI, Justicia 396).

Un tercer ejemplo se halla en el cuaderno de la visita a Maranga de 1549; en este documento, el curaca don Antonio Marca Tanta dijo tener bajo su autoridad a tres principales; uno de ellos era Yanachuqui, jefe de los pescadores (Rostworowski 1978a: 93).

Por último, en la visita a Acarí de 1593 (Visita... 1973), en su segunda etapa realizada a lo largo del litoral, se nombran, como hemos dicho, dos ayllus llamados Lomas-Pescadores. Cada cual pertenecía a una de las mitades que ocupaban los valles de Acarí y de Yauca, es decir, uno de ellos estaba sujeto al curaca de hanan, don Felipe de Guzmán, y el otro al de hurin, don Antonio Satuni.

No tiene objeto citar más ejemplos, basta indicar que a lo largo de la costa existía la misma situación de dependencia de los grupos de pescadores de los señores principales de los valles.

A pesar de su subordinación a los grandes curacas, los pescadores se mantuvieron al margen de los poblados agrícolas por la necesidad de establecerse cerca del mar y de las ciénagas ricas en juncos.

Existe en la documentación de archivos la evidencia de una complementariedad y reciprocidad entre los establecimientos de pescadores y los agrícolas, que se puede rastrear a lo largo de la costa.

Nuestra primera referencia proviene de Chérrepe. En 1572 se realizó la visita general ordenada por Toledo, y en el documento publicado por Ramírez-Horton (1978) hay una mención a tres pueblos antiguos que resultaron reducidos a dos. El uno se llamaba Chérrepe, estaba situado junto al mar y pertenecía a los pescadores; el segundo era de los labradores, se llamaba Cormot y se redujo en el valle de Pacasmayo con el nombre de Guadalupe (AGI, Justicia 460, fol. 167). El tercer pueblo fue el de Ñoquip, cercano a unas ciénagas, habitado por pescadores y labradores. En el manuscrito se señala que Chérrepe tenía la supremacía sobre el pueblo de labradores. Es posible que estas tres aldeas estuviesen subordinadas al señor mayor de Pacasmayo.

El visitador decidió despoblar el tercer pueblo y enviar a sus vecinos, según sus ocupaciones, a las otras dos aldeas. La razón argumentada era su escasa población y el estar "cercado de cerros guacas". En el *auto de reducción* se decía que muchos naturales, tanto gente del común (*parques*) como principales, acudían al pueblo a fin de celebrar fiestas y bailes, según sus antiguos ritos. Ñoquip fue a todas luces un centro ceremonial, poco poblado, pero al que acudía en ciertas temporadas un gran número de personas dispuestas a celebrar juntas ciertas ceremonias. Este dato es importante, pues más de un lugar en el ámbito andino fue centro de reuniones esporádicas semejantes. Sería interesante ubicar Ñoquip y comprobar arqueológicamente esta suposición.

Pero sigamos con las equivalencias entre los asentamientos pesqueros y los agrícolas. Chanchan, la capital de Chimor, disponía en sus inmediaciones de dos pueblos de pescadores. Uno era el de Huanchaco, con su importante producción de pescado salado (AGI, Justicia 456, fol. 1750), y el segundo era el pequeño señorío de Huaman, en la margen derecha del río Moche, con su pueblo principal llamado Chichi (Rostworowski 1976).

Un valioso ejemplo de la organización sociopolítica de Chimor es la estructura del pequeño señorío de Chican o Chicamy, situado en la banda izquierda del río Moche. En 1543, solo dos pueblos formaban esta diminuta unidad: la aldea de pescadores de Xacón y el asiento agrícola de Changuco, tierra adentro (Rostworowski 1976).

Estas noticias nos hacen suponer que el señorío de Chimor estaba formado por un mosaico de jefezuelos con distintas jerarquías, sometidos todos ellos a la autoridad del chimu capac.

En la costa norcentral, en el valle de Huaura, a Végueta, lugar de pescadores y rodeado de lagunas, le correspondía el pueblo de agricultores de Mazo (PR, Miscelánea de *Ayala*, tomo 2816, año 1762). Lo mismo sucedía con Carquín, situado junto al mar, en la banda izquierda del río. Se puede suponer que el extenso complejo de Hualmay fue el asentamiento de los agricultores (Rostworowski 1978a).

En el valle de Lima, los marangas eran ante todo pescadores y Mayacatama era el pueblo de los labradores. Tenemos copiosa información sobre Quilcay, un asiento de pescadores del señorío de Ichma. En Cañete, Cerro Azul, con su aldea de la gente del común, se distinguía del centro ceremonial, y ambos formaban un conjunto rodeado de ciénagas, integrado bajo la hegemonía del señor de Guarco.

La complementariedad de los patrones de asentamientos de la costa muestra varios aspectos interesantes. Primero, una dominación del sector agrícola sobre el pesquero. Segundo, la existencia de centros ceremoniales en los cuales se reunían los diversos sectores de la población para celebrar fiestas rituales. Tercero, la existencia de una compleja red de pequeños núcleos de autoridad, bajo el mando de un señor principal. Es posible que existiera una fuerte jerarquización de la sociedad, sometida al poder absoluto de un jefe, cuya supremacía se extendía sobre todo un valle y a veces sobre varios.

El diluvio de 1578[1]

Las tremendas precipitaciones que afectan de tanto en tanto a la costa norte del país se presentan cíclicamente en formas aún no bien estudiadas.

En los anales de las ciudades norteñas surgen como hitos los saqueos de piratas, los terremotos y los calamitosos aguaceros que, de tarde en tarde, caen sobre la indefensa población. Sabiendo que el fenómeno se repite, ¿por qué no preverlo? Las ciudades como Tumbes, Piura, Lambayeque o Chiclayo no se construyen para unos cuantos años sino para durar siglos. ¿Por qué no dotarlas de un alcantarillado y de una red de desagües preparados para recibir las eventuales avalanchas de agua? ¿No sería eso más económico que tener que reconstruir todos los servicios de la ciudad?

Otra pregunta que viene a la mente es por qué se edifican en las costas las ciudades a la vera de los ríos, si estos no están canalizados. Es obvio que, dada la naturaleza de los cauces yungas, cuando llueve en exceso, se forman peligrosas crecientes para los habitantes ribereños.

Estas lluvias torrenciales se han repetido una y otra vez a través de los siglos, como ocurrió, por ejemplo, en 1578 en la región de Lambayeque. El 24 de febrero de ese año cayó una fuerte lluvia que duró toda la noche. Según quienes la sufrieron, era como si se derramaran

1. Publicado en *Desastres y Sociedad*, n.° 3, año 2, agosto-diciembre de 1994 y, anteriormente, en *El Comercio*, marzo de 1983.

cántaros de agua sobre la ciudad. Las precipitaciones fueron interminables; unos días más, otros días menos. El 3 marzo, un diluvio inundó la región y así continuó hasta el 5 o 6 de abril.

El resultado fue desastroso. Los ríos y canales principales se salieron de madre, anegando los valles. Las acequias se quebraron por el caudal de agua arrastrado, y un brazo del río cruzó la ciudad. Las casas de adobe se derrumbaron, la catedral de Lambayeque —que en ese entonces lucía "mejor que la de Lima"— también se vino abajo. Lo mismo sucedió con las casas del párroco, del cacique y de los españoles.

La villa de Saña también sufrió daños, pero se hizo caso omiso al peligro, y los edificios se reconstruyeron en el mismo e inseguro lugar.

La aterrada población buscó refugio en los cerros y en las *huacas*. Se improvisaron toldos y ramadas en los lugares altos, pero las lluvias calaron los precarios techos. Mucha gente se ahogó, otros murieron como consecuencia de las epidemias que se desataron, afectando sobre todo a niños y ancianos.

En el campo, las consecuencias fueron devastadoras. Las reservas de granos guardadas en botijas se pudrieron, e igual suerte corrió el maíz conservado en hondonadas especiales construidas por los naturales en los lugares más desérticos. El agua llegaba a todas partes. Las gallinas, los patos y los cuyes perecieron en las inundaciones, las llamas que por entonces existían aún en la costa no pudieron escapar. Las tierras de cultivo se cubrieron de arena y de piedras.

Pasadas las lluvias y ante la situación, el corregidor Joan de Monroy obligó a los curacas —bajo la amenaza de deportarlos a Panamá o de ahorcarlos si no obedecían— a reunir a sus gentes para rehabilitar el canal de Taimi. De los pueblos de Ferreñafe, Chiclayo, Jayanca y Reque acudieron a la fuerza los tributarios, y no solo arreglaron el Taimi, sino también los canales secundarios. A diferencia de las obras públicas que se realizaban en la época prehispánica, nadie proporcionó a los trabajadores alimentos durante el tiempo que duró la obra comunal. Faltos de subsistencias, muchos murieron de hambre y otros huyeron del valle.

No terminaron ahí las penurias. En los nuevos sembríos aparecieron langostas que, cual plaga, devoraron las tiernas plantaciones. Luego ejércitos de ratones invadieron los campos y aldeas dando fin a lo poco que quedaba. Los voraces animalitos comían los capullos de los algodonales y hasta roían la corteza de los algarrobos. Por último, según el documento, unos gusanos verdes, amarillos y negros comenzaron a crecer en la podredumbre general.

En esas circunstancias, los naturales no tenían con qué pagar los pesados tributos. Las autoridades apresaron a los caciques, les pusieron grilletes o los echaron al cepo y los mantuvieron encarcelados. Los jefes étnicos se vieron obligados a vender las joyas de sus mujeres, sus adornos y objetos de plata, y a desenterrar los tesoros de sus mayores para hacer frente a la codicia de los encomenderos.

Ante la penosa situación, numerosos pobladores optaron por abandonar sus aldeas y refugiarse en la sierra con sus familias. Los que se quedaron en los valles morían de hambre y se alimentaban de lagartijas, hierbas, tomates silvestres, vainas de algarrobo y de los frutos de zapote.

La situación movió a los curacas de Lambayeque, Ferreñafe, Túcume, Illimo, Pacora, Jayanca, Cinto, Chiclayo, Chicama y Chocope a presentar sendas probanzas, con testigos, narrando los sucesos del año 1578 y solicitando a las autoridades la suspensión del pago de la tasa. Gracias a esas diligencias, han llegado a nosotros los detalles de los acontecimientos que narramos aquí.

Fuente: Mss. BN-Lima, 534.

Ordenanzas para el servicio de los tambos del repartimiento de Huamachuco hechas por el licenciado González de Cuenca en 1567[1]

En el Estado inca existió una sorprendente red de caminos que causó el asombro de los españoles, pues en la Europa del siglo XVI no había nada semejante.

Estas rutas que se extendían de sur a norte, y también a lo ancho del amplio territorio, venían acompañadas de tambos, es decir, de mesones donde se albergaba a la élite del Incario en sus forzosos traslados a través del país.

Nuevas luces sobre el modo como funcionaba el servicio de la *mita* en los tambos nos las proporciona el documento que publicamos a continuación. Se trata de las ordenanzas confeccionadas en 1567 por orden del licenciado Gregorio González de Cuenca para el repartimiento de Huamachuco. Aunque el documento es colonial, no se habían producido aún las reducciones de indígenas a pueblos a la usanza española, y muchas costumbres prehispánicas seguían vigentes; de ahí su importancia.

Sin embargo, las vías de comunicación no fueron un invento del Incario. Debieron de haber rutas más antiguas para unir entre sí a los diversos grupos étnicos y a los principales santuarios, que eran la meta de romerías y lugares de intercambio. Dos ejemplos de centros religiosos que atraían a numerosos fieles y peregrinos fueron el santuario de Pachacamac (Cieza de León 1943), en la costa, y el de Pariacaca, en la sierra central (Ávila-Taylor 1980).

---

1. Publicado en *Revista Histórica*, tomo XXXVI, 1987-1989, pp. 15-31.

En el señorío de Chimú, cuyos dominios abarcaban una amplia zona de la costa, se emplearon rutas aún reconocibles para los arqueólogos. Pero a pesar de la existencia de caminos, no hay que suponer que el tráfico era lícito para todos y que se lo podía hacer en cualquier momento. En la "Relación" de Chincha (Castro-Ortega Morejón 1974 [1558]: 93) se menciona el frecuente estado de guerra existente entre los señoríos, situación que impedía a la gente salir de sus valles sin la autorización de sus curacas. Las rutas solo quedaban expeditas cuando se cumplía el tiempo de las treguas, que seguramente coincidía con el de las fiestas religiosas de las importantes *huacas* o santuarios.

La carencia de unidad política antes de la conquista inca hacía que los caminos fuesen locales y diferentes entre sí, según si se trataba de una macroetnia poseedora de fuerza de trabajo, o si las regiones estaban divididas en pequeños curacazgos poco habitados.

Con el surgimiento del Tahuantinsuyu se incrementó el número de caminos hasta alcanzar una extraordinaria dimensión. Según las estimaciones de Hyslop (1984), el sistema vial incaico comprendía en su totalidad de 30.000 a 50.000 km.

Para el Estado inca, las rutas eran indispensables tanto para la movilización de sus ejércitos como para el masivo traslado de las poblaciones enviadas en calidad de *mitmaq* —destinadas con frecuencia a parajes distantes de sus lugares de origen—, y para el transporte de los productos cosechados en las tierras estatales y remitidos a los depósitos de los centros administrativos. La organización inca necesitaba de rutas para sus dignatarios, administradores, visitadores, jueces, *quipu camayocs* y *chasquis* (o portadores de mensajes). Se trataba de todo un mundo que giraba en torno a las urgencias del gobierno. Por lo tanto, la red vial obedecía a los fines exclusivos del Estado central y no de las etnias o de los particulares. Ese es el punto principal que distingue y diferencia el sistema inca de las vías de comunicación modernas.

Los tambos tuvieron diversas categorías y dimensiones según su importancia. En los grandes centros administrativos establecidos en Vilcas Huamán o Huánuco Pampa, las numerosas estructuras atestiguan su presencia, junto con la de palacios, templos y depósitos.

A lo largo de las vías principales existían aposentos para alojar al Inca y a su séquito cuando salían del Cusco, ya sea para visitar sus territorios o marchar a la guerra. En las rutas secundarias también había tambos menores para el descanso de los miembros de la maquinaria estatal —emisarios, visitadores, etc.—, que se desplazaban por los más diversos motivos. Por último, los albergues más pequeños se destinaban a los mensajeros gubernamentales que como postas llevaban la información contenida en los *quipus*.

Red principal del camino inca.

Sobre el tema de los tambos disponemos, además de las crónicas, de dos listas de mesones usados en tiempos coloniales en las rutas entre el Cusco, Los Reyes y Quito, en los que se mantenía el sistema andino de atender sus necesidades y servicios a través de la *mita* (Guamán Poma 1936 [1613]; Ordenanzas de tambos de Vaca de Castro 1908 [1543]).

Guamán Poma indica diversas categorías de tambos, según la importancia de las rutas, que dibuja de manera distinta. La variedad de tambos se puede comprobar en las ordenanzas dictadas por el oidor Cuenca para Huamachuco. En el documento que publicamos en esta ocasión, se puede apreciar algo de su papel en el reparto de los mitayos. La ventaja de haber sido ordenadas en 1567 es que los pueblos nombrados en el testimonio aún permanecían en sus lugares de origen. Naturalmente, las ordenanzas eran españolas y no reflejan toda la situación anterior. Sin embargo, mucho quedaba del sistema antiguo, lo que ayuda a esclarecer cómo operaba.

Nueve tambos prestaban servicio en el repartimiento de Huamachuco en 1567, atendidos por seis *guarangas*. Dos de ellas pertenecían a *mitmaq*, de las cuales una se componía de serranos y la otra de gente yunga, vale decir, costeña. Los dos principales tambos eran el de Yagon y el de Huamachuco y son nombrados como tambos reales; contaban cada uno con 30 mitayos, mientras que el resto solo poseía diez.

Ahora bien, estos tambos no se situaban a lo largo de una sola ruta, sino que estaban dispersos en el repartimiento. Para entender mejor el sistema sería necesario hacer un prolijo trabajo de campo y ubicar cada uno de los lugares mencionados, una labor que no hemos podido realizar. La experiencia indica lo mucho que se aprende recorriendo la zona nombrada en un documento y la valiosa información que se obtiene conversando con los lugareños.

El sistema por el cual las seis *guarangas* debían proporcionar gente a los tambos no seguía nuestra lógica, en el sentido de que cada pueblo se ocupara del tambo más cercano. Más bien hallamos que algunas *guarangas* estaban a cargo de lejanos albergues cuando tenían otros más cerca de su área. Este hecho indica que la organización andina se guiaba por motivos que desconocemos por falta de información. Por eso insistimos en la importancia de realizar trabajo de campo en los lugares nombrados en cualquier testimonio, pues ayudaría a entender el engranaje indígena. En el documento leemos que “muchos dellos yban a servir en tambos muy distantes y apartados, tiniendo otros mas cerca donde servir”. Es indudable que otros factores que no eran la distancia, tomada en consideración por Cuenca, intervenían en el sistema indígena. Con frecuencia surgen dificultades para comprender el mundo andino, porque juzgamos los hechos bajo el punto de vista europeo, lo que nos lleva a conclusiones erróneas.

Los estudiosos que han abordado el tema de los tambos prehispánicos han cuestionado las distancias existentes entre unos y otros. En las crónicas, las referencias más tempranas son las de Hernando Pizarro en su carta dirigida al rey, en la que dice haber encontrado a lo largo de su recorrido de Cajamarca a Pachacamac, unas estructuras edificadas para cuando el soberano inca pasaba por la costa (Fernández de Oviedo 1945 [1549], tomo XII: 87). También Mena (1937 [1534]) indica que en el camino de Cajamarca a la costa halló, cada dos leguas, unos aposentos. Cada cronista señala equivalencias distintas para las distancias de las rutas, variando la información de uno a otro.

Las noticias sobre las distancias que se recorrían en el área andina se relacionaban con el concepto de *esfuerzo empleado* más que de distancia de un lugar a otro. No existió en el ámbito indígena una unidad de medidas y cada región conservó la propia. Sin embargo, el gobierno inca implantó el *tupu* utilizado en el Cusco, voz que indicaba tanto la acción de medir como una medida de área y distancia.

El análisis de la información reunida sobre las mediciones andinas nos revela que el *tupu* fue una *medida relativa*. Es decir, que se tomaba en cuenta el tiempo empleado antes que la distancia efectiva. Un *tupu* de subida era más corto que uno de bajada, primando la idea de la relatividad del esfuerzo (Rostworowski 1960b y 1981).

Según Hyslop (1984), hay una dificultad en el terreno para reconocer un tambo de otra estructura porque su arquitectura variaba; de acuerdo con este autor, es posible además que en su edificación influyeran las costumbres y la mano de obra locales.

Anexo

/340/ Orden sobre el serviçio de los tambos del Repartimiento de Guamachuco

Biblioteca Nacional – Madrid, ms. 3035

El doctor Grigorio Gonzalez de Cuenca del consejo de su Magestad en su rreal audiençia que rreside en la ciudad de los Rreyes a quien está cometida la visita y tassa de los rrepartimientos de yndios de la jurisdiccion de la çiudad de Truxillo por su Magestad a vos el corregidor de la çiudad de Truxillo y a los alcaldes hordinarios della y al corregidor del rrepartimiento de Guamachuco encomendado en don Joan de Sandoval vezino de la dicha ciudad y a los alcaldes de yndios y caçiques prinçipales e yndios del dicho rrepartimiento de Guamachuco y a los yndios mitimaes de que al presente soys y adelante fueredes y a cada uno y cualquier de vos saved quen cumplimiento de lo que por Su Magestad me a sido cometido y mandado yo e visitado el dicho rrepartimiento de Guamachuco y los naturales del y me ynformé de los tambos que en el dicho rrepartimiento ay y el serviçio que cada uno dellos tiene para el rrecaudo de los españoles y otras personas que por ellos pasan y los camaricos que les dan y por las ynformaciones y aueriguaçiones que sobrello hize pareçio estar agraviadas algunas guarangas y parçialidades del dicho rrepartimiento en el dar de los dichos yndios tamberos porque las guarangas que tienen pocos yndios davan tantos como los que tienen muchos y aliende desto en algunos tanbos questan en la Xallca y tierra fria servian yndios yungas de tierra caliente de cuya causa muchos de los dichos yndios tamberos enfermavan y morian muchos dellos yvan a servir en tanbos muy distantes y apartados de sus pueblos tiniendo otros mas çerca donde servir de lo qual algunos de los dichos caçiques e yndios se agraviavan ante mi y me pidieron los agraviare proveiese y rremediase de manera que no fuesen agraviados y se rrepartiesen a cada guaranga los yndios que avia de dar para el serviçio de los dichos tanbos conforme al numero de yndios que tuviese y se avian hallado en la visita que yo avia hecho lo qual por mí visto juntamente con las dichas averiguaciones e ynformaçiones e probeydo y dado la horden que sea de tener en el serviçio de cada uno de los dichos tanbos y los e rrepartido entre las guarangas y parçialidades del conforme al numero de yndios tributarios que cada una tiene la qual dicha horden es en la manera siguiente -----

/340v/

Yagon	Primeramente an de servir en el tanbo rreal del pueblo de Santa Cruz de Yagon treynta yndios tanberos -----	XXX yndios
Cucho	Yten an de servir en el tanbo de Cucho diez yndios tanberos	X
Uruchal	Yten an de servir en el tanbo de Uruchal diez yndios tamberos	X
Congayo	Yten han de servir en el tambo de Congayo diez yndios tamberos	X
Uruchal	Yten an de servir en el tambo de Uruchal questá camino de Lima diez yndios	X
Andamarca	Yten an de servir en el tanbo de Andamarca diez yndios tamberos	X
Yanabanba	Yten an de servir en el tambo de Yanabanba diez yndios tamberos	X
Guamachuco	Yten an de servir en el tanbo rreal de Guamachuco treynta yndios mitaios	XXX
Collanbay	Yten a de servir en el tanbo de Collanbay diez yndios mitayos	X

Por manera que todos los yndios tamberos que an de servir en los dichos tambos en cada un año son çiento y treynta yndios los quales Repartidos entre los seis guarangas y parçialiddes del dicho rrepartimiento de Guamachuco caue a dar a cada una para los tanbos que an de seruir los yndios siguientes -----

Guaranga de Llampa

Yagon	Primeramente los yndios de la guaranga de Llampa an de dar para el serviçio del dicho tanbo de Yagon catorze yndios los quatro // /341/ del pueblo de Maxen y otros quatro del pueblo de Chabanba y dos yndios del pueblo de Lucuma	Xiiii xiiii yndios

Cucho	Para el tambo de Cucho quatro yndios los dos del pueblo de Chuquisongo y uno del pueblo de Usquil y otro yndios del pueblo de Sochabanba	iiii yndios
Urachal	Para el tambo de Urachal quatro yndios uno del pueblo de Uxquil y otro del pueblo de Lanibanba y dos del pueblo de Chuquisongo.	iiii
Guamachuco	Para el tanbo rreal de Guamachuco doze yndios los quatro del pueblo de San Joan de Chucurbanba y tres yndios del pueblo de Chuquisongo y del pueblo de Lanibanba un yndios y del pueblo de Usquil otro yndio y tres yndios de los del mismo pueblo de Guamachuco	xxxiiii yndios

Por manera que los yndios de la dicha guaranga de Llampa an de dar para el serviçio de los dichos tambos de Yagon y Cucho Uruchal y Guamachuco que han de servir los dichos treynta y quatro yndios y nomas segun dicho es -----

Guaranga de Guacapongo

Yagon	Los yndios de la dicha guaranga de Guacapongo an de dar para el serviçio del dicho tambo de Yagon diez y seys yndios los doze del pueblo de Santa Cruz de Yagon y dos del pueblo de de Pachen y otros dos del pueblo de Xulgan	xvi yndios
Cucho	Para serviçio del dicho tambo de Cucho quatro yndios el uno del pueblo de Pachen y otro del pueblo de Xulgan y otro del pueblo de Suchal y otro del pueblo de Guaso	iiii yndios
/341v/ Uruchal	Para el serviçio del dicho tambo de Uruchal çinco yndios los tres del pueblo de Xulgan y uno del pueblo de Suchal y otro del pueblo del Guaso	V yndios
Congayo	Para el serviçio del dicho tanbo de Congayo diez yndios los quatro del pueblo de Santiago de Cucho y quatro del pueblo de San Cristoval de Cachulla del pueblo de Suchal uno del pueblo del Guaso otro yndio	X yndios

Uruchal	Para el tanbo de Uruchal questá en el camino de Lima dos yndios uno del pueblo de Cachulla y el otro de Santiago de Chuco	ii yndios

Por manera que los yndios de la dicha Guaranga de Guacapongo an de dar para el serviçio de los dichos tanbos de Yagon y Cucho Uruchal y Congayo y Uruchal que an de servir los dichos treynta y siete yndios y nomas segun dicho es

Guaranga de Llucho

Llucho	Los yndios de la dicha guaranga de Llucho an de dar para el serviçio del dicho tanbo de Llucho çinco yndios los tres del pueblo de Yanabanba y los tres del pueblo de Agomarca	V yndios
Guamachuco	Para el serviçio del tambo rreal de Guamachuco nueve yndios los quatro del pueblo de Churuchabay los tres del pueblo de Agomarca y los dos del pueblo de Yanabanba	ix yndios

Por manera que los yndios de la dicha guaranga de Llucho an de dar el serviçio de los dichos tambos de Llucho y Guamachuco que an de servir catorze yndios y nomas -----

Guaranga de Andamarca

Uruchal de Lima	Los yndios de la dicha guaranga de Andamarca an de // dar para el serviçio del dicho tambo de Vruchal del camino de Lima çinco yndios los dos del pueblo de Cachicadan y los tres del pueblo de Andamarca -----	V yndios
Andamarca	Para el tanbo de Andamarca diez yndios los quatro del pueblo de Curgos y quatro del pueblo de San Miguel de Andamarca y dos yndios del pueblo de Panpata -----	X yndios

Por manera que los yndios de la dicha guaranga de Andamarca an de dar para el serviçio de los dichos tambos de Uruchal y Andamarca que an de servir los dichos quinze yndios y no mas -----

Guaranga de mitimaes serranos

Uruchal	Los yndios de la dicha guaranga de los mitimaes serranos an de dar para el serviçio del dicho tanbo de Uruchal del camino de Lima un yndio del pueblo de Santiago de Chuco	1 yndio
Yanabanba	Para el serviçio del dicho tanbo de Yanabanba çinco yndios los tres del pueblo de Quinua y los dos del pueblo de San Joan de Puramarca	V
Guamachuco	Para el tanbo de Guamachuco seys yndios el uno del pueblo de Lochabanba y los tres del pueblo de San Marcos de Chuco los dos de la parcialidad de los cañares y los otros dos del mesmo pueblo de Guamachuco	vi yndios

Por manera que los yndios de la dicha guaranga de los mitimaes serranos an de dar para el serviçio de los dichos tanbos Urachal Yanabanba y Guamachuco que an de servir los dichos doze yndios y nomas -----

Guaranga de los mitimaes yungas

/342v/ Los yndios de la dicha guaranga de los mitimaes yungas an de dar para el serviçio del dicho tanbo de Cucho dos yndios el uno del pueblo de Callancas y el otro del pueblo de Santiago de Lucama — ii yndios

Uruchal	Para el tambo de Uruchal un yndio del pueblo de Santiago de Lucuma	i yndio
Uruchal de Lima	Para el dicho tambo de Uruchal del camino de Lima dos yndios el uno del pueblo Santiago de Cucho [sic] y el otro del pueblo de Cachicadan	ii yndios
Guamachuco	Para el dicho tanbo rreal de Guamachuco tres yndios el uno del pueblo de San Felipe de Chusgon y el otro del mesmo pueblo de Guamachuco y el otro del pueblo de Chuquibanba	iii yndios

Por manera que los yndios de la dicha guaranga de los mitimas [sic] yungas an de dar para el serviçio de los dichos tanbos de Cucho Uruchal y Uruchal de Lima y Guamachuco los dichos yndios y no mas -----

Chaupi yungas

Collanbay	Los yndios Chaupi yungas del pueblo de San Joan de Collanbay an de dar para el serviçio del tanbo questá en el dicho pueblo de Collanba çinco yndios -----	V yndios
	Los yndios Chaupi yungas del pueblo de Pugueda an de dar para serviçio del dicho tanbo de Collanbay tres yndios	iii yndios
	Los yndios chaupi yungas del pueblo de San Salvador de Mochal an de dar para el serviçio del dicho tanbo de Collanbay dos yndios	ii yndios

Por manera que los yndios de los dichos pueblos de los chaupi yungas an de dar para el serviçio del dicho tanbo de Collanbay los dichos diez yndios rrepartidos en la manera que dicha es -----

Y sirviendo cada una de las dichas guarangas en los tanbos y con los yndios de suso contenidos no an de conpeler a yr a hazer mita al tanbo de Guamachuco como hasta aqui lo an hecho porque tan solamente an de servir en el los yndios que aqui van repartidos para su serviçio -----

/343/ Y porque es justo que los dichos tanbos estén probeydos de los mantenimientos necesarios para los pasjeros y aya en ellos todo buen rrecaudo vos los dichos alcaldes y Regidores de la dicha provincia de Guamachuco aveis de proveer y dar horden como del maiz que los yndios de los pueblos comarcanos a los dichos tanbos an de dar de tributo en cada un año se de a los yndios tanberos el maiz necesario para el proveimiento de los tales tanbos por quenta y rrazonpara quellos lo vendan a los pasajeros al precio contenido en el arazel [sic] los quales dichos tanberos an de dar quenta de lo que se ouiere gastado del dicho mayz y lo procedido dello lo aveis de meter en la caxa de la comunidad del dicho rrepartimiento y ansi mesmo proveereis que los dichos yndios de los pueblos comarcanos a los dichos tanbos den a los dichos yndios tanberos por quenta y rrazon las aves y huevos y otros mantenimientos necesarios para el proveymiento de los dichos tanbos para que lo vendan a los pasajeros y el precio dellos se de a los yndios que ouieren dado y proueido de los tales (testado: rrepartimientos) mantenimientos sin que en ello aya fraude ni engaño porque de aqui a delante todo lo que se diere a los dichos mensajeros ansi el primero dia que llegaren a los tanbos como los demas que en ellos estuvieren lo an de pagar conforme al aranzel no enbargante que hasta aquí no lo ayan pagado -----

Porque conuiene que lo suso dicho se guarde y cumpla di el presente por el qual vos mando que beais la dicha horden por mi dada para el serviçio de los tanbos desa provincia de suso contenida y la guardeys cumplais executeis y hagais guardar y cumplir y executar segun y de la forma y manera que en ella se contiene y declara y conforme a ella cada uno de vos deis y proveais los yndios que por ella os estan rrepartidos para el seruiçio de los dichos tanbos sin poner en ello escusa ni dilacion alguna los quales an de serbir y se an de mudar por sus mitas de año a año y antes que los yndios que ouieren seruido el dicho año se vayan los que an destar en los dichos tanbos por manera que sienpre aya el dicho seruicio en ellos lo qual ansi hazed y cumplid so pena de cada uno de vos los dichos alcaldes de suspension de los dichos officios y a vos los dichos
/343v/ caciques y principales de perdimento de los // dichos cacicazgos y principalazgos y mas de cada dozientos pesos para la camara de su Magestad a cada uno de vos que lo contrario hiziere y mando al corregidor de la dicha ciudad de Truxillo y a los alcaldes hordinarios dellos y a cada uno dellos y al corregidor del dicho repartimiento y provincia de Guamachuco que ansi lo hagan guardar y cumplir y executen las dichas penas en los que no cunplieren lo en esta horden contenido con todo Rigor so pena de cada mill pesos para la camara de Su Magestad y para que sea publico y notorio y nadie pueda pretender ygnorancia mando que se publique esta horden al tiempo que se publicaren las hordenancas por mi hechas para este rrepartimiento en cada un año para que venga a noticia de todos fecho en el pueblo de Santa Cruz de Yagon a onze días del mes de Jullio de mill y quinientos y sesenta y siete años el dotor Gonzalez de Cuenca por su mandado Melchor de Maridueña ----

Tasa y tributo del curacazgo de Lima 1549[1]

EL REPARTIMIENTO DE LIMA

En los juicios sostenidos por Hernando Pizarro, hermano del conquistador, y su mujer, doña Francisca, ante el Real Consejo de Indias en 1556, se hace referencia a las tasas y tributos que ambos personajes percibían de las encomiendas que poseían en el Perú. Entre los repartimientos figura el de Lima, cuyo curaca era en aquel entonces don Gonzalo Taulichusco. Haremos un poco de historia sobre dicho cacicazgo para demostrar la formación de la encomienda.

Doña Francisca mencionada más arriba fue hija de Francisco Pizarro y de doña Inés Yupanqui, hija a su vez del Inca Huayna Capac y de Contar Huacho, señora y curaca de Huaylas. En Cajamarca, durante el cautiverio de Atahualpa, el Inca entregó a su hermana Quispe Sisa por mujer a Pizarro, y ella con el bautizo tomó el nombre de Inés. Por entonces la joven contaba con unos 15 o 16 años, y de esa unión nació en 1534, en Jauja, doña Francisca, y posteriormente don Gonzalo, quien murió siendo niño.

Al tiempo de la fundación de la capital de su gobernación en 1535, Pizarro tomó para sí a título de depósito de encomienda el señorío de Lima, junto con la persona de su anciano cacique Taulichusco. En

---

1. Publicado en *Historia y Cultura* 18: 110-113, Lima, 1988.

1540, doña Francisca recibió de manos de su padre varias encomiendas: la de Huaylas, con su curaca don Cristóbal y 3000 hombres; la de Chimú, en la persona de su cacique don Martín, con mil tributarios; la de Conchuco, con 800 hogares; además de dos pequeñas encomiendas en la cercanía de Los Reyes que le permitían tener acceso a fuerza de trabajo para su casa, huertas y servicios. Esos repartimientos fueron el de Lima y el de Chuquitanta, en el vecino valle del río Chillón (AGI, Escribanía de Cámara 496; fols. 42v.-44v.).

Vaca de Castro, a su llegada al Perú, despojó a doña Francisca de su encomienda de Chimú y, en 1548, La Gasca se la otorgaba a Diego de Mora por sus méritos y múltiples servicios prestados a la Corona durante la sublevación de Gonzalo Pizarro; con ella se incrementaban los bienes de Mora, quien poseía desde tiempo atrás el repartimiento de Chicama (AGI, Justicia 398).

Las demás encomiendas de doña Francisca le fueron confirmadas por el licenciado Pedro de la Gasca, entre ellas, la de Lima en la persona de su cacique, don Gonzalo.

En 1551, la Corona ordenó el traslado a España de los descendientes de Francisco Pizarro y es así que la joven Francisca viajó a la Península junto con su medio hermano Francisco. Los dos fueron enviados a residir al castillo de la Mota, en Medina del Campo, donde Hernando Pizarro estaba detenido. Poco tiempo después, casaba Francisca con su tío y, entre los dos reunían una gran fortuna.

EL CURACA DE LIMA Y EL TRIBUTO

Cuando la fundación de la ciudad de Los Reyes, realizada sobre las estructuras del antiguo villorrio indígena, los naturales fueron desplazados y enviados a Chuntay, donde había unas casas que habitaban temporalmente durante ciertas fiestas y labores agrícolas. En el lugar se construyó posteriormente la iglesia y plaza de San Sebastián.

Sin embargo, al poco tiempo, y debido al crecimiento urbano de la nueva capital, faltó espacio para las casas y huertas de los vecinos españoles, y el marqués de Cañete decidió crear una reducción de indígenas llamada Santa María Magdalena en tierras del cacique de Lima. A esta reducción se envió también a los miembros de otros señoríos, los de Maranga, Huatca, Guala, Amancaes y Callao. La segunda reducción del valle se creó en Sulco o Surco —según la pronunciación del quechua costeño o serrano—, un lugar situado en la cercanía del antiguo pueblo de Armatambo.

Por aquel entonces era cacique de Lima don Gonzalo, quien había heredado de su hermano Guachianamo el gobierno del curacazgo.

Nuestros conocimientos sobre la Lima indígena y de los primeros tiempos de la ocupación española los debemos a las dos probanzas que hizo don Gonzalo en los años de 1555 y 1559 ante la Real Audiencia de Los Reyes. Su objetivo fue demostrar los servicios, ayuda y colaboración prestados a la Corona por su padre, el curaca Taulichusco, su hermano y luego por él mismo.

No solo se usurparon tierras para la edificación de la ciudad, sino que también se repartieron heredades entre los vecinos españoles. Aparte de esta contribución forzada de sus campos, los naturales proporcionaron toda clase de servicios, por ejemplo, durante el levantamiento de Manco II, que puso en peligro la ciudad de Los Reyes. Los limeños legítimos participaron en la defensa de la capital, saliendo sus hombres a romper el cerco enemigo para buscar alimento, leña y pasto para las cabalgaduras y luchando contra los atacantes. Igualmente tomaron parte en las guerras civiles entre españoles, pues ambos bandos les obligaron a servir en el transporte de armas y víveres.

Por todos estos motivos, don Gonzalo encontró justo que, al confeccionarse, en tiempo de La Gasca, la tasa y el tributo que los naturales debían pagar, se tomaran en consideración sus trabajos y esfuerzos. Además, una severa baja demográfica agobiaba a los pueblos andinos, sobre todo a los de la costa, debido a las circunstancias de la conquista, la edificación de ciudades y las enfermedades y epidemias nuevas que contrajeron los habitantes indígenas como resultado de la invasión. Así, el señorío de Lima, que contaba en 1535 con unos 4000 hombres, 20 años después solo poseía unos 200 a 250 varones (Rostworowski 1978a; 1981-1982).

El licenciado La Gasca, en vista del descenso poblacional, recomendó no solo la confección de un tributo moderado, sino exonerar de su pago por un año a los naturales. Sin embargo, la codicia de los encomenderos hizo que no se tomaran en cuenta sus sugerencias y la tasa de 1549 resultó muy alta.

Veamos en qué consistía el tributo del curaca de Lima y los diferentes rubros comprendidos en él. El primero era un pago de 30 pesos de oro, cifra desmedida para quienes habían sido despojados de todos sus bienes. En algunos lugares, tal el caso del antiguo señorío de Chimú, los curacas se vieron obligados a desenterrar las ofrendas funerarias de sus antepasados para poder hacer frente a esas exigencias, pues los omisos eran severamente castigados con azotes y prisión.

En la lista de la tasa seguía una entrega de maíz, trigo y frijoles cultivados en tierras de los indígenas cuando les quedaba tiempo libre después de trabajar en los campos, huertas y casa del encomendero. Todo aquello sin contar el tributo de pescado fresco y seco, aves y huevos. Otra carga muy pesada era la de servir en casa del cura doctrinero y ver por su sostenimiento.

Tan pesado tributo recaía en un número reducido de personas, y por ese motivo no se exigió a los de Lima el tremendo tributo textil que agobiaba a otros caciques, una carga que contribuyó a que muchos naturales se alejaran de sus pueblos de origen. Los ausentes, si bien continuaban pagando a sus caciques sus tributos en dinero, por lo menos se libraban del servicio personal en casa del encomendero, del cura y, sobre todo, no cumplían con la tasa textil. Esta situación se observa en Acarí, en la visita realizada en 1593, donde los solteros y los viudos sin familia abandonaban sus aldeas y se instalaban como forasteros en otros valles costeños (Rostworowski 1982a).

A pesar de demostrar don Gonzalo en sus dos probanzas todos los servicios prestados a Su Magestad, no mereció respuesta alguna. En otro documento de 1564 pedía el cacique permanecer en "cabeza de Su Magestad", como lo estaba desde 1559, y no ser encomendado en Jerónimo de Silva, pues su situación se tornaría aún más apremiante por las exigencias del nuevo amo (Rostworowski 1982a).

En su patética súplica tampoco fue oído don Gonzalo, y debió ser una dura decepción para él, comprobar la indiferencia del gobierno virreinal al no reconocer los méritos y padecimientos suyos y de sus indios. El documento mencionado debió ser uno de los últimos firmados por don Gonzalo. Lohmann halló y publicó su testamento, fechado en 1562. Poco tiempo después fallecería el cacique de Lima. Su sucesor, según los testimonios que siguieron, fue don Cristóbal Guacay.

ANEXO

ENCOMIENDAS DE FRANCISCO Y HERNANDO PIZARRO.
TASA DE TRIBUTO
Archivo General de Indias
Patronato 90B, ramo 43

> Yo el licenciado Mercado de Peñalosa oydor de la Real Audiencia e chançillería que rreside en esta çiudad de Los Reyes e alcalde de corte por Su Magestad. A vos Pedro de Avendaño scrivano de camara en la dicha Real Audiencia sabed que ante mi pareció el licenciado Juan Fernandez fiscal desta dicha Real Audiencia en nombre del liçenciado Agreda fiscal del Real Consejo de Yndias e me hizo rrelaçion diziendo que al derecho del fisco e hazienda Real conviene enbiar con çierta prouança que ante mi haze por carta rreçeptoria del dicho Real Consejo en çierto pleito que trata con Hernando Piçarro tienen encomendados

f. 1 asi en el termino desta çiudad como la del Cuzco e Charcas questan en vuestro poder pidiome compeliese se los diese en publica forma e yo de su pedimiento le mande dar e di este mi mandamiento para vos por el qual vos mando que luego que lo veais hagais sacar e saqueys de cada una de las dichas tasas un treslado poniendo por cabeça en cada una dellas este mi mandamiento e se lo deis en publica forma en manera que haga fee para que lo enbie con la dicha prouança, sin por ello le llevar derechos algunos atento que es cosa tocante al rreal fisco. Fecho en Los Reyes a treze de março de mill e quinientos e çíncuenta e seis años sitando para lo ver sacar y corregir a la parte del dicho Hernando Piçarro e doña Francisca. El licenciado Mercado de Peñalosa. Por mandato del señor oydor. Juan de Padilla.

[Sigue la lista de las diversas encomiendas de Hernando y de
f. 16 Francisca Pizarro]. Lima.

Yo el licenciado Pedro Gasca a vos doña Francisca Pizarro hija del marqués don Francisco Piçarro e a vuestro tutor e curador en vuestro nombre e a vos don Gonçalo caçique principales e yndios vuestros subjetos del rrepartimiento de Lima que esta encomendado a vos la dicha doña Francisca e a cada uno e cualquier de vos sabed que en cumplimiento de lo que Su Magestad tiene proueydo y mandado acerca de la tasa que se a de hazer de los tributos que los naturales destos dichos rreynos an de dar a sus encomenderos asi para que los dichos encomenderos sepan lo que les an de pedir y lleuar como para que los dichos naturales sean bien tratados e se conseruen e aumenten se nombraron visitadores que visitasen el dichos vuestro rrepartimiento los quales como sabeis hizieron la visita del e la presentaron ante mi e por el gran conçepto que tengo de las conçiencias y rretitud del rreuerendisimo señor don fray Jeronimo de Loayza primer obistpo que fue desta çiudad de los Reyes y primer arçobíspo que al presente es della y de los muy rreurendisimos padres fray Thomas de San Martín prouinçial de la horden del señor Santo Domingo e fray Domingo de Santo Thomas de la dicha orden e de la spiriençia que de las cosas destas partes tienen los encomendé y cometí la viesen y al pie della me diesen su pareçer
f. 16v açerca del tributo que le pareçiese // que buenamente el dicho rrepartimiento podra dar e asi me lo dieron e visto e comunicado con los visitadores e con todas las personas asi españoles con caçiques e yndios que pareçió que podia tener notiçia de la dispusiçion e posibilidad del dicho rrepartimiento e yndios del por virtud de las comisiones que de Su Magestad para ello tengo

que por estar ocupadas e ser tan notorias que aquí no van ynsertas tase e declare deuer dar el dicho rrepartimiento de Lima que vos esta encomendado en tanto que por Su Magestad e por mi en su rreal nombre o al susesor o susçesores en mi oficio de presidente otra cosa aserca de la dicha tasa disponen e mandan los tributos siguientes por la forma e manera que se sygue.

oro Primeramente vos el dicho cacique e yndios del dicho rrepartimiento dareys en cada un año a vuestros encomenderos treynta pesos de valor cada un peso de quaçientos [sic] e çinquenta maravedis puestos en casa del encomendero

mays Yten dareis cada un año quatroçientas fanegas de mays y quatroçientas fanegas de trigo y para poder dar el dicho mays y trigo sembrareis cada año diez fanegas de mays e diez fanegas de trigo e lo curareys y benefiçiareys e si de las dichas sementeras de mays e trigo se cogeren mas de las dichas quatroçientas de trigo sea todo lo demas para vos los dichos caçique e yndios que lo sembraredes e cogeredes e si menos se coxeren lo cumplid porque esto se os manda para que mas seguramente podais dar las dichas quatroçientas fanegas de mays e quatroçientas de trigo que las aveis de dar y las dichas quatroçientas fanegas de mays lo aveis de ençerrar y darlo desgranado quando el encomendero os lo pidiere y el trigo ençerrado en espiga y vos el dicho encomendero lo aveis de trillar a vuestra costa con bueyes o yeguas e ayudareys vos el dicho caçique con algunos yndios a
trigo traer e limpiar el dicho trigo e mahiz
f. 17 aveys de poner vos el dicho caçique con los dichos indios // trezientas fanegas en casa del encomendero y los

xxx pesos

CCC fanegas

CCCC fanegas

demás en el tambo de vuestro valle
y si el dicho encomendero quysiere
sembrar mas trigo o mahiz en el di-
cho valle con bueyes lo puede hazer
con tanto que sea syn perjuyzio de
los dichos yndios y de sus tierras y
aguas.

frisoles Yten dareis cada un año çinco fane-
gas de frisoles puestos en casa del
encomendero. v fanegas

aues Yten dareis cada mes treinta e çinco
aves la mitad hembras puestas en
casa del encomendero xxxv

hueuos Yten dareis los viernes y quares-
ma y otros dias de pescado cada
pescado dia veynte y çinco hueuos y – çinco
arreldes de pescado fresco puesto en xv
casa del encomendero. v arreldes

pescado salado Yten dareis cada un año diez arro-
bas de pescado salado puesto en
casa de vuestro encomendero. x arrobas

seruicio Yten dareis para el seruiçio ordina-
rio de casa ocho yndios que se true-
quen por sus mitas.

para ganado Yten tres yndios para ayuda a guar- Viii
dar los ganados. iii

Yten para que con menos cargos y
escrupulo de conçiencia vos el dicho
encomendero podais llevar los di-
chos tributos vos encargo e mando
que doctrineys a los dichos natu-
rales en las cosas de nuestra santa
fe catolica e a biuir e guardar ley
natural e buen poliçía e no aviendo
clerigo pongais un español de buen
exemplo e vida que los dotrine e yn-
dustrie en lo susodicho.

Y porque al clerigo o rreligioso que
dotrinare a los dichos naturales
es justo que lo prouean de comoda
sustentacion vos el dicho caçique e
rrepartimiento en tanto que no ay

diezmos de que el dicho clerigo o rreligioso se pueda sustentar le dareys en cada un año quinze fanegas de mays e ocho de trigo e cada dia de carne de los que estuuiere ocupado en vuestro rrepartimiento una aue y seis hueuos y los viernes y quaresma y otros dias de pescado diez
/f. 17v/ huevos y dos arreldes // de pescado cada dia e yerua para su caualgadura e leña para quemar en su casa y el salario de dineros y otra cosa mas sy fuere menester para sustentaçion del dicho clerigo o rreligioso lo pagareis vos el dicho encomendero o la parte que os cupiere.

Y porque con los trabajos que con las alteraciones pasadas aveis tenido estais faltos de aues y no terneis otra carne por este primero año no dareys mas de la mitad de las dichas aves que os mando dar cadames a vuestro encomendero por manera que aveis de dar dozientas e diez aves este primero año a vuestro encomendero.

–Por tanto por el presente mandamos a vos la dicha doña Francisca Piçarro encomendero del dicho rrepartimiento e al dicho vuestro tutor e curador en vuestro nombre e a vos el dicho don Gonçalo caçique e prinçipales e yndios del que guardeis y tengais la tasa arriba contenyda.... [sigue] //

f. 18 (sigue y firma de Pedro de Avendaño)

f. 18v (certificación de Francisco de Hortigossa).

Canta: un caso de organización económica andina[1]

Hace unos años, al investigar la ecología andina, John Murra formuló la tesis de la existencia de "archipiélagos verticales", que representaban el medio por el cual un núcleo étnico permanente controlaba varios pisos ecológicos a través de colonias multiétnicas. Este modelo de organización económica es bien conocido por todos, por lo que no se necesita insistir sobre el tema.

Sin embargo, un documento muy temprano nos ofrece otro modelo de organización económica. Vale la pena comentarlo, pues muestra que en el ámbito andino podían existir diversos sistemas de organización, según las variaciones ecológicas y las necesidades que se desprendían de ellas.

El licenciado Pedro de la Gasca ordenó efectuar la visita general al virreinato para tener información de las posibilidades de las regiones y, según los resultados, poder aplicar la tasa que debían pagar los naturales.

En el Archivo General de Indias hemos hallado el cuaderno de la visita efectuada al señorío de Canta, ubicado en la sierra central y en la cordillera marítima. Un cuaderno era un documento elaborado en el transcurso de la visita, escrito por lo general día a día, en el que se recogía la información directamente de boca de los señores indígenas,

---

1. Publicado en M. Rostworowski et ál., *Organización económica en los Andes*, La Paz: HISBOL, 1989.

a través de un intérprete. El monto de la tasa aplicada a los canteños les pareció muy elevado, lo que obligó a los naturales a apelar a la Real Audiencia; cuatro años más tarde, en 1553, se efectuó entonces una revisita. Naturalmente, el cotejo de ambos documentos es muy interesante.

En 1549, el curacazgo de Canta contaba con ocho *ayllus*. Los expedientes mencionan a cada uno de ellos, indicando sus pueblos, el número de casas habitadas y las ya abandonadas, pero que conservaban aún sus techos, y el número de depósitos de los cuales disponían. Es posible mediante un trabajo de campo ubicar cada uno de esos *ayllus*, y también la mayoría de sus pueblos.

Las ocho parcialidades de Canta tenían acceso a una variada ecología, en relativamente cortos trechos, por lo que no necesitaban recorrer largas distancias para obtener una diversidad de productos agrícolas.

Lo abrupto de las serranías en la región central y la rápida elevación del terreno permitían disfrutar de diversos climas en distancias limitadas. De ahí que los llamados "archipiélagos verticales" tuvieran en la zona central un desarrollo diferente al del sur, permitiendo a cada curacazgo disfrutar en sus propios dominios de productos de diversas alturas, hecho que tenía que repercutir en su organización socioeconómica.

La particularidad más sorprendente de la organización económica canteña fue la existencia de 16 pueblos de asentamiento temporáneo, habitados solo para cumplir determinadas faenas comunales. Cuando terminaba el trabajo, las aldeas quedaban desiertas, rotando su ocupación según un plan previsto de antemano. Estas 16 aldeas habitadas de modo temporal se dividían en dos grupos, según el trabajo en común efectuado en ellas por los *ayllus*.

Ocho de aquellas poblaciones llevaban junto con su nombre la palabra *chacras*, lo que indica que en ellas se ocupaban de un determinado cultivo según su ecología. Unas tierras se situaban en el *chaupi yunga* y eran propicias para el cultivo de cocales; otras pertenecían a la gran altura y en ellas se sembraba maca (*Lepidium meyeni*); y las demás, por ubicación, debieron ser de papas, maíz y caui. Lo único que sabemos sobre estos campos es que eran sembrados en común por todos los *ayllus*, sin indicar los documentos si el producto obtenido pertenecía a todas las parcialidades en conjunto y a la gente del común, o si se aprovechaban de ellas tan solo los curacas o los dioses.

Los otros villorrios servían para ejecutar trabajos artesanales, lo que demuestra que no existían grupos especializados, sino que todas las parcialidades en conjunto se reunían para fabricar los objetos que necesitaban.

La primera aldea señalada donde se reunían para realizar un trabajo artesanal es la de Paron Canbis, nombrada en la revisita de 1553 como Pariamarca. Ahí se juntaban para tejer ropa fina de *cumbi*. Esta aldea se componía de 20 casas y se situaba en un temple bueno y cálido.

El segundo pueblo mencionado en ambas visitas es el de Caruacayan o Caruacaya, que se identifica con la localidad moderna del mismo nombre situada en plena región de puna, tras el nevado de La Viuda. Por ser nombrada como aldea de "ovejeros", es posible que en ella se reuniesen las parcialidades para la esquila de camélidos.

Otras aldeas artesanales eran las de Achin, donde se fabricaba cerámica, Cancha Cancha y Aragaco, donde se producían alpargatas y ojotas. En un trabajo de campo conseguimos ubicar el lugar llamado Cancha Cancha, cercano a Carua.

Uno de los pueblos especializados muy particular fue el de Chacalla, donde se reunían los "paxareros". Parece ser que con esta palabra se indicaba que la ocupación de los *ayllus* ahí era la de preparar *charqui*, es decir, carne secada al sol, probablemente producto de la caza. En la visita realizada en 1571 al curacazgo de Guancayo, situado río abajo en el valle del Chillón, se menciona entre los tributos remitidos al Inca "dies petacas de pájaros secos hechos charqui pequeño". Es posible que estas aves fuesen perdices, pues abundaban en la comarca y porque, en la visita de 1549, los naturales dijeron que a su encomendero, Nicolás de Ribera, le entregaban 200 perdices de tributo. En Arahuay, un informante nos indicó que el lugar denominado Chacalla se encontraba en una quebrada a la derecha del pueblo de Licahuasi.

De la lista de los ocho pueblos especializados en manufacturas, quedan dos por encontrar: Choccha Calla y Cato, habitado este último por *mitmaq*. Ambos estaban ya despoblados en 1549, de ahí que resulte más difícil encontrarlos.

De los datos que ofrecen las dos visitas hechas a Canta, conviene rescatar dos aspectos de la organización temporal. El primero es el trabajo que se cumplía en común y en un momento específico. No solamente podía tratarse de faenas agrícolas, sino también de manufactura de objetos. El segundo es la existencia de pueblos habitados solo durante el periodo que duraba la obra comunal; luego estos villorrios quedaban despoblados.

En el mismo testimonio de 1549 encontramos otra aplicación de la organización temporánea, que funcionaba, ya no en el ámbito de todos los *ayllus* del señorío de Canta, sino en cada uno de ellos. Refiriéndose al pueblo de Rococha, aldea temporánea perteneciente solo a los miembros del *ayllu* Canta, se dice que su finalidad era la de ser el "asiento del dicho cazique para hazer sus chacaras". Al parecer, el beneficiario era el curaca.

La misma idea se encuentra en el curacazgo de Lima, donde en el lugar llamado Chuntay, cerca de la actual iglesia de San Sebastián, "Los yndios deste repartimiento de Lima solían tener en la dicha chacara junto a ella casas y una casa del dicho Taulichusco en que se aposentaba quando yua a hazer las sementeras en aquellas tierras y quando yua a cogerlas".

Estos dos últimos ejemplos amplían la definición anterior, en el sentido de que la idea de trabajo temporero tenía varias aplicaciones cuando se trataba de obras emprendidas en común.

En los cocales de Pimanpiro, el cuidado y la recolección de las hojas de coca era una faena a cargo de una mano de obra también temporal, que venía al valle en determinado momento, y que una vez cumplida su tarea, se marchaba con parte de la cosecha como forma de pago.

Todo parece indicar que la tradición de trabajos temporeros no perteneció solo a la región canteña. Es probable que cuando se profundice la investigación, se encuentren otros lugares con el mismo hábito.

Etnias forasteras en la visita toledana a Cajamarca[1]

En este ensayo queremos señalar la presencia en los documentos de la visita toledana a Cajamarca de dos grupos étnicos forasteros, diferentes entre sí, que posiblemente se establecieron en la zona en una época anterior a la dominación cusqueña. Además de ellos, hallamos a los *mitmaq* (o *mitimaes*) instalados por la administración inca. Desde la aparición de estos dos grupos en Cajamarca habría pasado un tiempo lo suficientemente largo como para que no fuesen sindicados como forasteros y se confundieran con la población del lugar.

No podemos precisar cuándo arribaron, ni los motivos o episodios que se sucedieron en relación con su llegada a Cajamarca. Lo que sí parece evidente es que sus procedencias eran totalmente distintas: mientras unos mostraban antecedentes costeños, los otros pertenecían a grupos de pobladores de extracción serrana, llegados desde el sur a lo largo de la cordillera.

La administración estatal inca los halló en Cajamarca, y a estos antiguos forasteros añadió toda una *guaranga* de *mitmaq* oriundos de distintos lugares.

Tal parece haber sido la composición étnica de Cajamarca por los años de 1571 y 1572. A continuación demostraremos las evidencias que sustentan nuestro decir.

---

1. Publicado en *Las visitas a Cajamarca 1571-75/1578*, Lima: IEP, 1992. Una primera versión de este artículo se publicó en Shozo Masuda, Izumi Shimada y Craig Morris, eds., *Andean Ecology and Civilization*, University of Tokyo Press, Tokio, 1985.

LOS PATRONÍMICOS CON "F"

Iniciamos la investigación con el primer grupo de pobladores sobre la base de los habitantes cuyos patronímicos contenían la consonante "F".

En la larga nomenclatura de los naturales registrados en la visita, constatamos la presencia de personas de ambos sexos en cuyos nombres figura esta letra. A primera vista este hecho no tendría mayor trascendencia, si no fuera porque los diversos idiomas y variantes quechuas, incluido el de Cajamarca (Quesada 1976), y las lenguas del grupo Aru, no poseen en su alfabeto la consonante "F". Lo mismo podemos decir del escaso vocabulario existente del idioma culli hablado en Huamachuco (Martínez Compañón 1985 [1789], tomo II).

Esta letra solo se halla en los idiomas de la costa norte de la región de Chimor, Lambayeque y Jayanca. Para convencernos de ello basta revisar la visita de Sebastián de la Gama a Jayanca de 1540 (Waldemar Espinoza 1975), la de Ferreñafe de 1568 (Zevallos Quiñones 1975), y la gramática yunga de Fernando de la Carrera de 1644.

En el relato de la llegada del mítico Naymlap a la costa norte, varios personajes de su séquito ostentan nombres con "F", letra que es frecuente entre los patronímicos de los señores de Lambayeque (Cabello de Valboa 1951 [1586]).

Por último, el diccionario mochica preparado por Richard Schaedel valiéndose de la gramática de De la Carrera y de los trabajos y documentos de Brüning, Middendorf y otros, contiene voces con la letra "F", o sea que sin temor a equivocamos podemos decir que en la visita a Cajamarca encontramos patronímicos que señalan la existencia de habitantes de la costa norte en el área. En esta visita hallamos a 89 hombres y 171 mujeres cuyos nombres registran la letra mencionada (en un apéndice damos la lista de los patronímicos).

Las *pachacas* que contienen el mayor número de voces con la consonante "F" son las de Pongomarca, Polloques y Nipos, pertenecientes todas ellas a la *guaranga* de Chondal.[2] Esta constante de la letra "F" significa que otros patronímicos también podían provenir del idioma de la costa norte, aunque por falta de un vocabulario no podemos identificarlos como tales.

---

2. W. Espinoza (1969-1970 y 1967) cambia el nombre de la guaranga de Chondal por Chonta; Ayambla por Ayamla, y por último menciona la *pachaca* de Pucho como un *ayllu* que comprendía a los ceramistas yungas. Estos cambios solo inducen a errores y dificultan la investigación. En la visita de 1571-1572 no existe una *pachaca* llamada Pucho y no sabemos a cuál se refiere.

La cuarta *pachaca* comprendida en la *guaranga* de Chondal es la de Payaca, y es posible que sea la misma nombrada a veces como Paiay de la misma *guaranga*.

Si cotejamos los pueblos y *pachacas* de Chondal con la toponimia actual, constatamos que dicha *guaranga* se situaba en la sierra vecina a Chiclayo y a Jequetepeque. Además, entre los pueblos mencionados en la visita a Cajamarca hallamos uno llamado San Joseph de Chanchan y otro denominado San Gregorio de Mochique.

Estos hechos nos llevan a afirmar que los miembros de las cuatro *pachacas* que componían la *guaranga* de Chondal era gente oriunda de la costa norte. Sin embargo, en la visita no se les sindicaba como *mitmaq*, con la excepción de los miembros de las *pachacas* de Paiay y Lanchen, nombrados como yungas; los primeros habitaban el pueblo de Santa Cruz de Sochabamba y los segundos son tratados como si fuesen lugareños. Por otra parte, existía una *guaranga* llamada Mitimaes compuesta por cuatro *pachacas* de origen quechua, cañari, guayacondor y collasuyu.

Existe una marcada diferencia entre los miembros de la *guaranga* de Chondal, totalmente asimilados a la región y tratados como naturales de la zona, y los de la *guaranga* Mitimaes. Esta circunstancia nos lleva a sostener la hipótesis de que el establecimiento de los costeños en Cajamarca tenía un origen muy antiguo, suficiente como para olvidar que eran forasteros, y que su presencia ahí fue anterior a la conquista inca, mientras que la *guaranga* Mitimaes se formó durante el dominio cusqueño.[3]

El largo periodo de tiempo que debió pasar desde el establecimiento de los yungas en Cajamarca se traduce en la presencia de los patronímicos con "F" en muchas otras *pachacas*, especialmente entre las mujeres, que por lo general son más conservadoras que los hombres. Estas circunstancias apoyan la posibilidad de una conquista o de una marcada influencia costeña en la región de Cajamarca en algún tiempo pasado. La arqueología ha demostrado la gran extensión del reino de Chimor en la costa, sabemos del poderío alcanzado por los señoríos costeños, de sus riquezas y, por lo tanto, no parece extraño que su influencia llegara a una parte del territorio de Cajamarca en algún momento de su expansión.

3. Una situación muy distinta era la de los ceramistas de Collique, que recibieron la orden en tiempos del Inca de trasladarse a Cajamarca a fin de fabricar vajilla para los depósitos estatales. Ellos fueron instalados en Xultin o bien dieron su nombre al lugar mencionado. Durante la colonia, estos *yanas* formaban parte de la *pachaca* de Ayambla, perteneciente a la *guaranga* de Guzmango.

En apoyo a nuestra hipótesis está la información de Fernando de la Carrera de 1644 de que el idioma llamado por unos "yunga" y por otros "mochica" era hablado en Santa Cruz, en Niepos, San Pablo, en algunas doctrinas de Balsas en el Marañón y en Cachen de los Guambos. La difusión de la lengua norteña en la sierra muestra la gran influencia de la costa durante la época de apogeo de los señoríos yungas, que necesitaban dominar las tierras situadas en las cabeceras de sus valles y de sus ríos.

Una necesidad básica de los habitantes de la costa era la de controlar las bocatomas de sus canales hidráulicos, situados río arriba de sus valles, con el fin de manejar ellos mismos todo el sistema de riego. De lo contrarío, los yungas se veían dominados por los grupos serranos que habitaban las regiones de donde provenían sus ríos. Esta pugna entre costeños y serranos por el acceso al agua, indispensable para la agricultura, se observa en todos los valles del litoral.

Es posible que con el tiempo estas posesiones territoriales costeñas en la región de Cajamarca se perdieran por las fluctuaciones de los centros de poder. Quizás también los territorios dominados en la sierra por los yungas formaron pequeños señoríos independientes, de acuerdo con el sistema sociopolítico que hemos podido observar en el valle de Trujillo en los siglos XV y XVI (Rostworowski 1961).

La ocupación territorial chimú o mochica en ciertas zonas de Cajamarca es diferente a la mención que se halla en la visita a Cajamarca realizada por Barrientos en 1540 (Espinoza 1967a), acerca de que los señores de Pacasmayo, Saña, Collique, Chuspo, Cinto y Túcume estaban obligados a servir al Inca con su gente hasta el tambo de Cajamarca y a transportar los productos destinados al soberano. En esas circunstancias, ellos no podían ejercer una influencia tan grande como la que hallamos en la visita toledana. En ese entonces solo se trataba de llevar la carga de la costa a la sierra de acuerdo con las órdenes impartidas por la administración cusqueña. Más adelante, durante la colonia, el encomendero Melchor Verdugo aprovechó el sistema para obligar a los indígenas a transportar el tributo que le debían desde Cajamarca hasta la ciudad de Trujillo.

LOS LLACUAZ

La visita que comentamos contiene también noticias sobre otro grupo étnico instalado en Cajamarca en tiempos anteriores a los incas. Se trata de los llacuaz, quienes en 1571 se congregaban en la parcialidad de Colquemarca. Es interesante ver las pruebas de su presencia en la zona para tener una mejor visión de las etnias foráneas que habitaban Cajamarca.

Tanto los yungas como los llacuaz parecen haber sido el resultado de antiguas conquistas o de movimientos migratorios a la zona. Los llacuaz habitaban seis pueblos, y en la visita en ningún momento son nombrados como forasteros. Estos pueblos eran:

San Joaquín de Puquio	con	41	miembros
San Felipe Canchaden	"	85	"
San Martín de Agomarca	"	135	"
San Cristóbal Chumara	"	35	"
San Alfonso de Chanta	"	23	"
N. Sra. de la Asunción	"	72	"

La presencia de grupos llacuaz a lo largo de la cordillera desde la región central del país hasta el norte es un problema de difícil explicación, un fenómeno que carece de valederas y satisfactorias aclaraciones.

En brevísimas palabras señalaremos algo de lo que sabemos sobre los llacuaz. Existían *ayllus* llamados con ese nombre en Huarochirí, en la sierra central cisandina entre las *guarangas* de Quinti, Langasica y Colcaruna. En 1571, en el curso de una visita a los naturales de Huarochirí, fue hallado un *ayllu* llacuaz en las punas de Quipicancha que nunca antes había tributado (Rostworowski 1978a).

En Laraos, en la misma zona de la sierra central, existía una *guaranga* entera llamada Llacuaz. También encontramos un *ayllu* llacuaz en la revisita a la provincia de Tarma, en el repartimiento de Chaupihuaranga (AGN, Derecho Indígena, cuaderno 220).

Una información de 1587 mencionaba las aldeas de Mito y de Orcotuna que, junto con "otros pueblos de los llacuaz questan despoblados" (AGI, Patronato 109, ramo 5), y en 1629 en Mito existía un *ayllu* llacuaz en el repartimiento de Lurin Guanca. Según Arriaga (1968 [1621]: 248), en Ancash, Cajatambo y Recuay la población decía tener un doble origen. Unos habitantes eran conocidos como guari o *llactayoc*, con un prolongado asentamiento en la región, mientras que otros eran los llacuaz, juzgados como advenedizos. La *pacarina* o lugar de origen de los llacuaz se encontraba, según ellos, en los lagos Titicaca y Yarocaca, y su mayor adoración se dirigía a Libiac, el dios del rayo (Hernández Príncipe 1923, Duviols 1973).

Por último, en el pueblo de Huarmaca, en la provincia de Piura, hallamos una referencia a la existencia de un *ayllu* de llacuaz. Esta presencia tan al norte nos obliga a repensar en lo dicho hasta ahora sobre el fenómeno llacuaz (Biblioteca Nacional, Bogotá, Colombia, Miscelánea. Papeles del obispo Martínez Compañón, tomo 3, ff. 872r-883v, año 1782).

En los documentos acerca de la extirpación de la idolatría de los naturales en el siglo XVII, en Áncash y en Cajatambo, existen varios relatos de cómo los llacuaz fueron recibidos por los lugareños. Sin embargo, en ese entonces su arribo a la zona debió ser ya bastante lejano, pues en el siglo XVII existían *ayllus* mestizos.

Entre los relatos sobre la aparición de los llacuaz en Mangas, los lugareños contaban que no los dejaron establecerse en sus tierras, por lo que se vieron obligados a dirigirse a la aldea de Guancas, donde los aceptaron y recibieron con fiestas.

Otra leyenda narra que los llacuaz recibieron de su *huaca* llamada Apu Libiac Canchaco un puñado de tierra que les permitiría identificar el lugar de su futuro establecimiento al hallar una tierra semejante. Por eso, después de pasar un tiempo en Guancas, se dieron cuenta de que la tierra conservada era diferente y decidieron continuar sus andanzas. Este episodio muestra a los llacuaz como agricultores trashumantes preocupados por la calidad del suelo para la agricultura.

En su caminar, los llacuaz llegaron a Otuco, donde se apostaron en las alturas del pueblo y enviaron a un mensajero con la ofrenda de una llama con el fin de congraciarse con los aldeanos. En respuesta, los otuco mataron al joven y despellejaron viva a la llama, devolviendo los restos a los llacuaz. Ante esta situación, los llacuaz bajaron cautelosamente a Otuco, donde encontraron a sus habitantes danzando el *guarilibiac* y riéndose del nuevo emisario que tenía la apariencia de un pajarillo.

Los enfurecidos llacuaz crearon una tremenda tormenta con nubes negras y enormes granizos, y atacaron a los desprevenidos bailarines con sus hondas. Los guaris fueron exterminados y los vencedores ocuparon las casas y campos de los vencidos (AAL, Idolatrías, leg. VI, exp.18, fols. 11r-11v, años 1656-1668).

Este mito de la conquista de los llacuaz sobre los guaris es parecido al que ilustra los métodos empleados por el dios Pariacaca y su hijo Macahuisa en la sierra central (Ávila-Taylor 1987).

Quizás en sus inicios los llacuaz fueron cazadores y pastores de las punas. En 1656, aún recordaban en Cajatambo fiestas celebradas por los guaris y llacuaz. Estos últimos se dirigían a las punas a cazar guanacos y venados y, de regreso a sus aldeas, eran recibidos por los guaris con abundante chicha y juntos bailaban sus particulares y respectivas danzas.

En cuanto a los guaris, la voz tiene varios significados. Se trataba de un dios venerado en una amplia área de distribución, y también indicaba una antigua población que poseía un gran número de *huacas* cercanas a sus pueblos (Duviols 1973, Rostworowski 1983).

Una serie de documentos del Archivo Arzobispal de Lima, en su mayor parte inéditos, contienen noticias sobre los grupos guari. Según dichos testimonios, unos guaris tenían su *pacarina* en el mar y decían haber subido a la región serrana mucho antes que los demás pobladores. El dios Guari enseñó a los pueblos la agricultura, la técnica de construir andenes y canales de riego, además de traer consigo la coca de la variedad costeña (*Erytroxilum novogranatense*, var. *trujillensis-Plowman*; Rostworowski 1974; AAL, Idolatrías, leg. IV, exp. 19, fol. 65r, año 1656).

En el pueblo de San Juan de Machaca, un hombre acusado de idolatría y de ser hechicero dijo que el dios Guari:

> [...] bino de los llanos y se convirtió en piedra y tuvo hijos que se llamaron Carua Rupai y es malqui que adoran por ser de los llanos y ablan la lengua materna como los de los llanos. (AAL, Idolatrías, leg. II, exp. 2, fols. 13r y 13v, año 1657)

Es muy interesante la información sobre la existencia de una lengua materna costeña, distinta a la "general del Inga"; otros testimonios confirman esta misma noticia. En la visita pastoral del arzobispo Toribio de Mogrovejo (1920 [1593], entregas 1 y 2) se afirma que el idioma mochica o yunga era hablado de Huarmey hacia el norte.

Sin embargo, no todos los guaris decían tener el mismo origen. Otros indicaban proceder de unas cuevas en el nevado Yarupajá (AAL, Idolatrías, leg. II, exp. 18, años 1656-1668).

La información de la existencia de llacuaz en Cajamarca y en la sierra de Piura, además de en toda la sierra central, nos obliga a repensar lo dicho hasta aquí sobre el problema y a buscar los motivos de esta expansión.

A nuestro entender, dos son las posibilidades, aparte de la explicación dada por Duviols (1973), quien suponía que se trataba de una división de la población entre agricultores y pastores, o sea, entre guaris y llacuaz, en un sistema dual basado en el hábitat y con cada grupo diferenciado por el tipo de ocupación.

Encontramos que no todos los llacuaz eran ganaderos. El mito narrado más arriba muestra a este grupo preocupado por conseguir buenas tierras con fines agrícolas. Por otro lado, existe una constante en la afirmación general de que los llacuaz eran forasteros y distintos a los grupos locales asentados en la región.

Por estas razones nos inclinamos a suponer que nos hallamos ante la migración masiva de una población andina. Nuestra hipótesis sería que el desplazamiento se inició durante el apogeo de las culturas wari-tiwanako, o bien como consecuencia de su colapso o desaparición. Analicemos ambas posibilidades.

Si la expansión llacuaz tuvo lugar durante el apogeo del Horizonte Medio, proponemos que la palabra *llacuaz* es sinónimo de la voz quechua *mitmaq*. Esto significaría que diversos grupos poblacionales fueron enviados desde un centro de poder a diferentes lugares de la sierra, de acuerdo con los criterios y necesidades del momento.

Suponemos que la costumbre de enviar colonias de *mitmaq* para poblar ciertos territorios, o bien para cumplir tareas y obligaciones específicas, no fue un invento o hábito exclusivo de los incas, sino más bien de otras culturas andinas. El Estado inca dio gran énfasis al transporte masivo de grupos étnicos para la ejecución de obligaciones de interés gubernamental, pero esto fue un préstamo de usos y costumbres de culturas anteriores al apogeo cusqueño.

La segunda posibilidad es que los llacuaz surgieron, no como consecuencia de la política estatal wari-tiwanako, sino como resultado de su decadencia, cuando los pueblos subyugados se vieron libres de las imposiciones anteriores y abandonaron sus aldeas para vagar por las punas, en un movimiento migratorio que nadie controló. Un ejemplo de ello serían los propios incas.

De ser estas las circunstancias que motivaron la migración llacuaz, por razones que desconocemos este grupo se encaminó de sur a norte, instalándose en cualquier lugar de la ruta si hallaba condiciones propicias para ello.

Esta época de trashumancia de grupos andinos se debería entonces al colapso del poder central ejercido por un Estado serrano. Sin embargo, más tarde, una vez asentado el dominio inca, el gobierno prohibió a sus súbditos dejar sus aldeas nativas. A partir de entonces, solo lo pudieron hacer con la autorización del Estado.

Estete (1945 [1549]), en su viaje realizado con Hernando Pizarro desde Cajamarca hasta Pachacamac, cuenta la vigilancia existente en los puentes y caminos que impedía viajar sin el debido permiso. Dicho en otras palabras, los incas detuvieron toda libre circulación. Este control era indispensable para mantener no solo el orden en el Tahuantinsuyu sino la planificación estatal y su organización. Además, el temor a rebeliones obligaba a vigilar a las poblaciones (Fernández de Oviedo 1945 [1549], tomo XII).

Después de la invasión española y de la implantación del régimen colonial, también se limitó los movimientos poblacionales de los *mitmaq* y *yanas*, que querían retornar a sus pueblos de origen.

Para resumir el tema de las diferentes etnias de origen forastero halladas en la visita a Cajamarca, encontramos a un primer grupo yunga instalado en la región en una época que no podemos precisar. Este grupo tomó posesión de la sierra contigua a sus valles costeños. Un segundo grupo correspondía a los llacuaz, una etnia serrana diseminada a lo largo de la cordillera, cuyos orígenes son oscuros. Por último, hallamos en Cajamarca a toda una *guaranga* de *mitmaq* establecidos como consecuencia de la dominación inca, compuesta por cuatro grupos diferentes —quechuas, cañaris, guayacóndores y collas.

Estas noticias permiten suponer la existencia de antiguas migraciones dirigidas por centros de poder ya desaparecidos cuando el auge inca. Esta posibilidad complicaría la labor de arqueólogos y lingüistas.

LA TERRITORIALIDAD DISCONTINUA EN CAJAMARCA

Una de las noticias más notorias de la visita a Cajamarca es la estructura sociopolítica de la zona en relación con una territorialidad discontinua. No se trata de archipiélagos o de enclaves, sino de todo un sistema especial de organización que, si bien se observa en otros lugares, no tiene, como en Cajamarca, una tan clara y generalizada presencia.

En su estudio sobre la visita, Pilar Remy ha elaborado cuadros que ayudan a demostrar la distribución de la población por pueblos; pocos son los ocupados en su totalidad por una sola *guaranga*. La de Guzmango o Cuzmango, por ser la más importante, es la que poseía cinco pueblos habitados tan solo por sus propios miembros, sin la intromisión de otras. Dichos pueblos eran los siguientes:

San Francisco de Guzmango	con	678	habitantes
San Benito de Cadachon	"	375	"
Santiago de Catazabolan	"	932	"
Santa Ana de Cimba	"	435	"
San Mateo de Contumazá	"	320	"

La *guaranga* de Chondal contaba con un pueblo habitado solo por su propia gente, el de San Joseph de Chanchán. Los miembros de la *guaranga* de Chuquimango habitaban solos la aldea de Espíritu Santo de Chuquimango, y la parcialidad de Colquimarca vivía en el pueblo de San Joaquín de Puquio sin otra compañía.

En cuanto a San Antonio de Cajamarca, cabeza de "provincia", todas la *guarangas* y *pachacas* estaban representadas en él. Sobre un total de 42 pueblos, solo diez estaban poblados por los miembros de una sola *guaranga* sin la intromisión de otras; el resto compartía sus aldeas y tierras.

¿Qué podía motivar esta dispersión y entrelazamiento sociopolítico de la población y de las tierras de cada *pachaca*? Es evidente que no se trataba de archipiélagos verticales o de una complementariedad ecológica, y si bien los motivos podían girar en torno a conceptos similares, hallamos que la llamada "verticalidad" no explica los esquemas presentes en Cajamarca.

Camino (1982: 28), en sus investigaciones en Cuyo-Cuyo, en la provincia de Sandia (Puno), llegó a ciertas conclusiones que explican este fenómeno en los Andes. Según él,

> [...] el sistema de dispersión espacial a lo largo del eje vertical así como longitudinal y latitudinal de las chacras, no solo obedece a la lógica de una economía autárquica de autosubsistencia, sino que también responde a la necesidad de asegurar la cosecha o al menos, parte de ésta. El sistema de *mandas* en la localidad de Cuyo-Cuyo, es una forma extrema de llevar a la práctica estos principios *aún al interior de una sola zona altitudinal de producción.* (Las cursivas son nuestras)

Esta práctica andina de la territorialidad discontinua respondía a la necesidad de disminuir los riesgos propios de la agricultura de altura. El sistema de dispersión de los campos de cultivo reducía el peligro de fenómenos naturales adversos, como heladas, granizos, sequías o exceso de lluvias. El poseer tierras diseminadas en distintos sitios era como un seguro para los pueblos, porque en el caso de perderse la cosecha en un lugar, cabía la esperanza de lograrla en otro.

La territorialidad discontinua podía ser llevada a extremos, como se observa en la visita a Acarí de 1593 (Rostworowski 1982). Según este documento, cada lugareño disponía de chacras diseminadas no solo en el valle de Acarí sino en el vecino de Yauca. Solo los *mitmaq* del lugar poseían sus tierras en un solo bloque, lo que indica que la costumbre era preinca.

Anexo 1

Veamos la forma y la frecuencia con que se distribuyen dichas voces entre las *pachacas*, primero entre las mujeres y luego entre los hombres.

1.1 Patronímicos femeninos:

Pachaca	Pueblo	Guaranga	
Pingomarca	S. Rafael de Nipos	Chondal	1
"	" " " "	"	1
"	S. Juan de Pingomarca	"	13
"	S. Joseph de Chanchán	"	12
"	S. Gregorio Mezique	"	12
"	S. Miguel Catamuche	"	3
Polloques	S. Rafael de Nipos	"	1
"	S. Pedro de Libie	"	18
"	S. Miguel de Catamuche	"	5
"	S. Miguel de Catamuche	"	11
Nipos	S. Rafael de Nipos	"	12
"	S. Bartolomé Tacabamba	"	1
"	S. Joseph de Chanchán	"	1
"	S. Miguel de Catamuche	"	3
Paiay yungas	Sta. Cruz de Sochabamba	"	8
"	S. Andrés de Llapa	"	1
Paiaca	S. Matías de Payaca	"	1
Xaxaden	S. Pedro de Chalaques	Guzmango	8
"	S. Gabriel de Cascas	"	2
"	Sta. Magdalena de Lachan	"	2
Nachedon	S. Pedro de Chalaques	"	7
Collana	S. Salvador Mollebamba	"	2
"	S. Gabriel de Cascas	"	1
Pauxan	S. Benito de Cadachon	"	3

1.2 Patronímicos femeninos: distribución

Pachaca	Pueblo	Guaranga	
Ayambla	Santiago Catazabolan	Guzmango	3
Faxan	S. Pedro de Chalaques	”	1
Chusan	Sta. Magdalena de Lachan	”	1
”	S. Benito de Cadachon	”	1
Bacas	S. Antonio Caxamarca	Caxamarca	5
Lanchan yungas	S. Antonio Caxamarca	”	2
Cayao	S. Antonio Caxamarca	”	1
Colquemarca	S. Joaquín de Puquio	Colquemarca	1
Viton	S. Pedro de Libie	Chuquimango	6
Xucat	S. Luis de Tambodon	”	4
Chiton	S. Luis de Tambodon	”	1
”	S. Luis de Tambodon	”	1
Malcadan	S. Salvador de Mollebamba	parcialidad	11
Agomarca	S. Gabriel de Cascas	Colquemarca	3
Tacabamba	S. Bartolomé Tacabamba	”	2
Ueden	S. Martín de Agomarca	”	1

1.3 Patronímicos masculinos:

Pachaca	Pueblo	Guaranga	
Pingomarca	S. Rafael de Nipos	Chondal	1
”	S. Juan de Pingomarca	”	3
”	S. Joseph de Chanchán	”	8
”	S. Gregorio de Mezique	”	4
”	S. Miguel Catamuche	”	1
Polloques	S. Juan de Pingomarca	”	1
”	S. Gregorio de Mezique	”	2
”	S. Pedro de Libie	”	4
”	S. Miguel de Catamuche	”	4
”	” ” ” ”	”	4
Nipos	S. Rafael de Nipos	”	3

”	S. Miguel Catamuche	”	2
Paiay	Sta. Cruz de Sochabamba	”	5
Xaxaden	S. Pedro de Chalaques	Guzmango	3
”	S. Salvador Mollebamba	”	2
”	Sta. Magdalena de Lachan	”	2
Nachedon	S. Pablo de Chalaques	”	5
Ayambla	Santiago de Catazabolan	”	2
Pauxan	S. Benito de Cadachon	”	1
”	S. Sebastián de Acaden	”	1
Cayao	S. Antonio Caxamarca	Caxamarca	2
Baca	S. Antonio Caxamarca	Caxamarca	1
Lanchan yungas	S. Antonio Caxamarca	”	3

1.4 Patronímicos masculinos: distribución

Pachaca	Pueblo	Guaranga	
Yscan	S. Bartolomé Tacabamba	Bambamarca	1
Aspac	S. Pablo de Chalaques	Pomamarca	2
Chiton	S. Gregorio de Mezique	Chuquimango	1
”	S. Luis de Tamboden	”	1
Viton	S. Pedro de Libie	”	2
Malcadan	S. Salvador Mollebamba	Malcadan	6
”	S. Lorenzo de Malcadan	”	2
Gente traída de los Guambos			2

Apéndice II

2.1 Patronímicos originarios del idioma muchic o yunga

Masculinos		**Femeninos**	
Pachaca	**Patronímico**	**Pachaca**	**Patronímico**
Pingomarca	Eltef	*Pingomarca*	Funchon
en S. Juan de	Facchon	S. Juan de	Fecto
Pingomarca	Eltef	Pingomarca	Fistum
			Faccha
			Chufibi
			Fencun
			Susfil
			Chasfumi
			Fallen
			Fistun
			Filican
			Faychon
			Funchun
Pingomarca		*Pingomarca*	
S. Juan de	Estefo	S. Juan de	Fellen
Chanchán	Eltefel	Chanchán	Zonfen
	Estefe		Chozfui
	Esquen		Funchon
	Farquete		Esfuyo
	Fasique		Felchon
	Estefel		Xufil
	Chequinaf		Funchun
			Zonfel
			Fequen
			Feychen
Pingomarca		*Pingomarea*	
S. Gregorio	Retefe	S. Gregorio	Chilfon
de Mezique	Eltef	de Mezique	Chusfun
	Faymas		Fofoc
	Fano		Faychon
			Fequen
			Chufin

Masculinos		**Femeninos**	
Pachaca	**Patronímico**	**Pachaca**	**Patronímico**
			Fan
			Sonfel
			Fayec
			Susfel
			Lusfyn
			Chufi
Pingomarca		*Pingomarca*	
S. Miguel de	Nafcol	S. Miguel de	Subfil
Catamuche		Catamuche	Chefel
			Fumep
Pingomarca		*Pingomarca*	
S. Rafael de	Tefel	S. Rafael	Chufel
Nipos		de Nipos	
		"	Fui
Polloques		*Polloques*	
S. Juan de		S. Rafael	
Pingomarca	Falcuy	de Nipos	Fellen
Polloques		*Polloques*	
S. Gregorio	Falseque	S. Pedro de	Uilfic
de Mezique	Alfel	Libie	Fallen
			Fexon
			Falla
Polloques			Fanchun
S. Pedro de	Soliflus		Fulchen
Libie	Falxeque		Felton
	Fanec		Fallen
	Felque		Fedenon
			Efelchop
Poyoques			Filchon
S. Miguel	Falchec		Funa
Catamuche	Exfen		Felgen
	Falsee		Felenon
	Roy		Pecheful

Masculinos		Femeninos	
Pachaca	**Patronímico**	**Pachaca**	**Patronímico**
			Efcho
			Fizan
			Fioc
Polloques		*Poyoques*	
S. Miguel de	Ustef	S. Miguel de	Efechoc
Catamuche	Fequenan	Catamuche	Tinfel
	Llenfon		Filian
	Eltefe		Forcoi
			Chufel
		Polloques	
		S. Miguel de	Cusfil
		Catamuche	Chonfel
			Finchon
			Chifel
			Afon
			Zipan
			Actfel
			Chuyfem
			Chipfel
			Felchop
			Fusfel
Nipos		*Nipos*	
S. Rafael	Fapchon	S. Rafael	Felni
de Nipos	Estofe	de Nipos	Fonchon
	Fanoc		Chefel
			Fel
			Fenchen
Nipos			Cuzfin
S. Miguel de	Tifel		Yofi
Catamuche	Felele		Funchon
			Yufe
			Fisichon
			Efoc
			Funchon

Masculinos		Femeninos	
Pachaca	**Patronímico**	**Pachaca**	**Patronímico**
Paiay-yungas			
Sta. Cruz de	Faman		
Sochabamba	Sefun		
	Efio	*Nipos*	
	Chufino	S. Bartolomé	
	Fazerque	Tacabamba	Adfel
Xaxaden			
S. Salvador	Llufel	*Nipos*	
Mollebamba	Nafca	S. Joseph	Cuzfai
		Chanchán	
Xaxaden			
Sta. Magdalena		*Nipos*	
de Lachan	Xefes	S. Miguel de	Reyfan
	Chifoc	Catamuche	Funchen
			Xecfel
Nachedon			
S. Pablo de	Faquien	*Paiay-yungas*	
Chalaques	Estefe	Sta. Cruz de	Filio
	Chifen	Sochabamba	Fallen
	Nofel		Felint
	Fellen		Chof
			Felioc
			Filquen
			Fumo
			Fumi
Ayambla			
Santiago de	Faminy		
Catazabolan	Chifomo		
		Palay	
		S. Andrés de	
		Llapa	Fischen
Pauxan			
S. Benito de	Fancoy		
Cadachon		*Paiaca*	Yfas

Masculinos		Femeninos	
Pachaca	**Patronímico**	**Pachaca**	**Patronímico**
		S. Matías de	
		Payaca	
Pauxan		*Xaxaden*	
S. Sebastián	Feyllan	S. Pedro de	Xafal
de Acaden		Chalaques	Ynfel
			Yfechen
			Filli
Cayac			Nonfel
S. Antonio	Falme		Yunfel
Caxamarca	Estefel		Fylman
			Fylma
Baca			
S. Antonio	Edfequen	*Xaxaden*	
Caxamarca		S. Gabriel	Finian
		de Cascas	Fimarren
Lanchan-yungas		*Xaxaden*	
S. Antonio	Myfel	Sta. Magdalena	
Caxamarca	Fisaco	de Lachan	Farchon
	Naufen		Sulfain
Yscan		*Nachedon*	
S. Bartolomé		S. Pedro de	Fylpon
Tacabamba	Fuilon	Chalaques	Fyche
			Fanchon
			Fycon
			Fyllo
Aspac			Zelfel
S. Pablo de	Llefen		Etentan
Chalaques	Felchon		
		Collana	
Chiton		S. Salvador	Llulfec
S. Gregorio	Yecfan	Mollebamba	Nofeque
de Mezique	Llufel		

Masculinos		Femeninos	
Pachaca	**Patronímico**	**Pachaca**	**Patronímico**
		Collana	
Chiton		S.Gabriel	Lacfid
S. Luis de		de Cascas	
Tambodon	Efequen		
		Pauxan	
Viton		S. Benito	Efechan
S. Pedro	Fayoc	Cachadon	Fofay
de Libie	Funchon		Chilfui
Malcadan		*Ayambla*	
S. Salvador	Etquem	Santiago de	Felnin
Mollebamba	Faclloc	Catazabolan	Fraychen
	Tefa		Fuenchen
	Chufen		
	Nofon		
	Eltef		
		Chusan	
		S. Benito	Fisni
		Cadachon	
Malcadan			
S. Lorenzo	Dofan		
Malcadan	Funne	*Chusan*	
		Magdalena	Efuchin
		de Lachan	
Gente de	Fillque		
los *Guambo*	Fyquin	*Bacas*	
		Antonio	Chamifle
		Caxamarca	Chafles
			Facchun
			Pumen
			Fellen
		Lanchan yungas	
		S. Antonio	Fellen
		Caxamarca	Fulchon

Masculinos		Femeninos	
Pachaca	**Patronímico**	***Pachaca***	**Patronímico**
		Cayao	
		S. Antonio	Fupe
		Caxamarca	
		Colquemarca	
		S. Joaquín	Fempen
		de Puquio	
		Viton	
		S. Pedro	Chefel
		de Libie	Sisfel
			Chasfai
			Olfin
			Fellente
			Quefel
		Xucat	
		S. Luis de	Fylchan
		Tamboden	Fechen
			Fellan
			Funep
		Chiton	
		S. Luis de	Fyllan
		Tamboden	
		Chiton	
		S. Gregorio	Holfon
		Mezique	
		Ma*lcadan*	
		S. Salvador	Efchot
		de Malcadan	Fallen
			Faye
			Casfen
			Funep
			Fellen
			Efan
			Yecfel
			Cecfel

Masculinos		Femeninos	
Pachaca	**Patronímico**	**Pachaca**	**Patronímico**
			Xocfun
			Ficchan
		Agomarca	
		S. Gabriel	Filnon
		de Cascas	Colfyn
			Eful
		Tacabamba	
		S. Bartolomé	Fili
		Tacabamba	Chifel
		Llenden	
		S. Martín de Agomarca	Feltiquilla

Los modelos económicos[1]

El modelo de la economía inca ha sido calificado de redistributivo debido a las funciones que cumplía el propio gobierno. Esto significa que gran parte de la producción del país era acaparada por el Estado, el cual, a su vez, la distribuía según sus intereses políticos.

Por muchos años se alabó y consideró la organización cusqueña como la materialización de una utopía, admirada por los europeos. Se creía que el almacenamiento de productos de toda índole tenía por objetivo fines humanitarios y el de socorrer a la población en caso de desastres naturales. Esta apreciación solamente demuestra una incomprensión de los mecanismos económicos del Estado inca.

Gran parte de la redistribución era consumida por *el sistema de la reciprocidad*, mediante el cual el Estado se veía obligado constantemente a realizar grandes "donativos" a las diversas categorías de señores étnicos, a los jefes militares y a las *huacas*. Con el fin de cumplir esta necesidad, se crearon un gran número de depósitos estatales, porque el *gobierno tenía que disponer de cuantiosos bienes acumulados*, pues ello representaba el poder en el Tahuantinsuyu.

En segundo lugar, la formación de ejércitos, ausentes de sus lugares de origen durante largos años, creó en tiempos del apogeo del

1. Publicado en H. Bonilla, ed., *El sistema colonial en la América española*. Barcelona: Crítica, 1991.

Estado la obligación de mantenerlos, lo que se traducía no solo en disponer de subsistencias sino de armas y de ropa. En tiempos anteriores, las guerras se efectuaban cuando no había una urgencia de trabajos agrícolas y se interrumpían para retornar a las faenas campestres.

En tercer lugar, el aumento del número de *aclla huasis*, grandes obrajes donde las *mamaconas* se ocupaban de la manufactura textil en gran escala utilizada por el Estado, obligó al gobierno a mantenerlos y a suministrarles la materia prima para sus labores. Todas estas necesidades debieron ser satisfechas, y para cumplir con ellas, existieron numerosos depósitos gubernamentales en todos los centros administrativos del imperio.

LA RECIPROCIDAD PRIMITIVA

Antes de seguir, diremos unas palabras sobre la reciprocidad y su rol en el modelo socioeconómico andino, pues se trató de un sistema que regulaba las prestaciones de servicios a diversos niveles y que servía de engranaje en la producción y distribución de los bienes.

Se trataba de un ordenamiento de las relaciones entre los miembros de una sociedad cuya economía desconocía el uso del dinero. Por este motivo, la reciprocidad existió en todo el ámbito andino y actuó como un eslabón entre los diversos modelos de organizaciones económicas presentes en tan amplio territorio.

Según Murra (1975), se distinguen dos niveles en la reciprocidad: por un lado, el de las comunidades rurales (*ayllus*) unidas entre sí por lazos de parentesco y regidas por un principio de reciprocidad, y por otro, el del Estado inca con su aparato militar y administrativo, beneficiario de las prestaciones de servicio de sus súbditos, cuyos excedentes eran luego redistribuidos.

En los inicios de la expansión inca, el poder del soberano era sumamente limitado. Los gobernantes no podían ordenar libremente la realización de las obras de infraestructura necesarias para el desarrollo del Imperio. Esas obras eran la base que había que promover para crear un dispositivo que permitiera el principio del predominio inca. De ahí la gran importancia, para los cusqueños, de saber manejar la reciprocidad con el fin de alcanzar sus fines y aprovechar al máximo el sistema.

Después del triunfo inca sobre los chancas, un nuevo equilibrio de poder se gestó en el Cusco. Si bien Yupanqui había adquirido un gran prestigio militar y podía contar con numerosos aliados, estaba lejos de poseer un dominio absoluto o directo sobre los señores vecinos, sin lo cual le era imposible emprender las obras de envergadura necesarias para iniciar la expansión.

El botín reunido a raíz de las guerras contra los chancas debió de ser cuantioso, si tomamos en cuenta que parte de sus ejércitos habían incursionado con éxito en el área del Contisuyu. Así, la reciprocidad jugó un papel primordial en el nacimiento y desarrollo del Tahuantinsuyu.

Según Betanzos, una de las primeras medidas adoptadas por Yupanqui al ser nombrado señor del Cusco fue la de efectuar un nuevo reparto de las tierras en los alrededores de su ciudad, para satisfacer y contentar a los que habían participado en el triunfo cusqueño. Uno de los primeros trabajos realizados por Yupanqui fue la construcción de depósitos en las cercanías del Cusco, una manera lógica de inaugurar el conjunto de obras que deseaba ejecutar. Sin un adecuado almacenamiento de alimentos y de objetos manufacturados no podía continuar mostrándose "generoso", es decir, no podía seguir con los requerimientos de la reciprocidad.

Por ese motivo, invitó el Inca a los curacas comarcanos a venir al Cusco y los recibió con grandes "dones" y comidas rituales. Ninguna labor se cumplía en los Andes sin este requisito fundamental. Luego hizo Yupanqui su "petición", señalando a los curacas su deseo de edificar un gran número de depósitos, porque su construcción requería de fuerza de trabajo, de la cual disponían los señores vecinos. Todo lo aceptaron los curacas, satisfechos con la actitud de Yupanqui. Esta petición muestra el todavía bastante restringido poder del Inca, que mostró el mismo proceder en las diversas obras que solicitó.

Si tal fue el comportamiento andino, puede suponerse que si el "ruego" no se formulaba según las costumbres establecidas o no satisfacía a los señores —ya fuese porque el Inca no se mostraba lo suficientemente "generoso" o por cualquier otro motivo—, existía la posibilidad de un rechazo y quién sabe si a veces, incluso, no se producían propuestas y contrapropuestas. Podía ocurrir que los señores no aceptaran el "ruego" cuando se sentían descontentos por alguna omisión del Inca y, por lo tanto, ofendidos.

Es muy probable que cuando los soberanos del Tahuantinsuyu acrecentaron su poder, encontraran que el mecanismo de la reciprocidad representaba un estorbo y demoraba sus planes, y decidieran desechar, por lo menos ocasionalmente, el "ruego" para actuar directamente, perjudicando los vínculos ancestrales que unían al Sapa Inca con los *hatun curacas* o grandes señores sujetos a él.

LA RECIPROCIDAD DURANTE EL APOGEO DEL TAHUANTINSUYU

Con la gran expansión territorial cusqueña, ya no era dable seguir con el patrón inicial de la reciprocidad. Es natural que la base del sistema sufriera cambios sustanciales para adaptarse a la nueva situación. Ante todo, el poder de los gobernantes incas aumentó al ritmo de sus conquistas, y ya no podían reunirse con cada curaca de pueblo a comer y beber.

Según Morris y Thompson (1985), uno de los fines de la creación de los centros administrativos y de las plazas de dimensiones descomunales fue el de congregar en ellos a los jefes étnicos comarcanos y renovar las alianzas tanto políticas como económicas. Estos autores no encuentran en Huánuco Pampa las características militares que debiera tener un puesto de avanzada, sino más bien las de un centro donde cumplir ritos y ceremonias. El sistema de la reciprocidad requería de un espacio abierto, apropiado para reunir en él a un elevado número de personas, y tal sería el motivo de la creación de una plaza de dimensiones excepcionales en este lugar (500 por 350 metros).

Cuando los soberanos desearon sacudirse de las obligaciones de la reciprocidad, idearon ampliar el número de personas que pertenecían a la categoría social de *yana* o servidores. Los *yanas* extraídos de sus *ayllus* de origen eran una alternativa para evadir las reglas establecidas; ellos ejercían tareas especiales. Los había de diversos estatus: podían ser simples campesinos o ser servidores adjuntos a ciertas personas, como un Inca, una *coya* o reina, una *huaca* o un señor "provinciano".

Los artesanos convertidos en *yanas* eran expertos artífices dedicados a la manufactura de objetos suntuarios que servían para los fines de la reciprocidad como "dádivas" de lujo ofrecidas por el Inca. La organización estatal contemplaba también a señores de la categoría social de *yana*. La ventaja de un *yana* en el poder local consistía en que no participaba en el sistema de la reciprocidad. El Inca podía ordenarle y exigirle cumplir su voluntad, prescindiendo de los requerimientos habituales. En otros trabajos hemos probado, asimismo, la existencia de grandes propiedades privadas entre los últimos incas, trabajadas, en gran parte, por mano de obra *yana*.

Así, hallamos profundos cambios en las antiguas estructuras para producir situaciones nuevas, al precio de una total ruptura con el pasado (Wachtel 1973).

Sin embargo, si bien el poder y el prestigio adquiridos por los incas les permitió ejercer un control sobre los señores subalternos —unidos a ellos por lazos de parentesco y de reciprocidad—, esta potestad, por grande que haya sido, no se basó en fundamentos sólidos ni duraderos, porque no hubo una verdadera integración de las diversas etnias al gobierno cusqueño.

El Tahuantinsuyu no creó sentimientos de unión ni llegó a integrar a la población debido a la persistencia del arraigo local; prevaleció y se mantuvo el aspecto lugareño. Los *ayllus* se cohesionaban en torno a sus propias *huacas* y a sus propios jefes; con ellos se identificaban los hombres del común y no con los lejanos y temibles soberanos del Cusco.

EL SISTEMA ECONÓMICO SERRANO

a) La sierra sur

No intentaremos aquí entrar en los detalles de la economía serrana del sur del Tahuantinsuyu, estudiada por numerosos investigadores y, en especial, por John Murra (1975). La organización del Estado inca se caracterizaba por ser redistributiva, lo que significa que los mercados y el intercambio comercial estaban restringidos o controlados. Para la obtención de productos de diversas ecologías, los incas se valían del sistema de enclaves ecológicos —llamados por Murra "archipiélagos verticales"—, es decir, núcleos permanentes que controlaban pisos ecológicos diferentes y distantes por medio de colonias multiétnicas. En las áreas serranas donde existían tales enclaves étnicos es natural que el intercambio tuviese una función reducida. Este modo de actividad económica fue característico del Altiplano y de *todas las regiones donde los pisos ecológicos se encuentran distantes unos de otros.*

b) La sierra central

Una situación muy diferente a la del Altiplano es la de la cordillera occidental marítima de la región central del Perú. En esa zona, las condiciones geográficas hicieron que los indígenas adoptaran un modelo propio, adecuado a su contexto. Es importante demostrar cómo un determinado sistema podía variar según las condiciones imperantes en cada lugar. Además, la existencia de modelos diferentes demuestra que el patrón de la "verticalidad" no era rígido sino que se transformaba según las circunstancias.

Una primera visita a Canta en 1549 y una segunda en 1553 son testimonios tempranos —anteriores a las reformas toledanas— que proporcionan una visión distinta y especial de la zona. La región de Canta tiene un terreno abrupto y a relativamente corta distancia posee climas diferentes y, por lo tanto, recursos variados. Explicaremos en pocas palabras su organización económica, bastante original, que ofrece un aspecto nuevo del problema.

El señorío de Canta comprendía ocho *ayllus*, y para atender los cultivos situados en diversos pisos ecológicos, se ideó un trabajo en común entre ellos, rotativo y temporal. Con el objetivo de cumplir con determinadas faenas agrícolas, se trasladaba a la gente por un tiempo de un lugar a otro. Esta trashumancia le obligó a poseer, además de sus pueblos permanentes, unas aldeas comunes habitadas solo temporalmente mientras se cumplía las labores en la zona. Por ejemplo, se dirigían a la puna a sembrar y cosechar una planta de gran altura llamada maca (*Lepidium meyenii*), o a esquilar sus rebaños de camélidos. En otras épocas del año, bajaban a la región cálida, a las plantaciones de cocales, o a las tierras templadas a cultivar maíz. No solo cumplían un circuito para trabajar en común las chacras, sino también para la manufactura de objetos o la preparación de productos necesarios, como tejidos, cerámica, *charqui* (carne deshidratada) u ojotas (el calzado andino).

A causa de las cortas distancias entre los variados climas y recursos, no precisaban los naturales de Canta de enclaves multiétnicos, que solo fueron introducidos posteriormente con el dominio inca (Rostworowski 1978a).

EL SISTEMA ECONÓMICO COSTEÑO

Si la organización de la economía serrana guardaba una necesaria relación con el medio ambiente, propio de las quebradas andinas y de la meseta del Altiplano, es comprensible que en la costa, dada su geografía, fuese igualmente diferente el modelo económico.

Es importante mencionar que la región yunga, a pesar de sus dilatados desiertos, es rica en recursos naturales renovables. Su mayor fuente de bienestar proviene del mar, extraordinariamente abundante en fauna ictiológica.

A diferencia de otros lugares del mundo, los inicios de la civilización en el antiguo Perú no necesitaron de la agricultura para formar poblaciones numerosas y crear centros ceremoniales destacados (Moseley 1975). En el Perú, las primeras manifestaciones culturales se desarrollaron gracias a la explotación de los productos del mar, marcando así el posterior desenvolvimiento costeño. Los pescadores formaban grupos establecidos en las cercanías del litoral y, a pesar del tiempo, conservaron sus características propias. Ellos no poseían tierras de cultivo ni acudían a la *mita agrícola* de las aldeas vecinas de agricultores. Poseían sus playas y lagunas propias, cuya explotación era muy valiosa: en ellas pescaban lisas (*Mugil cephalus*), cazaban aves acuáticas y conseguían juncos para fabricar sus embarcaciones y parte de sus chozas.

El excedente de la producción ictiológica era salado y secado, y dio lugar a un trueque, no solo en el mismo valle —con el fin de obtener los productos necesarios para su alimentación—, sino con la sierra. Esta distinción laboral creó en la costa las dos grandes divisiones del trabajo de subsistencia, es decir, la pesca y la agricultura. De ahí que toda la estructura económica se basara, precisamente, en la especialización; cada grupo se dedicaba a un trabajo específico.

En todos los valles costeños hallamos grupos de pescadores con sus propios jefes étnicos, pero subordinados a los señores de las macroetnias de los curacazgos, que detentaban la hegemonía política del valle. De esta manera se formó una complementariedad entre los asentamientos de pescadores y los de los agricultores.

Con la evolución de la sociedad costeña y su progresivo enriquecimiento, los naturales dispusieron de tiempo libre para cumplir labores que no fueran de subsistencia. Floreció, entonces, todo lo que contribuyó a mejorar las condiciones de vida. Surgió el lujo y la magnificencia de los señores y de los sacerdotes y, con ello, la riqueza de las expresiones artísticas.

Como consecuencia, aparecieron nuevos grupos laborales formados por artesanos especializados en metalurgia, textiles, cerámica, etc. La dedicación exclusiva de cada grupo a un determinado trabajo fue una de las características de la sociedad yunga, en contraste con la serrana, donde estas diferencias tan marcadas no existieron. Sabemos que cada grupo trabajaba en una sola actividad, y esta asignación exclusiva obligó a los naturales a recurrir al trueque para adquirir todo lo necesario para su subsistencia, que les estaba vedado producir. La consecuencia fue el surgimiento en la costa de un intercambio comercial en todos los niveles.

a) Navegantes y "mercaderes" chinchanos

Una peculiaridad de los yungas fue la existencia de "mercaderes" en el señorío de Chincha (Rostworowski 1970 y 1977a), dedicados básicamente a sostener un trueque en dos direcciones. La primera ruta era marítima y se efectuaba con balsas hasta Puerto Viejo y Manta, en el actual Ecuador. Ahí los chinchas obtenían unas conchas rojas llamadas mullu *(Sondylus sp.)*, que se usaban sobre todo como ofrendas a los dioses. Se trataba de uno de los objetos más codiciados en el ámbito andino, de enorme valor para los indígenas. La segunda ruta de los "mercaderes" era terrestre y se realizaba con la ayuda de cargadores y de recuas de camélidos; se dirigían al Altiplano y al Cusco y, entre otros productos, trocaban cobre.

b) Los "mercaderes" de la costa norte

La existencia en la costa norte de una gran especialización laboral fomentó el intercambio a todo nivel. Aparte del trueque de los pescadores, tenemos noticias de señores ocupados en el intercambio de objetos suntuarios con la sierra y con los valles vecinos; ellos trocaban ropa fina de lana, mantos de algodón pintados, objetos metalúrgicos, mullu y chaquira.

Frank Salomon (1980), investigando la etnohistoria de Ecuador, halló la presencia de "mercaderes" prehispánicos cuyo nombre indígena era el de *mindalá*.

Estas líneas son solo una breve síntesis de lo que fueron los modelos económicos en el ámbito andino a finales del siglo XV.

Algunos aspectos de la tenencia de la tierra en los Andes prehispánicos[1]

LA TERRITORIALIDAD DISCONTINUA

La importancia de la tenencia de la tierra en los Andes exige una mayor investigación del tema por su complejidad, y por contener conceptos muy distintos a los del Viejo Mundo. Las ideas de territorio y de frontera, tal como existen en otras latitudes, difieren en el ámbito andino por no presentarse como una unidad sino, más bien, de manera discontinua. Veamos a las referencias existentes.

Uno de los mejores ejemplos se halla en las visitas de 1571-1572 y 1578, realizadas en las *guarangas* de Bambamarca, Pomabamba y Chontal, tres de las siete que conformaban el antiguo señorío de Cajamarca en el siglo XVI. Cabe señalar que cada *guaranga* representaba una unidad sociopolítica de la población prehispánica, y que cada una de ellas comprendía hipotéticamente a mil varones, cifra que no se ajustaba forzosamente a la realidad, por lo menos en tiempos coloniales, debido a la marcada baja demográfica de la población indígena. A su vez, una *guaranga* contenía diez *pachacas*, o sea, grupos de cien hombres con sus propios curacas. Así, las siete *guarangas* de Cajamarca formaban un señorío gobernado por un *hatun curaca* de alta jerarquía (véase Rostworowski y Remy 1992).

---

1. Publicado en Rafael Varón y Javier Flores Espinoza, eds., *El hombre y los Andes*, tomo II. Lima: IFEA/PUCP, 2002.

Una de las interesantes y valiosas noticias de dichas visitas se refiere a una territorialidad discontinua: evidentemente no se trata de archipiélagos verticales o de enclaves, comunes en el sur del país, sino de todo un sistema de organización de la posesión de la tierra.

En otros documentos hallamos también información sobre la tenencia dispersa y discontinua de la tierra de los *ayllus* o de las *pachacas*, interfiriendo las posesiones de unos *ayllus* en tierras de otros, en un mismo microclima y sin una explicación sobre su causa. Así se formaba un verdadero embrollo de los *ayllus* dispersos de una *guaranga* que ocupaban los territorios de otras *guarangas*.

En Cajamarca, las *pachacas* tenían chacras diseminadas en lugares pertenecientes a otras, en aparente desorden, sin que podamos hallar una regla o una explicación para ello.

Para tratar de entender el sistema, nos referiremos al trabajo de Alejandro Camino (1980) en Cuyo-Cuyo, en Sandia, Puno. Según él,

> [...] el sistema de dispersión espacial a lo largo del eje vertical, así como la longitudinal y latitudinal, de las chacras no solo obedece a la lógica de una economía autárquica de autosubsistencia, sino que también responde a la necesidad de asegurar la cosecha o al menos parte de esta.

La práctica andina de la discontinuidad de la posesión de la tierra respondía, entonces, a la necesidad de disminuir los riesgos presentes en la agricultura. El sistema de la posesión dispersa de los campos de cultivo disminuía los peligros del agro ante fenómenos naturales adversos —como heladas, granizo, sequías o un exceso de lluvias— y plagas. Era un seguro para los pueblos el poseer tierras diseminadas en sitios distintos, porque en el caso de perderse la cosecha en un lugar, cabía la esperanza de lograrla en otro.

Es curioso notar en los mitos y relatos un temor latente a una falta de subsistencias que sobrevivía como un remoto recuerdo de antiguas y pasadas épocas de hambre, circunstancias que se dieron quizás en tiempo de *purun pacha*, tiempo desierto y lejano, para las cuales había que encontrar una solución. Los mitos señalan momentos en que no había qué comer. Tal es el caso de Pachacamac, quien despedazó el cuerpo de Vichama para sembrarlo y obtener de él los frutos útiles a los hombres (Calancha 1974-1981 [1638], III), y de Mama Raiguana, a quien, al faltar los alimentos, unas avecillas le arrebataron a su hijo Conopa para obligarle a otorgar a serranos y costeños las plantas propias de cada región (Rostworowski 1983).

Si el temor a la falta de subsistencias fue el origen de la territorialidad discontinua, seguimos sin conocer o encontrar las reglas y la aplicación del sistema. John Murra (1975) formuló la hipótesis de la "verticalidad", es decir "el control vertical de un máximo de pisos ecológicos" en la organización andina del sur del país. Desde entonces han ido ampliándose los conceptos inicialmente emitidos y presentes en diversas situaciones, con variantes en el control del territorio y de su aplicación, mostrando una pluralidad de posibilidades que conviene analizar.

El hecho de que un núcleo serrano de altura tuviese acceso a enclaves en la costa y en la selva, demuestra una proyección de la territorialidad discontinua, es decir, una variante de un modelo determinado.

Franklin Pease (1977) señala cómo en Yanque, en 1591, el jefe étnico de un pueblo podía controlar gente que vivía en reducciones ubicadas en distintas zonas ecológicas, que se traducían en diversos recursos. La visita de Yanque (Collaguas) muestra una autoridad que controlaba a diversos "mandones" que vivían en pueblos situados a distintas alturas, información que permite atisbar en las relaciones entre señores étnicos, al mismo tiempo que adquirir nuevas dimensiones de la imagen del territorio. La investigación se facilitaría si pudiésemos identificar el territorio ocupado por el *ayllu* antes de las reducciones, y si fuera delimitado en una sola área como las reducciones españolas, pero al no ser así, constatamos la dispersión de los pobladores del *ayllu*, un hecho que se explica en término del control ecológico con una evidente diseminación (Pease 1977: 146).

EL SISTEMA CANTEÑO

Una solución muy diferente a las nombradas hasta aquí se halla en la región de Canta, departamento de Lima, en dos visitas tempranas, una de 1549 y una revisita de 1553, ambas hechas antes de las reducciones de los naturales a pueblos de hechura española; de ahí su importancia (Rostworowski 1978a).

La particularidad de la ecología de Canta es tener una variedad de medio ambiente a distancias cortas uno de otro, por lo cual no es necesario recorrer largas jornadas para diversificar los recursos agrícolas debido a los abruptos cambios de nivel de la sierra de la costa central. Por este motivo, los "archipiélagos", o enclaves, tuvieron en dicha zona un desarrollo muy diferente al del sur, hecho que repercutió en su organización sociopolítica.

Lo sorprendente del sistema organizativo canteño consistía en la presencia de 16 pueblos de temporada, habitados solo para cumplir con determinadas faenas comunales, aparte de las aldeas permanentes de los ocho *ayllus* de Canta.

El visitador de 1549 halló ocho aldeas permanentes, además de los 16 villorrios de temporada a los que las personas acudían esporádicamente, los cuales quedaban despoblados la mayor parte del tiempo una vez realizada la labor comunal. Las funciones cumplidas en los pueblos eran naturalmente variadas, según los trabajos a ejecutarse. Así, ocho de aquellos pueblos estaban consagrados a trabajos artesanales y manuales y los ocho restantes se dedicaban a cultivar ciertas plantas requeridas por la comunidad, es decir, a sembrar y cosechar algunas chacras comunales. La costumbre muestra que no había grupos especializados en tal o cual artesanía, sino que todos los *ayllus* en conjunto se reunían para fabricar los objetos necesarios y requeridos por todos.

Los lugares sindicados para las artesanías eran, primero, la aldea de Pariamarca, donde se reunían para preparar textiles, la ropa fina de *cumbi*; el lugar contaba con 29 casas y se situaba en un temple bueno y caliente. Los lugareños informaron al visitador que cada *ayllu* además tejía la ropa necesaria para su uso personal, sin mencionar el uso dado a las labores de la ropa fina.

El segundo pueblo artesanal era Carua Cayán. Se situaba en la puna, detrás del nevado de La Viuda, y era considerado un lugar de "ovejeros". Es posible que en él se realizara la esquila de camélidos. Otra aldea destinada al trabajo comunal era la de Achim y en ella se ocupaban de la fabricación de cerámica.

En Cancha Cancha y Aragaco manufacturaban ojotas (las alpargatas andinas), y la tarea del pueblo de Chacalla era la producción de *charqui* de aves (carne deshidratada), posiblemente de palomas y perdices cazadas por los "paxareros". En la zona abundaban las perdices. En la tasa de 1549 los naturales entregaron a su encomendero, Nicolás de Ribera, el Mozo, 400 perdices de tributo.

De la lista de los ocho pueblos especializados nos quedan dos por ubicar: ellos son Choccha Calla y Cato, habitado este último por *mitmaq* o *mitimaes* y ambos despoblados en 1549.[2] En cuanto a las aldeas dedicadas a cumplir faenas agrícolas, las había de varios tipos, desde las de puna o de gran altura para sembrar y cosechar maca (*Lepidium meyenii*), hasta la de Quivi, donde había plantaciones de cocales de la variedad costeña.[3]

Los canteños no eran los únicos poseedores de aldeas a las que se trasladaban para realizar faenas agrícolas. El curaca de Lima, el viejo Taulichusco, tenía en Chuntay —lugar donde posteriormente se edificó

2. Para mayor información sobre Canta, véase Rostworowski 1978a.

3. *Erytroxilum novogranatense, var. trujillensis* (Plowman 1979; Rostworowski 1989, inter alia).

la iglesia de San Sebastián— un villorrio donde se dirigía con su gente a sembrar y cosechar sus chacras (BN-Lima, A-15, año 1550). La distancia entre la residencia de Taulichusco en tiempos prehispánicos, es decir, entre la actual plaza Mayor de Lima y el edificio del Correo, y Chuntay, no era tan grande como para necesitar un lugar de hospedaje especial: el hecho más bien refleja una costumbre de la costa central.

TIERRAS DE *HUACAS* Y ENCLAVES RELIGIOSOS

Otra manifestación de la territorialidad discontinua se halla en las tierras propias de las *huacas* o de las divinidades. Los documentos sobre la extirpación de la idolatría entre los naturales en el siglo XVII (Archivo del Arzobispado de Lima) confirman esta situación, pues cada *huaca*, por pequeña que fuese, poseía tierras para cultivar el maíz necesario para las bebidas durante los ritos y celebraciones de sus fiestas. El tamaño de dichos campos guardaba relación con la importancia de los ídolos. Las grandes divinidades como Pachacamac gozaban de chacras en muy distintos y lejanos parajes, y el usufructo era remitido a su santuario.

En el antiguo *Libro de cabildo* de la Villa de Cañete, en las dehesas municipales, Domingo Angulo (Mogrovejo 1920 [1593]) encontró la mención de unas tierras llamadas Cuiba que decían haber pertenecido al dios Pachacamac. La noticia está confirmada por la existencia de una hacienda con el nombre de "Suiba" [sic] cerca del canal hidráulico de Pachacamilla (Rostworowski 1989).

Durante la colonia, muchas de las antiguas tierras de *huacas* se convirtieron en propiedades de las cofradías, algunas de las cuales se han mantenido hasta la actualidad. Para el pueblo de Pampas, en el valle medio del río Chancay, la investigadora Isabelle Laussent-Herrera (1989: 16-18) relata cómo en su trabajo de campo, emprendido en 1977, asistió al último ritual de la siembra de maíz en unas chacras tradicionalmente consideradas tierras de cofradías. Las necesidades económicas hicieron que los campesinos optaran por convertirlas en huertas de frutales.

En tiempos prehispánicos, los dioses y las *huacas* tenían entre sí unas relaciones de parentesco similares a las de los humanos. Esta costumbre se traducía en una reciprocidad simétrica y asimétrica. Curiosamente, estas filiaciones se mantienen hasta la fecha, como por ejemplo en el Cusco, donde Taitacha Temblores es considerado hijo de Mamacha Belén y por lo tanto se visitan. Por su parte, en Huaylas, como la Virgen María es prima de Santa Isabel, ambas salen juntas en las procesiones.

Los cronistas Cristóbal de Molina, el cusqueño (1943 [1575]), y Pablo José de Arriaga (1968 [1621]) cuentan que las divinidades más importantes del panteón andino poseían mujeres, hijos y hermanos. Santillán (1927 [1563]) señala que el dios Pachacamac tenía cuatro hijos, uno en Mala, otro en Chincha, el tercero en Andahuailas y uno último que se quedó en el Cusco con el Inca Túpac Yupanqui, después de haber conquistado el santuario de Ychma. Ávila nombra a Llocllayhuancupa, hijo de Pachacamac, a quien se le adoraba como tal. Encontramos más noticias sobre este tipo de relaciones de parentesco con la diosa Urpay Huachac, esposa de Pachacamac, que criaba peces en los estanques del santuario. Cuando apareció Cuniraya, montó en cólera al no encontrarla y arrojó sus pertenencias al mar. Cuentan que desde entonces se multiplicaron los peces en el océano y a la diosa la veneraban los pescadores, quienes la invocaban antes de salir a realizar sus faenas en el mar (Taylor, ed., 1987). Otra diosa mujer de Pachacamac era Mama, poderosa divinidad cuyo santuario se situaba en la unión de los ríos Rímac y Santa Eulalia (Dávila Briceño 1881).

Los sacerdotes de los templos mostraban interés por mantener y aumentar estas relaciones, ya que para ellos significaban mayor riqueza y prosperidad.

Los bienes de *huacas* situados en parajes distantes y diversos se pueden calificar de "enclaves religiosos". A diferencia de los archipiélagos verticales del sur, en ellos los diversos pisos ecológicos no tenían vigencia ni se tomaban en cuenta. Más aún, la tierra era cultivada por la gente local y las cosechas se remitían al santuario principal. Numerosos manuscritos señalan al templo de Pachacamac como el destinatario de las cosechas.

En algunos casos, el Inca podía otorgar a dichas *huacas* un número de *yanas* o servidores para su servicio, como hizo con el templo del Sol en la cuenca del lago Titicaca. Durante el apogeo del Incario, el Sol disponía de bienes en todo el Tahuantinsuyu para magnificar su culto.

La existencia de "enclaves religiosos" explicaría a los arqueólogos los hallazgos de vasijas de cerámica u otros artefactos encontrados en lugares lejanos de sus centros de origen, sin que se hubiese producido algún tipo de conquista o dominio. Los enclaves religiosos de una divinidad proyectaban su influencia a lugares distantes. Así, hallamos en los archivos de Trujillo que antes de la conquista inca, la Huaca del Sol de Moche se llamaba Pachacamac, pero los protocolos notariales no proporcionan mayor noticia sobre el particular.[4]

---

4. Archivo Departamental de La Libertad-Trujillo. A continuación presentamos seis expedientes, fechados todos en 1562, existentes en los protocolos notariales del es-

En la época prehispánica, la influencia de los enclaves religiosos se traducía en peregrinaciones a estos lugares en cierta época del año. Los informantes de Ávila (Taylor, ed., 1987: cap. 9) describen una de aquellas romerías que los yungas de la costa central hacían al nevado de Pariacaca.

> Todos los yuncas de Colli, de Carhuayllo; de Ruricancho (Luricancho), de Latim, de Huanchohuaylla, de Pariachi, de Yañac (Ñaña), de Chichima (Santa Inés) y de Mama, todos los yuncas de ese río (Rímac) así como los Sacicaya también y todos los del otro río (Lurín) los Pachacamac también, así como los Caringas y los Chilca; así como la gente que vivía en el curso inferior del río Huarochirí, todos los carango, todos los yuncas sin excepción, todos los yuncas de dichos ríos venían al (santuario) mismo de Pariacaca con *ticti*, coca y todas las demás ofrendas rituales.

Cuando regresaban del peregrinaje, la gente que se había quedado en sus comunidades se juntaba y esperaba a los dichosos romeros con el fin de saber cómo se encontraba su padre Pariacaca, si todo estaba bien y no se había enojado. Entonces, con gran regocijo celebraban sus bailes durante cinco días según sus costumbres.

Si tales eran las celebraciones del dios serrano, tanto más brillo tendrían las del dios Pachacamac, pues este tenía una mayor convocatoria y su culto gozaba de gran difusión (Cieza de León 1943 [1550]: 223). La marcada afición de los pueblos andinos por las romerías a diversas *huacas* se ha mantenido vigente hasta nuestros días bajo la advocación a las vírgenes y a Cristo, consecuencia de un sincretismo

---

cribano Juan de la Mata. Se refieren a contratos para excavar en la Huaca Grande de Moche y sacar sus tesoros. El primer testimonio es del 13 de octubre de 1562 (Protocolo 329, fols. 491-493): "Poder entregado a unas personas para trabajar y fundir los tesoros hallados en la huaca llamada Pachacamac, la huaca Grande de Moche". El segundo expediente (Protocolo 336, fols. 503-504v) lleva la fecha de 19 de octubre de 1562: "Donación de unos derechos sobre la labor de la guaca grande del río Moche, llamada Pachacamac. Salvador Luna a su nieta Isabel de Olmedo". El tercer expediente (Protocolo 339: Juan de la Mata, fols. 509-511) es del 22 de octubre de 1562: "Donación de Luis Sánchez a Fernando Estevez de su parte de la guaca grande del río que llaman Pachacamac". El cuarto expediente (Protocolo 345: fols. 523-524v) data del 31de octubre de 1562: "Traspaso de media parte de la huaca de Francisco Gómez Montalvo a Sebastián Hernández Guaca grande del río moche llamada Pachacamac". El quinto expediente (Protocolo 361: fols. 556-557) es del 22 de noviembre de 1562: "Juan de la Mata Diego Negro traspasa sus derechos de parte de la huaca a Juan Cordero por tener que ausentarse de Trujillo". El sexto y último expediente (Protocolo 375: fols. 580-582) es del 9 de diciembre de 1562; se trata de una escritura dada en favor de Alonzo Carrasco por sus compañeros de la compañía "para trabajar la huaca llamada Pachacamac huaca grande del río Moche".

religioso manifestado en peregrinaciones a distintos lugares de la geografía nacional. Aquellos parajes cobran vida durante las festividades, para luego permanecer despoblados después de las celebraciones.

LAS PARCELAS DISPERSAS

Otra modalidad de posesión de la tierra consistía en un sistema de parcelas diseminadas en uno o dos valles de un mismo señorío. La visita de 1593 a los valles de Acarí y de Yauca comprendía ambas cuencas del curacazgo en la provincia de Camaná, departamento de Arequipa. En el documento no se mencionan enclaves ni archipiélagos, solo lotes de campos personales diseminados en los dos valles (Rostworowski 1993, I).

El curacazgo de Acarí era una unidad política y sus jefes étnicos conformaban una estructura cuatripartita, con dos señores para la mitad *hanan* y dos para la *hurin*. La particularidad consistía en parcelas individuales poseídas indistintamente en un valle u otro. Una persona podía disponer de varias chacras, cada una de ellas en un lugar diferente. Lo mismo ocurría con los bienes de los curacas. Por ejemplo, el señor principal de Anansaya tenía tierras en Lucasi, Cusillo, Pauri y Lao; sus propiedades eran numerosas y sumaban 25 fanegas de tierra, además de una huerta.

Sin embargo, la fecha tardía del documento (1593), tiempo después de las reducciones ordenadas por el virrey Toledo, no nos permite asegurar que la dispersión de Acarí y Yauca fuese prehispánica. Lo único que podría apoyar nuestra hipótesis es que esta particularidad solo regía para la gente local y originaria, en tanto que los *mitmaq* gozaban de tierras aglutinadas, hecho que nos hace pensar que la diseminación de los campos no fue hechura colonial, sino producto de un sistema organizativo indígena diferente a los demás.

TIERRAS DE CURACAS

La posesión de tierras entre los señores étnicos es un tema aún poco investigado. Durante el virreinato, el título de cacique iba acompañado de ciertos bienes, lo que hacía apetecible el puesto. ¿Qué sucedía en tiempos prehispánicos?

En una economía que desconocía el empleo del dinero, la tenencia de la tierra debió ser doblemente deseada, por conceder a sus poseedores riqueza y poder. A diferencia de otras zonas, y según las *Relaciones geográficas de Indias* (Jiménez de la Espada, ed., 1881-1897, II: 240), en la región de Piura toda la tierra de un señorío o de un valle pertenecía al jefe principal del lugar, quien a su vez otorgaba a sus súbditos tierras para que las cultivasen, dividiéndose los beneficios con los campesinos. Esta situación posiblemente dio origen al sistema de yanaconaje costeño que perduró en el país, con variantes, hasta la reforma agraria del siglo XX. Nos preguntamos qué sucedía en los otros valles costeños, ya que no se puede, con una sola noticia, generalizar la situación. Esto más bien obliga a continuar investigando en documentos de archivo a fin de esclarecer el problema de la tierra. Pero en la misma fuente se nos dice que:

> En algunos valles de yungas tenían por propias las tierras y heredades que habían los caciques, y las daban a indios por manera de arrendamiento para que en las dichas tierras cogiesen; y no había ido particular que tuviese propiedad de la tierra esto en los llanos y yungas, como está dicho.

Según este texto, parece que en otros lugares de la costa imperaba una situación similar a la de Piura.

TIERRAS DE LOS GOBERNANTES CUSQUEÑOS

En otro trabajo demostramos a través de manuscritos que los incas, a partir de Viracocha, poseyeron tierras privadas de una extensión bastante importante, pero no sabíamos cómo las obtuvieron (Rostworowski 1993, I).

Un documento hallado por Glave y Remy (1983) en los archivos cusqueños, indica que Inca Yupanqui conquistó Picchu y ordenó la edificación de un lugar de recreo y descanso para él, que sería el futuro Machu Picchu. Hallamos más información en un manuscrito con la noticia de la conquista por parte de Inca Yupanqui de la zona de Amaybamba, en el valle alto de La Convención. En el lugar llamado Guamán Marca se edificó un palacio para el Inca, además de ampliarse las tierras para el cultivo del maíz (Rostworowski 1993, I). En el mismo documento se dice que al regresar victorioso de la conquista de Chachapoyas, el hijo de Inca Yupanqui, Túpac Yupanqui, instaló en el mismo valle (aunque a menor altura) a un grupo de *mitmaq* de aquella nación para que trabajasen plantaciones de la preciada coca. Así, con estos testimonios podemos plantear como hipótesis que las tierras privadas de los Incas fueron adquiridas gracias a conquistas exitosas.

La información demuestra que la aparición de la propiedad privada del Inca se debió a una conquista, por lo menos en los primeros tiempos, es decir, en la época inicial del auge cusqueño. Al tratar el tema de los incas anteriores a Pachacútec, la mayoría de las crónicas sostiene que hasta entonces las contiendas se realizaban en los mismos lugares con los mismos curacazgos, como si el objeto de las guerras fuese lograr un botín del enemigo más que una expansión. Un ejemplo de ello es el relato de Sarmiento de Gamboa (1940 [1572]), quien menciona los enfrentamientos de los incas contra el grupo de los ayarmaca, cuyos jefes étnicos llevaban los nombres genéricos de Tocay Capac y Pinahua Capac. Estas luchas se dieron con cada gobernante cusqueño hasta el advenimiento de Pachacutec, quien los venció definitivamente y ya no volvieron a ser mencionados.

Así, el método inicial de adquisición de una hacienda personal por parte de un Inca fue una conquista. Sin embargo, con el gobierno de Huayna Capac, el logro de tierras propias sería más bien el resultado del poder absoluto del gobernante, dada la expansión del Estado. Se podría investigar en los archivos ecuatorianos para saber si este Inca forjó una hacienda personal en el norte, como consecuencia de su prolongada estadía y de su apego a la ciudad de Tumibamba, a la cual dio el nombre de su propia *panaca*, siendo Surampalli el apelativo original del lugar.

Si las tierras privadas de un Inca tuvieron como origen un enfrentamiento armado, es posible que los señores étnicos del Altiplano y del sur del país consiguieran crear los archipiélagos verticales de la costa y de la selva con guerras. Nos referimos a una pregunta sin respuesta planteada por John Murra sobre cuál podría ser el origen de los enclaves verticales.

En un documento del Archivo Arzobispal de Lima (Papeles Importantes, leg. 2, año 1594) hallamos la solución a su inquietud. Se trata del grupo de los yauyos conquistando a los calango y chilca, en valles situados al sur de Lima, con el fin de apoderarse de las tierras yungas que luego poblaron enviando a tres hombres de cada *ayllu* para cultivar las chacras, hechos que cuadran perfectamente con la investigación de Murra y con la conformación de los archipiélagos constituidos también por los jefes lupacas en sus enclaves costeños.

Las noticias del manuscrito explican la forma serrana de crear los enclaves verticales, cuyo requisito fue lograr, primero, una conquista territorial:

> Este asiento de Callaguaya es y está en tierra yunga y como tal antiguamente era tierra, mojón y chacra de los yndios de Calango y Chilca y que saben que sus antepasados de este dicho pueblo bencieron a los dichos yungas y los echaron de dicho asiento y que desde entonces ysieron repartimiento todos los principales [...]. (AAL, Papeles Importantes, leg. 2, año 1594)

Los diferentes microclimas del país obligaron a sus habitantes a buscar soluciones a sus problemas agrícolas. Indudablemente, las medidas a tomar variaban según las necesidades y las posibilidades tecnológicas adaptadas al medio ambiente. En algunos casos, el préstamo de un pedazo de tierra por el tiempo de una cosecha reemplazaba la obligación de un pago por servicio recibido. Tal es la situación del curaca de Mala en 1566 (BN-Lima, A-199), que así retribuyó al señor de Coaillo, quien le prestó su gente para la limpieza de las acequias de la laguna pesquera. El desconocimiento del uso del dinero y la carencia de la noción de comprar y vender hacían que la tierra prestada supliera a la moneda.

Al seguir investigando en documentos de archivo, seguramente surgirán nuevos modelos de tenencia de la tierra o situaciones diferentes a las mencionadas aquí.

Bibliografía

MANUSCRITOS

Archivo Arzobispal de Lima (AAL)

Idolatrías, leg. II, expediente 2, año 1657.

Idolatrías, leg. II, expediente 18, años 1656-1658.

Idolatrías, leg. IV, expediente 19, año 1656.

Papeles Importantes, leg. l.

Papeles Importantes, leg. 2, año 1594.

Papeles Importantes, leg. 9.

Archivo del Convento de Santo Domingo (Lima)

Haciendas, libro 4.

Archivo General de Indias (AGI) (Sevilla)

Audiencia de Lima 55, año 1651.

Audiencia de Lima 121, año 1570.

Audiencia de Lima 441, año 1727.
Escribanía de Cámara 496, año 1556.
Escribanía de Cámara 500-A
Escribanía de Cámara 500-B
Escribanía de Cámara 504-A, año 1618.
Justicia 396, año 1549.
Justicia 398, año 1551.
Justicia 398, años 1550-1562.
Justicia 418, año 1573, se remonta a 1540.
Justicia 448.
Justicia 456, año 1576.
Justicia 457, año 1577.
Justicia 458, año 1566.
Justicia 460, año 1566.
Justicia 461, año 1577.
Justicia 1063.
Justicia 1088.
Lima 92, año 1567.
Lima 121, año 1549.
Lima 204, año 1556, Probanza de Francisco Ampuero.
Lima 205, año 1559.
Lima 441, año 1727.
Patronato 90 B, ramo 43, año 1556.
Patronato 109, ramo 5.
Patronato 120, n.º 1, ramo 2, año 1574.
Patronato 192, n.º 1, ramo 32, año 1543.

Archivo General de la Nación (AGN) (Lima)

Derecho Indígena, cuaderno 140, años 1669-1684.
Derecho Indígena, cuaderno 166, año 1692.
Derecho Indígena, cuaderno 220.

Derecho Indígena, cuaderno 485, año 1784.

Juzgado de Aguas 3.3.10.79, año 1787.

Juzgado del Cercado, leg. 3, año 1815.

Testamentos de Indios, un sólo legajo.

Títulos de Propiedad, cuaderno 225, año 1648.

Títulos de Propiedad, cuaderno 242, año 1645.

Superior Gobierno, cuaderno 485, año 1789.

Superior Gobierno, cuaderno 1368, año 1821.

Biblioteca Nacional (BN-Lima)

A-15, año 1550.

A-199, año 1566.

B-1937, año 1607.

Biblioteca Nacional (BN-Madrid)

Ms. 119, siglo XVIII.

Ms. 3042, antigua signatura J-89, 1567.

Biblioteca del Palacio Real (PR) (Madrid)

Miscelánea de Ayala, tomo 2816, año 1762.

Real Academia de la Historia (RAH) (Madrid)

9-23-1-A-12, año 1715.

A-92, siglo XVII.

Colección Muñoz, n.º A-66.

Mata Linares, tomo XXI.

FUENTES PRIMARIAS

ACOSTA, José de
1940 [1550] *Historia natural y moral de las Indias*. México: Fondo de Cultura Económica.

ANÓNIMO
1958 [siglo XVII] *Descripción del virreinato del Perú, crónica inédita de comienzos del siglo XVII*. Edición de Boleslao Lewin. Rosario: Universidad Nacional del Litoral.

ARRIAGA, fray Pablo José de
1968 [1621] *Extirpación de la idolatría del Perú*. Biblioteca de Autores Españoles. Madrid: Atlas.

ÁVILA, Francisco de
1987 [¿1598?] Véase Taylor

CABELLO DE VALBOA, Miguel
1951 [1586] *Miscelánea antártica*. Lima: Instituto de Etnología, Universidad Nacional Mayor de San Marcos.

CALANCHA, fray Antonio de la
1638 *Coronica moralizada del orden de San Agustín en el Perú, con sucesos ejemplares vistos en esta monarquía*. Barcelona: Imprenta de Pedro Lacavallería.

1974-1981 [1638] *Coronica moralizada del orden de San Agustín en el Perú*. Seis tomos. Lima: Ignacio Prado Pastor.

CARRERA, Fernando de la
1644 *Arte de la lengua yunga de los valles del obispado de Truxillo del Perú, con un confessonario y todas las oraciones christianas traducidas en la lengua y otras cosas*. Lima: J. Contreras.

CASTRO, fray Cristóbal y Diego ORTEGA MOREJÓN
[1558] 1974 "Relación y declaración del modo que este valle de Chincha y sus comarcanos se gobernaban antes que hobiese ingas y después que los hobo hasta que los cristianos entraron en esta tierra". En *Historia y Cultura* 8. Lima: Museo Nacional de Historia.

Cieza de León, Pedro de
1932 [1550] *La crónica del Perú*. Madrid: Espasa Calpe.

1943 [1550] *Del señorío de los incas*. Buenos Aires: Ediciones Argentinas Solar.

Cobo, fray Bernabé
1956 [1653] *Fundación de Lima*. Biblioteca de Autores Españoles. Madrid: Atlas.

1958 [1653] *Historia del Nuevo Mundo*. Biblioteca de Autores Españoles. Madrid: Atlas.

Dávila Briceño, Diego
1881 "Descripción y relación de la provincia de los Yauyos". En Jiménez de la Espada, Marcos, *Relaciones geográficas de Indias*. Madrid.

Diez de San Miguel, Garcí
1964 [1567] *Visita hecha a la provincia de Chucuito...* Lima: Casa de la Cultura.

Estete, Miguel
1945 [1549] Véase Fernández de Oviedo

Fernández de Oviedo, Gonzalo
1945 [1549] *Historia general y natural de las Indias*. Asunción: Ed. Guaranía.

Frezier, Amédée François
1716 *Relation du voyage de la Mer du Sud aux côtes du Chili et du Pérou, fait pendant les années 1712, 1713 et 1714*. París.

García y García, Aurelio
1870 *Derrotero de la costa del Perú*. Lima.

González Holguín, Diego
1952 [1608] *Vocabulario de la lengua general de todo el Perú llamada quechua*. Lima: Instituto de Historia, Universidad Nacional Mayor de San Marcos.

Guamán Poma de Ayala, Felipe
1936 [1613] *Nueva corónica y buen gobierno*. Edición facsimilar. París: Institut d' Éthnologie.

GUTIÉRREZ DE SANTA CLARA, Pedro
1905 [1603] *Historia de las guerras civiles del Perú (1544-1548)*, tomo III. Colección de Libros y Documentos Referentes a la Historia de América, tomo IV. Madrid.

HERNÁNDEZ PRÍNCIPE, licenciado Rodrigo
1923 [1621-1622] "Mitología andina". En Revista *Inca*, vol. 1. Lima: Universidad Nacional Mayor de San Marcos.

JIMÉNEZ DE LA ESPADA, Marcos (ed.)
1881-1897 *Relaciones geográficas de Indias. Perú*. Cuatro tomos. Madrid: Ministerio de Fomento.

LIZÁRRAGA, fray Reginaldo de
1946 [1605] *Descripción de las Indias*. Colección Los Pequeños Grandes Libros de América. Edición de Francisco Loayza. Lima.

LÓPEZ DE GÓMARA, Francisco
1941 [1552] *Historia general de las Indias*. Madrid: Espasa-Calpe.

MARTÍNEZ COMPAÑÓN, obispo Baltazar Jaime
1976 [1779-1789] *Trujillo del Perú en el siglo XVIII*. Madrid: Editorial Patrimonio Nacional.

1985 [1779-1789] *Trujillo del Perú en el siglo XVIII*. Madrid: Cultura Hispánica.

MELO, Rosendo
1906 *Derrotero de la costa del Perú*. Tercera edición. Lima.

MENA, Cristóbal de
1937 [1534] "La conquista del Perú, llamada la Nueva Castilla". En Porras Barrenechea, Raúl, *Las relaciones primitivas de la conquista del Perú*. Cuadernos de Historia del Perú 2. París: Imprimeries Les Presses Modernes-Palais Royal.

MENDIBURU, Manuel de
1934 *Diccionario histórico-biográfico del Perú*. Segunda edición. Lima: Imprenta Enrique Palacios.

MOGROVEJO, Toribio Alfonso de
1920 [1593] "Diario de la segunda visita pastoral del arzobispo de Los Reyes, don Toribio de Mogrovejo. Publicado por fray Domingo

Angulo. Libro de visitas 1593". En *Revista del Archivo Nacional del Perú* 1. Entregas 1 y 2.

MOLINA, Cristóbal
1943 [1575] *Fábulas y ritos de los incas*. Lima: Edit. F. Loayza.

OLIVA, padre Anello
1895 [1631] *Historia del Perú y varones insignes en Santidad de la Compañía de Jesús, por el padre... de la misma Compañía*. Edición de J. F. Pazos Varela y Luis Varela Orbegoso. Lima.

ORDENANZAS DE TAMBOS DE VACA DE CASTRO
1908 [1543] *Revista Histórica* III: 427-492. Lima.

ORTIZ DE ZÚÑIGA, Iñigo
1967 [1562] *Visita de la provincia de León de Huánuco en 1562*. Volumen I. Madrid: Ediciones Cultura Hispánica del Centro Iberoamericano de Cooperación.

1972 [1562] *Visita de la provincia de León de Huánuco en 1562*. Volumen II. Huánuco: Universidad Nacional Hermilio Valdizán.

PACHECO, Francisco, Francisco DE CÁRDENAS y Luis TORRES DE MENDOZA
1867 *Colección de documentos inéditos relativos al descubrimiento, conquista y colonización de las posesiones españolas en América y Oceanía, sacados, en su mayor parte, del Archivo de Indias*. Tomo VII. Madrid.

RUGENDAS, Juan Mauricio
1975 [1842] *El Perú romántico del siglo XIX*. Lima: Milla Batres.

RUIZ, Hipólito
1952 *Relación histórica del viaje que hizo a los reynos del Perú y Chile el botánico Hipólito Ruiz en el año de 1777 hasta el de 1788*. Dos volúmenes. Madrid.

SÁMANO-Xerez
1937 [1528] *Relación*. Cuadernos de Historia del Perú. Edición de Raúl Porras Barrenechea. París.

SANTILLÁN, Hernando de
1927 [1563] *Relación del origen, descendencia política de los incas*. Colección de Libros y Documentos Referentes a la Historia del Perú. Tomo IX, segunda serie. Lima: Imprenta y Librería SANMARTI.

Santo Tomás, fray Domingo de
1951 [1560] *Lexicón*. Edición facsimilar. Lima: Instituto de Historia, Universidad Nacional Mayor de San Marcos.

Sarmiento de Gamboa, Pedro
1940 [1572] *Historia de los incas*. Edición y nota preliminar de Ángel Rosenblat. Buenos Aires: Emecé Editores.

Taylor, Gerald (ed.)
1980 *Rites y traditions de Huarochirí: manuscrit quechua du début du 17 siècle*. París: Editions L'Harmattan.

1987 *Ritos y tradiciones de Huarochirí del siglo XVII*. Lima: IEP/ IFEA.

Torres, Bernardo de
1974 [1657] *Crónica agustiniana*. Tres tomos. Lima: Ignacio Padro Pastor.

Torres Saldamando, Enrique
1888 *Libro primero de cabildos de Lima*. Tres tomos. París.

Ulloa, Antonio de y Jorge Juan
1748 *Relación histórica del viaje a la América Meridional*. Madrid.

Vásquez de Espinosa, Antonio
1942 [1629] *Compendium and Description of the West Indies*. Washington: Smithsonian Miscellaneous Collection.

Visita de Acarí
1973 [1593] *Revista Historia y Cultura*, n.º 7, Museo Nacional de Historia. Lima.

Zárate, Agustín de
1944 [1555] *Historia del descubrimiento y conquista del Perú*. Lima.

FUENTES SECUNDARIAS

Bird, Junius
1943 "Excavations in Northern Chile". En *Anthropological Papers American Museum of Natural History*, vol. XXXVIII, cuarta parte. Nueva York.

1948 "Preceramic Cultures in Chicama and Virú". En *A Reappraisal of Peruvian Archaeology, Society for American Archaeology, Memoir*, vol. XIII, n.° 4.

Bonavia, Duccio
1982 *Los Gavilanes. Precerámico peruano, mar, desierto y oasis en la historia del hombre.* Lima: COFIDE/Instituto Arqueológico Alemán.

Camino, Alejandro
1982 "Tiempo y espacio en la estrategia de subsistencia andina: un caso en las vertientes orientales sud-peruanas". En *El hombre y su ambiente en los Andes Centrales. Senri Ethnological Studies* 10. Osaka: National Museum of Ethnology.

Cano Iglesias, P. R.
1965 "Algunos aspectos de la pesca comercial en la provincia de Trujillo". Tesis, Universidad Nacional de Trujillo.

Del Busto D., José Antonio
1973 *Diccionario histórico biográfico de los conquistadores del Perú.* Tomo 1. Lima: Editorial Arica S. A.

Dollfus, Olivier
1965 "Effets des fluctuations et des accidents climatiques sur l'écologie humaine du Pérou". En Journal de la Société des Américanistes, tomo LIV-2: 227-238.

1968 *Le Pérou.* Travaux et Mémories de l'Institut des Hautes Études de L'Amérique Latine. París: Universidad de París.

Duviols, Pierre
1973 "Huari y llacuaz. Agricultores y pastores. Un dualismo prehispánico de oposición y complementariedad". En *Revista del Museo Nacional*, tomo XXXIX: 153-191. Lima.

Edwards, C. R.
1965 *Aboriginal Watercraft on the Pacific Coast of South America.* Berkeley y Los Ángeles: University of California Press.

Engel, F.
1957 "Sites et établissements sans céramique de la côte peruvienne". En *Journal de la Société des Américanistes*, tomo XLVI. París.

1963 "Notes relatives a des explorations archéologiques a Paracas et sur la côte sud du Pérou". En *Travaux de l'Institut Français D'Etudes Andines*, tomo IX: 1-72, París-Lima.

1966 "Le complexe préceramique d' El Paraiso (Pérou)". En *Journal de la Société des Américanistes*, tomo LV-I. París.

1970 *Las lomas de Iguanil y el complejo de Haldas*. Lima: Universidad Nacional Agraria La Molina.

1973 "New Facts about Pre-Columbian Life in the Andean Lomas". En *Current Anthropology*, vol. 14, n.° 3.

ESPINOZA, Waldemar

1967a "El primer informe etnológico sobre Cajamarca (1540)". En *Revista Peruana de Cultura* 11-12: 5-41. Lima.

1967b "Los señoríos étnicos de Chachapoyas y la alianza hispano-chacha". En *Revista Histórica*, tomo XXX. Lima.

1970 "Los mitmas yungas de Collique en Cajamarca". En *Revista del Museo Nacional* XXXVI: 9-57. Lima.

1975 "El valle de Jayanca y el reino de los mochicas. Siglos XV y XVI". En *Boletín del Instituto Francés de Estudios Andinos* 4 (3-4): 243-274. Lima.

FERREYRA, Ramón

1953 "Comunidades vegetales de algunas lomas costaneras del Perú". En *Estación Experimental Agrícola de La Molina*, boletín 53.

FOCACCI, Guillermo

1974 "Excavaciones en el cementerio Playa Miller, Arica". En *Chungará* 3: 23-74.

FUNG PINEDA, Rosa

1969 "Los anzuelos de concha de Las Aldas: un análisis comparativo". En *Boletín del Seminario de Arqueología* 4, PUCP.

GALDÓS RODRÍGUEZ, Guillermo

1977 "Visita a Atico y Caravelí (1549)". En *Revista del Archivo General de la Nación* 4-5. Lima.

Glave, Luis Miguel y María Isabel Remy
1983 *Estructura agraria y vida rural en una región andina: Ollantaytambo entre los siglos XVI y XIX*. Cusco: Centro de Estudios Rurales Andinos Bartolomé de Las Casas".

Guillén Guillén, Edmundo
1974 *Versión inca de la conquista*. Lima: Milla Batres.

Gutiérrez Galindo, Blas
1966 "La pesca tradicional en Lambayeque". En *Cuadernos de Antropología*, vol. IV, n.° 9. Lima.

Heiser, Jr. Charles B.
1974 "Totoras, Taxonomy and Thor". En *Plant Science Bulletin*. June: Indiana University.

Heyerdahl, T. y A. Skjölsuald
1956 "Archaeological Evidence in Pre-Spanish Visits to the Galapagos Island". En *American Antiquity*, vol. XXII, n.° 2, tercera parte, octubre.

Hyslop, John
1984 *The Inka Road System*. Nueva York: Academic Press.

Keatinge, Richard W.
1975 "Urban Settlement System and Rural Sustaining Communities, an Example from Chancban's Hinterland". En *Journal of Field Archaeology*, vol. 2, n.° 3, Boston University.

Kubler, George
1948 "Towards Absolute Time: Guano Archaeology". En *Memoirs of the Society for American Archaeology*, n.° 4: 29-50. Salt Park City.

Lanning, Edward P.
1966 "American Aboriginal High Cultures: Peru". En *Actas y memorias*, vol. 1, XXXVI Congreso Internacional de Americanistas, España. Sevilla.

Laussent-Herrera, Isabelle
1989 "Espacio ritual, espacio comercial". En *Boletín del Instituto Francés de Estudios Andinos* XVIII: 1-22. Lima.

LEÓN PORTILLA, Miguel
1959 *La visión de los vencidos: relaciones indígenas de la Conquista.* México: Universidad Nacional Autónoma de México.

LLAGOSTERA MARTÍNEZ, A.
1979 "9,700 Years of Maritime Subsistence on the Pacific: An Analysis by Means of Bioindicators in the North of Chile". En *American Antiquity*, vol. 44, n.° 2.

LOCKHART, James
1982 *El mundo hispano peruano, 1532-1560.* Traducción de Mariana M. de Pease. México: Fondo de Cultura Económica.

LOHMANN VILLENA, Guillermo
1984 "Testamento del curaca de Lima don Gonzalo Taulichusco (1562)". En *Revista del Archivo General de la Nación*, n.º. 7, segunda época.

MALDONADO, A.
1943 "Las lagunas de Boza, Chilca y Huacachina y los gramadales de la costa del Perú". En *Actas y trabajos del Segundo Congreso Peruano de Química.* Lima.

MELLAFE, Rolando
1965 "Problemas demográficos e historia colonial hipano-americana". En *Nova Americana* I: 45-55.

MORRIS, Craig, y Donald E. THOMPSON
1985 *Huanuco Pampa. An Inca City and its Hinterland.* Nueva York: Thames and Hudson Inc.

MOSELEY, Michael E.
1975 *The Maritime Foundation of Andean Civilization.* California: Cummings Publishing Company Menlo.

MURRA, John V.
1967 "La visita de los chupachos como fuente etnológica". En Murra, J., ed., *Visita de la provincia de León de Huánuco en 1562.* Tomo I. Huánuco: Universidad Nacional Hermilio Valdizán.

1975 *Formaciones económicas y políticas del mundo andino.* Lima: IEP.

Patterson, Thomas C.
1969 *The Emergence of Food Production in Central Peru.* Yale University.

Patterson, Thomas C. y Edward P. Lanning
1964 "Changing Settlement Patterns on the Central Peruvian Coast". En *Ñawpa Pacha*, n.º 2: 113-123. Berkeley-California: Institute of Andean Studies.

Patterson, Thomas C. y Michael E. Moseley
1968 "Late Preceramic and Early Ceramic Cultures of the Central Coast of Peru". En *Ñawpa Pacha*, n.º 6: 115-133. Berkeley-California: Institute of Andean Studies.

Pease, Franklin (ed.)
1977 *Collaguas I.* Lima: PUCP.

Plowman, Timothy
1979 "Botanical Perspectives on Coca". En *Journal of Psychedelic Drugs*, vol. II (1-2), enero-julio.

Porras Barrenechea, Raúl
1950 "Jauja, capital mítica". En *Revista Histórica*, tomo XVIII, entrega II. Lima.

Pozorski, Sheyla
1977 "Alto Salaverry: sitio precerámico de la costa peruana". En *Revista del Museo Nacional*, tomo XLIII. Lima.

Quesada, Félix
1976 *Diccionario quechua. Cajamarca-Cañaris.* Lima: Ministerio de Educación/IEP.

Rabinowitz, Joel
1979 "La Lengua Pescadora. An Analysis of Linguistic and Documentary Evidence concerning the Language spoken by Chimu Fisherman". Conference Course in Languages of the North Coast of Peru, profesor Louisa Stark, Department of Linguistics, University of Wisconsin. Manuscrito.

Ramírez-Horton, Susan E.
1978 "Chérrepe en 1572: un análisis de la visita general del virrey Francisco de Toledo". En *Historia y Cultura*, n.º 11. Lima.

1979 *La organización económica de la costa norte: un análisis preliminar del período prehispánico tardío*. Segunda Jornada del Museo Nacional de Historia. Lima.

RAVINES, Roger

1977 "Prácticas funerarias en Ancón". En *Revista del Museo Nacional*, tomo XLIII, Lima.

REMY S., Pilar

1982 "Informe analítico del proyecto de investigación. Organización y cambios del reino de Cuismanco, 1540-80". Manuscrito.

ROSTWOROWSKI, María

1960a "Succession, Cooption to Kingship and Royal Incest among the Incas". En *Southwestern Journal of Anthropology*, vol. 16, n.º 4, Albuquerque: University of New Mexico.

1960b "Pesos y medidas en el Perú prehispánico". Trabajo presentado al II Congreso Nacional de Historia en Lima, 1958. En *Actas*, tomo II.

1961 *Curacas y sucesiones. Costa norte*. Lima: Imprenta Minerva.

1963 "Dos manuscritos con datos sobre Manco II, tierras personales de los incas y mitimaes". En *Nueva Corónica*, n.º 1, Lima

1970 "Mercaderes del valle de Chincha en la época prehispánica: un documento y unos comentarios". En *Revista Española de Antropología Americana*, vol. 5: 135-178.

1973 "Urpay Huachac y el 'símbolo del mar'". En *Boletín del Seminario de Arqueología*. 14, enero-diciembre, PUCP.

1974 "Plantaciones de coca prehistóricas en la vertiente del océano Pacífico". En *Revista del Museo Nacional*, tomo XXIX. Lima.

1976 "El señorío de Changuco-costa norte". En *Boletín del Instituto Francés de Estudios Andinos*, vol. 1-2. Lima.

1977a *Etnia y sociedad. Costa peruana prehispánica*. Lima: IEP.

1977b "Algunos comentarios hechos a las ordenanzas del doctor Cuenca". En *Historia y Cultura* 9. Lima.

1978a *Señoríos indígenas de Lima y Canta.* Lima: IEP.

1978b "Reflexiones sobre la reciprocidad andina". En *Revista del Museo* Nacional, tomo XLII. Lima.

1979 "Guarco y Lunaguanay. Dos señoríos prehispánicos de la costa sur-central del Perú". En *Revista del Museo Nacional,* tomo XLIV. Lima.

1981 "Mediciones y cómputos en el Antiguo Perú". En Lechman, Heather y Ana María Soldi, comps., *La tecnología en el mundo andino,* tomo I. México: Universidad Nacional Autónoma de México.

1981-1982 "Las probanzas de don Gonzalo, curaca de Lima 1555-1559". En *Revista Histórica. Órgano de la Academia Nacional de la Historia,* tomo XXXIII. Lima.

1982 "Comentarios a la visita de Acarí en 1593". En *Histórica,* vol. VI, n.°. 2. PUCP.

1983 *Estructuras andinas del poder. Ideología religiosa y política.* Lima: IEP.

1989 *Etnia y sociedad. Costa peruana prehispánica.* Segunda edición. Lima: IEP.

1993 *Ensayos de historia andina.* Lima: IEP. (Reeditado en 1998).

1998 "El derecho hidráulico entre los señoríos costeños prehispánicos". Trabajo presentado en el III Seminario Nacional de Hidrología. Lima: ONERN.

2006 [1998] "Sistemas hidráulicos de los señoríos costeños prehispánicos". En *Ensayos de historia andina II: pampas de Nazca, género, hechicería.* Lima: IEP.

ROSTWOROWSKI, María y Pilar REMY

1992 *Las visitas a Cajamarca, 1571-72/1578.* Estudios preliminares. Dos tomos. Lima: IEP.

SABELLA, James
1974 *The Fishermen of Caleta San Pablo*. Latin American Studies Program Dissertation Series 57. Nueva York: Cornell University.

SALAS CEDAMANOS, V. A.
1969 "Artes y métodos de pesca en el litoral de Tumbes (Perú)". Tesis, Facultad de Ciencias Biológicas, Universidad Nacional de Trujillo.

SALOMON, Frank
1980 *Los señores étnicos de Quito en la época de los incas*. Colección Pendones. Ecuador: Instituto Otavaleño de Antropología.

SÁNCHEZ, José y Roberto LAM
1965 *Principios técnicos de salado y secado del pescado. Estudio químico de la sal en el litoral*. Informe n.º 9. Lima: Instituto del Mar del Perú.

SÁNCHEZ ROMERO, Jorge y Esteban ZIMIC VIDAL
1975 "El mar: gran personaje". En *Historia marítima del Perú*, tomo 1, vol. 2. Lima.

SAVOY, G.
1969 Artículo en el *Peruvian Times*, vol. XXIX, n.º 1494. Lima.

SCHWEIGGER, Erwin W.
1939 "Pesquería". Informe anual del experto contratado por el gobierno. En *Boletín de la Compañía Administradora del Guano*, vol. XV, n.º 8. Lima.

1940 "Algo sobre la corriente de Humboldt". En *Boletín de la Compañía Administradora del Guano*, vol. XVI, n.º 6. Lima.

SHIMADA, Izumi
1985 "Perception, Procurement and Management of Resources: Archaelogical Perspective". En Masuda, Shozo, Izumi Shimada y Craig Morris, eds., *Andean Ecology and Civilization*. Universidad de Tokio.

SHIMADA, Melody e Izumi SHIMADA
1983 "Viability of Llama Breeding and Herding on the Prehistoric North Coast of Peru". Universidad de Princeton. Manuscrito.

THE HARKNESS COLLECTION IN THE LIBRARY OF CONGRESS
1932 *Documents fron Early Peru. The Pizarros and the Almagros 1531-1578.* Vol. II. Washington, D. C.: The Library of Congress.

THOMPSON, Donald E.
1967 "Joris van Speilbergen's. Journal and a Site in the Huarmey valley, Peru". En *American Antiquity*, vol. 32, n.º 1: 113-116.

TRUE, D. L.
1975 *Early Maritime Cultural Orientation in Prehistoric Chile, Maritime Adaptation in the Pacific.* La Haya y Londres: Mouton Publications.

VALDIVIA, Luis
1974 "Pesca de arrastre con balsas en playas de Arica". En *Chungará*, n.º 4, Universidad del Norte, Departamento de Antropología, Arica.

VARGAS UGARTE, Rubén
1936 "La fecha de la fundación de Trujillo". En *Revista Histórica*, vol. 10, n.º 2: 229-239. Lima.

WACHTEL, Nathan
1970 *La vision des vaincus.* París: Gallimard.

1973 *Sociedad e ideología. Ensayos de historia y antropología andina.* Lima: IEP.

1976 *Los vencidos. Los indios del Perú frente a la conquista española (1530-1570).* Madrid: Alianza.

ZEVALLOS QUIÑONES, Jorge
1975 "La visita del Pueblo de Ferreñafe (Lambayeque) en 1568". En *Historia y Cultura* 9: 155-178. Museo Nacional de Historia. Lima.

Made in United States
Cleveland, OH
11 November 2026

48006362R00148